国家契約の法理論

多喜 寛 著

日本比較法研究所
研究叢書
72

中央大学出版部

装幀　道吉　剛

はしがき

　国家契約（経済開発協定）は特に途上国の経済開発との関連で大きな意義を有するが，その法的規律がいかにあるべきかについては，長年議論が紛糾している。そこでは国際法と国際私法とが複雑に絡み合い，そして，国際法秩序，国内法秩序，更には第三の法秩序などが語られる。本書はこの国家契約（経済開発協定）に関する諸理論の代表的なものを取り上げて分析し検討するものである。

　本書の内容をなす各章は，すでに公表している論稿及びそれに若干の手を加えたものなどによって構成されている。既発表の論稿は，「国家契約（経済開発協定）の『準拠法』としての法の一般原則」小島康裕教授退官記念『現代企業法の新展開』（2001年）所収，「国家契約（経済開発協定）の『準拠法』としての国際法」『比較法雑誌』第31巻第3号（1997年），「ICSID仲裁判断の規準――特に『国際法』の意義を中心に――」『国連の紛争予防・解決機能』（2002年）所収，「国家契約（経済開発協定）に関するlex contractusの理論」『比較法雑誌』第35巻第1号（2001年），「国家契約（経済開発協定）の準拠法の凍結について――Sandrockの見解を手掛かりにして――」『法学新報』第109巻第11・12号（2003年）――これは2002年11月16日の関西国際私法研究会での報告に基づくものである――，「契約の国際法の理論」『Toward Comparative Law in the 21st Century』（1998年）所収，「国際私法と国際法の交錯」『法学』第48巻第1号（1984年）の一部分，「国家契約（経済開発協定）と『根本法秩序』（又はGrundlegung）」『法学新報』第104巻第4・5号（1998年），「国家契約（経済開発協定）の法理論に関する最近の動向」『法学新報』第113巻第1・2号（2006年），「執行免除に関する最近の諸国の動向」『国際法外交雑誌』第103巻第4号（2005年）――これは2004年10月9日の国際法学会での報告に基づくものである――。この最後の論稿は，国家契約（経済開発協定）に関

する法理論に密接に関わるものとして，ここに収録した。

　本書をこのような形でまとめるにあたっては，中央大学法学部の同僚山内惟介教授の学問的刺激によるところが多い。本書の内容が教授の期待に応えられうるようなものになっていないのが甚だ遺憾であるが，ここに謝意を述べさせていただく。

　本書を折茂　豊先生のご霊前に捧げる。

　2007年2月21日

多　喜　　寛

目　　次

　　はしがき

序　論 …………………………………………………………………… *1*

第 1 章　法の一般原則を準拠法として認める理論 ………………… *9*

　　1　はじめに　*9*
　　2　学説・仲裁判断　*10*
　　3　おわりに　*24*

第 2 章　国際法を準拠法として認める理論 ………………………… *31*

　　1　はじめに　*31*
　　2　国際法学会（アテネ会期）での議論　*32*
　　3　国際法の準拠法たる資格に関する諸学説　*33*
　　4　若干の考察　*39*

第 3 章　ICSID 仲裁判断の規準
　　　　　——特に「国際法」の意義を中心に—— ………………… *51*

　　1　はじめに　*51*
　　2　投資紛争解決条約 42 条　*52*
　　3　国際法の適用に関する若干の問題　*67*
　　4　おわりに　*74*

第 4 章　lex contractus の理論 …………………………………… 79

  1　は じ め に　*79*

  2　Verdross の見解　*80*

  3　Mayer の見解　*89*

  4　お わ り に　*98*

第 5 章　準拠法の凍結の理論
　　　　　── Sandrock の見解を手掛りにして── ………………*107*

  1　は じ め に　*107*

  2　Sandrock の見解　*108*

  3　お わ り に　*119*

第 6 章　契約の国際法の理論……………………………………………*127*

  1　は じ め に　*127*

  2　Weil における「契約の国際法」　*129*

  3　Texaco 事件仲裁判断における「契約の国際法」　*138*

  4　お わ り に　*148*

第 7 章　制限的に国際法的な契約の理論 ……………………………*157*

  1　は じ め に　*157*

  2　Böckstiegel の見解　*157*

  3　お わ り に　*161*

第 8 章　「根本法秩序」（又は Grundlegung）の理論………………*165*

  1　は じ め に　*165*

2　Grundlegung の理論に対する批判　*166*

　　3　Grundlegung の理論の内容　*171*

　　4　国際法学会（オスロ会期）での議論　*179*

　　5　お わ り に　*181*

第 9 章　最近の法理論について …………………………………*189*

　　1　は じ め に　*189*

　　2　Leben の議論　*189*

　　3　Kamto の議論　*205*

　　4　若干の考察　*212*

　　5　お わ り に　*220*

第 10 章　仲裁判断の強制執行
　　　　　──特に執行免除を中心に──　……………………*231*

　　1　は じ め に　*231*

　　2　最近の諸国の裁判例　*232*

　　3　若干の考察　*250*

　　4　お わ り に　*260*

結　語 ……………………………………………………………*267*

序　　論

　国家と外国私企業との間で締結される契約のなかに，通常の国際取引契約とは異なる特別な取扱いを要するものが存在する。それは国家契約（経済開発協定）と称されるものである。その観念は，歴史的には主として石油コンセッション契約（石油開発協定）との関連でしばしば使用されてきたように思われる。そこで，まず，上記のようなものとしての国家契約に関する法的規律の問題に入る前に，当該契約の代表例とみなされてきた石油開発協定の内容とその変遷を簡単にみておくことが有益であろう。

　石油の探査と開発は通常は産油国と外国石油会社との協定のもとに行われる。産油国は通常は石油の探査と開発に必要な資本と技術を有していないので，外国石油会社の協力を必要とするのである。当該協定については，1950年代まで支配的であったものは伝統的石油コンセッション協定と呼ばれ，以後のものは現代的石油契約と呼ばれ，それらの間に顕著な相違が見出されるのが一般である。

　伝統的コンセッション協定は，産油国がいわゆるメジャーズ（国際石油資本）たる外国石油会社に所定の期間所定の地域において石油を探査し開発することを許可するという内容を有する。しかし，その協定のもとでは外国石油会社は比較的に少ないロイヤルティの支払と引き換えに，広範な権利，特権及び石油利益の独占を認められたようである。例えば，当該協定の存続期間が60年や70年に及ぶことが少なくなかった。そして，当該協定の対象地域も広大であり，ときとして産油国の全体に及ぶこともあった。また，石油の探査と開発に対しては産油国のコントロールは実質的に及ばなかった。更に，外国石油会社は税や関税を免れた。かくして，当時の石油の探査と開発に関する事業は産油

国によってではなく外国石油会社によって支配されていたのである。その結果，伝統的な石油コンセッション協定は産油国にほとんど利益をもたらさなかったといわれている。そのような事情からして，コンセッションという言葉は今日ではときとして植民地主義的な歴史を思い出させるものとして捉えられることがある[1]。また，その言葉は外国石油会社による発展途上国の富の搾取と結びつけて考えられることもある[2]。

その後，資源ナショナリズムの高まりとともに産油国は1940年代に入ると自己の天然資源への支配を回復すべく，コンセッション協定の大枠のなかで利潤分配や税制や価格設定などの点において様々な改善を試みるようになり[3]，それと同時に紛争がいくつも生ずるようになる。そして，産油国は伝統的なコンセッション協定に代わるべき新たな協定を模索していくことになる。その際に，従来とは異なり外国石油会社の交渉力が弱まっていくのであるが，その原因としては，特に，1960年代の国連総会決議が天然資源に対する恒久的主権を認めたこと，産油国が1960年9月5日の会議でOPECを設立し，集団的な交渉を行うことができるようになったこと，1957年から1966年の間にメジャーズ以外の外国石油会社の参入により競争が生じたことなどがあげられている[4]。

そのような産油国の努力の結果，1970年代の後半までにはほとんどの伝統的コンセッション協定は新たな協定に取って代わられたといわれている[5]。その新たな協定たる現代的石油契約の類型化はこれまでにも若干の人々によって試みられてきたが，それについては必ずしも一致が見出せない[6]。

最近のGaoの研究によると，現代的石油契約は現代的コンセッション契約 (the modern concession contract)，生産分与契約 (the production-sharing contract)，役務契約 (the service contract)，他の多くの取引分野でも広く使用されている合弁事業契約 (the joint venture contract)，混合契約 (the hybrid contract) の五つのカテゴリーに分けられている[7]。彼によると，「発展途上の世界における目だった傾向」は，コンセッション協定よりもPSC（生産分与契約）を選択することにある。PSCは「発展途上の世界における石油システムの主流」を表す[8]の

であり，それは両当事者の本来的な要望と目的を満足させるので，可能な取り決めのなかで「最も魅力的な契約」である[9]。PSC のもとでは，外国石油会社はもはや資源の所有権者ではなく，単なる資源開発を請け負う契約者である。外国石油会社は自己の資金と技術により石油の探査と開発を行わなければならないが——持ち込んだ機材などの所有権は陸揚げ時点で産油国に移転するのであり，コンセッションの満期になって初めて産油国に移るのではない——，商業化の成功の場合には，生産物によりコストを回収する。残余利益としての生産物は約定の仕方でもって契約当事者間で配分される。それらは輸出時点で行われるので，外国石油会社は生産物に対する所有権をもはや油井の時点から有するのではなく，輸出時点で取得することになる。そして，石油事業の経営権はもはや外国石油会社に排他的に帰属するのではなく，国営石油会社に帰属する[10]。

　このように石油開発協定は当事国にとっては重要な産業部門の開発という一般利益に関わる。そうであるが故に，ときとして当事国が公益の名のもとに立法などを通じて協定の一方的な改訂又は破棄という挙に出ることがありうるが[11]，その場合に伝統的な法理論でもってしては外国企業の法的地位の保護は十分には確保されない。石油開発協定の特別な取扱いという要請が生じる最大の原因はまさにその点にある。そこで特に欧米諸国の側からは外国私企業の法的地位の安定化をはかるべく，多種多様な法理論が考え出された。そしてそれらをめぐって膨大な文献が生み出されてきた。わが国においてもそれらに関するいくつもの優れた文献が存在する[12]。しかし，それらの文献の多くは上記の法理論について踏み込んで分析し検討するということにあまり重心をおいていないので，上記の法理論の正確な内容と意義や問題点について必ずしも十分な情報を与えてくれない，というのが実情ではなかろうか。そのことは，特に上記の法理論における国際法と国際私法との複雑な絡み合いをも考慮に入れると，議論の着実な前進のためには，やはり克服されるべき事柄であるように思われる。

　このような問題関心のもとに，本書は，石油開発協定によって代表される国

家契約（経済開発協定）に関わる様々な法理論を少し理論的に掘り下げて分析し検討することを目的とする。

そのような作業に入る前に，まず，この序論において，石油開発協定（石油コンセッション契約）に関する紛争が重要な問題として登場してくる以前の段階における国家と外国人との間の契約に関する伝統的な法理論について，簡単に述べておこう。それは，例えば1929年7月12日の常設国際司法裁判所判決（セルビア公債事件）[13)]において示されている。セルビアが第一次世界大戦前にフランスにおいて公債を発行したが，戦後，その公債を金フランで支払うのか紙幣フランで支払うのかについてフランスの公債所持人とセルビアとの間に紛争が発生した。フランスの公債所持人の請求に基づきフランスが介入し，セルビアと外交交渉を行ったが，紛争は決着をみず，結局，常設国際司法裁判所に付託された。国家と外国人との間の契約に関する法理論との関係で重要なのは，常設国際司法裁判所の判決における次のような論述である。

「国際法主体としての国家の間の契約ではない契約のすべては，その基礎を国内法に有する。この法はどこの国の法であるのかという問題は，今日たいてい国際私法又は抵触法論という名前で示される法分野の対象になる。その準則は諸国に共通なこともありうるし，また国際条約や慣習によって定められることさえありうるのであり，そしてこの後者の場合には，国家間の関係を支配する真の国際法という性格を有しうる。しかし，それを除けば，上記の準則は国内法に属していると考えてしかるべきである」。

そこでは，二つの観点が示されている。第一に，国際法は国際法主体たる国家と国家の関係のみを規律するものであり，国家と私人の契約を規律対象とするものではない，という見地である。第二に，国家と私人の契約は私人と私人の契約と同様に今日の段階では「国内法に属している」「国際私法」によって「どこかの国の法」に連結される[14)]，という見地である。以下には，それらの見地がどのように修正されていったのか，又は修正されようとしているのか，

という点について順を追ってながめていこう。

1) Geiger, The Unilateral Change of Economic Development Agreements, I.C.L.Q., 1974, p. 74.
2) El Chiati, Protection of Investment in the Context of Petroleum Agreement, RdC, 1987-IV, p. 63.
3) Cf. Gao, International Petroleum Contracts, 1994, p. 14 et seq.
4) Cf. ibid., pp. 17-18.
更に横川新「OPECの事業参加（パーティシペーション）」外務省調査月報 XⅦ No. 1（1976年）5頁以下も参照。因みに、同3頁以下は中東における石油コンセッションについて詳細な情報を与えてくれる。
5) UNCTC, Main Feature and Trends in Petroleum and Mining Agreements, UN Doc. ST/CTC/29, 1983, p. 124.
6) Boulos, Mutuality of Interests between Company and Government, in: Energy Law '90: Changing Energy Markets, 1990, pp. 18 et seq.; UNCTC, Alternative Arrangements for Petroleum Development, UN Doc. ST/CTC/43, 1982, pp. 46-57; Gao, op. cit., pp. 5-6. 邦語文献としては、安藤勝美『国際石油・鉱物資源開発協定の傾向と特徴』（1982）3頁以下、中川淳司『資源国有化紛争の法過程：新たな関係を築くために』（1990）58頁以下、企画調査部「石油探鉱・開発に係る契約条件の推移」『石油の開発と備蓄』31巻3号（1998年）3頁以下が代表的なものとしてあげられうる。
7) Cf. Gao, op. cit., p. 6.
8) Ibid., pp. 202, 203.
9) Ibid., p. 208.
10) インドネシアの生産分与契約については Gao, op. cit., p. 59 et seq. 及び青山育生「PS契約とは何か」『石油の開発と備蓄』31巻1号（1998）48頁以下を参照。
因みに、タイにおいて使用されているMCC（現代的コンセッション契約）は外国投資家に伝統的なコンセッション契約と同様に多くの権利と特権を与える。コンセッション所有者はそのコンセッション地域に対する所有権を取得し、石油事業に対する経営的支配を完全に享受し、そして産物の大部分を取り上げる。国家は本質的にはロイヤルティと税を取り立てるにすぎない。このシステムのもとではコンセッション所有者は根本的に自分自身のために働くことになる。このように外国石油会社にとって有利と思われるMCCは依然として一定の場合に有用なものと考えられている。例えば、産油国が石油埋蔵の可能性のある地域を地理的に孤立したところに有し、しかも資本、技術及び経営的知識をほとんど有していないときに、

MCC は石油探査を引き受ける外国石油会社を引きつけるための装置として産油国によって有用と考えられるのである（UNCTC, op. cit., p. 5）。石油開発に関する外国からの投資の歴史がまだ浅い小さな産油国たるタイは，MCC において外国石油会社に上記のような有利な条件を提示することにより何とか石油探査事業を維持しているのである。Gao, op. cit., pp. 201-202.

11) 当事者間の紛争の拡大化のリスクを減らし，国家の一方的な措置の危険を減少させる機能を有する契約条項として，自動的適応条項と hardship 条項が注目される。El Chiati, op. cit., p. 99. 両者はいずれも契約の経済的均衡を破壊する事態に直面する場合に関係する。hardship 条項は予期せぬ発展として起る不特定の出来事からの保護を意図しているが，自動的適応条項は特定の出来事に関わる条項である。自動的適応条項は一般的に第三者の介入又は再交渉のないままに経済的均衡を回復することを予定しており，自動的に作動する。これに対して hardship 条項は契約の改訂に向けての再交渉又は第三者の介入を要請する。Ibid., p. 105. 石油協定においては，自動的適応条項がより頻繁に使用され始めている。例えば，生産が一定のレベルに到達するときには，自動的に国家当事者にボーナスが支払われる，という条項である。このシステムは今や生産分与契約において普及している。国家当事者と外国企業との間での生産物の分配は，国家の分け前が生産の増大とともに増加するという意味で，生産のレベルに応じて変わるのである。Ibid., p. 107. hardship 条項は石油協定においてはあまり使用されない。石油会社は契約をどの程度改訂すべきかの判断を第三者に委ねることを危険と考える。石油会社は，第三者が石油会社の世界的な事業の複雑さを理解することができないのではないのか，又はハイリスクの投機的事業に関する石油会社の比較的に高いリターンの割合の正当性を正しく評価することができないのではないのかを恐れるのである。また，複雑な協定における第三者の裁量的判断による改訂の結果が不確実であると考えられている。Ibid., p. 108.

因みに，私人間の長期国際契約についての hardship 条項の意義や問題点については拙著『国際仲裁と国際取引法』（1999 年）50 頁以下を参照。また，主として資源開発契約との関連で契約の改訂問題を取り扱う文献としては，北山修悟「契約の改訂―資源開発契約を中心として―」法学協会雑誌 112 巻 1 号（1995 年）73 頁以下がある。

12) 以前から多くの文献が存在するが，ここでは最近の主要な文献をあげるに留める。中川・前掲書，同「国家責任と契約責任の交錯―資源開発契約を素材に―」国際法外交雑誌 90 巻 5 号（1991 年）31 頁以下，川岸繁雄「開発協定と仲裁裁判」国際法外交雑誌 92 巻 2 号（1993 年） 1 頁以下，位田隆一「開発の国際法における国有化紛争の解決―仲裁裁定の変遷からみた実効的解決の模索―」法学論叢 132 巻 4・5・6 号（1993 年）180 頁以下，同「開発途上国における国有化紛争の実効的解決

―その法理論的分析―」小田滋先生古稀祝賀（1997年）356頁以下。
13)　PCIJ Ser. A, 20/21.
　　　当該判決の全体については松井芳郎編集代表『判例国際法〔第2版〕』（2006年）461-463頁を参照。
14)　因みに，当該判決は，本件の契約債務を支配する法の決定にあたり，当該債務の性質それ自体と当該債務の創設に伴う諸事情を参照する――但し当事者の表明された又は推定された意思をも考慮に入れうる――という態度を示した。その際に，当該判決は，それが法の抵触の解決に関する国内法の規定のない場合における国内裁判所の実行と一致する，とみなす。

第1章
法の一般原則を準拠法として認める理論

1　はじめに

　国家契約（経済開発協定）をめぐる法的諸問題が仲裁裁判所において重要な問題として登場し始めた頃に，伝統的な法的枠組みとしては二つのものが存在した。一つは，国家契約は国家間の合意ではないので国際法の規律対象ではなく，それには国際法そのものは適用されえないという国際法理解であり，他の一つは，国際法の規律対象ではない国際契約上の諸問題には抵触法上の当事者自治の原則に従って準拠法として定まる特定の国家の法が適用されるべきであるという抵触法理解である。このような伝統的な法的枠組みを修正しようとする試みがその後いろいろと展開されるのであるが，その最初の試みは，国家契約に関して法の一般原則を適用しようとするものであった。それは，当事者自治の原則という抵触規則を適用するにあたり，準拠法たる資格を従来のように特定の国家法にのみ限定せずに法の一般原則にも認めるものである。それでは，何故に伝統的な抵触規則とは異なり準拠法たる資格を国家法にのみ限定せずに法の一般原則にも認めるという考えが登場してきたのであろうか，また，準拠法として法の一般原則を適用するということは実際にはいかなることを意味するのであろうか。そこに何か問題はないのであろうか。これらの点を明らかにするために，以下には，そのような考えを積極的に展開したといわれる学説や仲裁判断と，それに反対する学説を概観してみよう。

2 学説・仲裁判断

　まず，伝統的な抵触規則からの離反の必要性を明確ならしめたのは，1951年9月のアブ・ダビ事件仲裁判断[1]である。アブ・ダビの首長と Petroleum Development (Trucial Coast) Ltd.の間で 1939 年 1 月 11 日に石油コンセッション契約が締結されたが，やがてその対象地域の範囲に関して紛争が発生し，仲裁に付託された。仲裁判断は，当該コンセッション契約の準拠法について次のように述べた。

　「この契約を解釈する際に適用されるべき『プロパーロー』は何であるのか。これはアブ・ダビで締結され，その国で完全に履行されるべき契約である。もしいずれかの国内法体系が適用されるべきであるとすれば，それは一見したところではアブ・ダビのそれであろう。しかし，合理的には，そのような法が存在するといえるはずがない。首長はコーランの助けを借りてまったく思いのままの裁判を行っている。そしてこの極めて原始的な地域において近代的な商事契約書の解釈に適用されるべき何らかの確立した法原則の体系が存在すると考えることは非現実的であろう。また，イギリス国内法を適用しうる根拠を見出すこともできない。反対に，上記の協定の 17 条は，いずれかの国家の国内法それ自体が適切であるという観念を拒絶する。当該条項の文言は，文明諸国一般の良識及び共通慣行に根ざした諸原則——一種の『近代自然法』の適用を要請し，むしろ命じさえする。この点については当事者間にいかなる争いも存しないと考える」。

　そこでは，伝統的な抵触規則をそのまま適用すると契約当事国の法が準拠法となるが，アブ・ダビのような国の法は近代的商取引契約の解釈にふさわしい内容を有していない，ということが強調されている。そして，それに代わるものとして，本協定を善意と誠実の精神で履行し合理的に解釈する旨の意思を表

明する契約条項から，多少強引に，「文明諸国一般の良識及び共通慣行に根ざした諸原則――一種の『近代自然法』の適用」という黙示意思が引き出されているのである。

同様な立場が，1953年6月のカタール事件仲裁判断[2]によっても示された。カタール首長と International Marine Oil Company, Ltd. との間で1949年8月5日に石油コンセッション契約が締結されたが，やがてその契約の解釈をめぐって紛争が発生し，仲裁に付託された。仲裁判断は，本協定の主題が首長の管轄地域内の土地から採取される石油であることなどからするとカタールで妥当しているイスラム法が適切な法ということになるかもしれないが，イスラム法がこの種の近代的商事契約に適用されるべき法原則の体系を含んでいないということを理由にして，当事者の黙示意思を「正義，公平及び良識の原則」の適用に求めた。

このような仲裁判断を背景にして，国家契約に関して準拠法としての法の一般原則の適用を最初に説いたのは，おそらく McNair であろう。そこで，彼の見解を概観してみよう。

McNair が念頭においている契約は，国家と外国企業との間で締結されたものであり，しかも石油又は他の天然資源の開発，農業又は営林のための未開地域の開発などを目的とする長期にわたるものである。契約当事者たる国家は未開発の天然資源を有しているがその開発に必要な資本と技術を有しておらず，外国企業は資本と技術を有している。彼はそれを経済開発協定と呼ぶ。彼によると，当該契約については，外国企業の属する国の法体系と契約当事国の法体系がしばしば内容や発展段階の点においてほとんど共通点を有しない，より具体的には，契約当事国の法は十分に近代化されていない。また，当該契約は通常は紛争解決に関する仲裁条項を含んでいる[3]。彼はこのような経済開発協定の規律及びその紛争解決にとって最も適切な法体系が何であるのかを問うのである[4]。

McNair は経済開発協定に適切な法体系を発見するにあたり遭遇する困難を次のように説明する。天然資源の開発のために外部から技術と資本を必要とす

る国の多くは，このタイプの取引を規律するのに十分なほどにはまだ発達していない法体系によって支配されている。例えば，経済開発協定に関するイスラム法の規定はたとえあるにしても極めて不適切であると考えられている。イスラム法の内容は法学派によって異なるのであり，そして少なくとも四つの法学派があると理解されている。このタイプの契約にふさわしい法体系を有している国の国民は，そのように未発達な曖昧な法体系によって規制される外国政府とは，進んで契約を締結するという気にはなれないだろう。このような問題点を指摘した後に，McNair は，解決を見出すための助けを「国際私法」に求める[5]。そして，経済開発協定の規律に適切な法体系の選択を明示的又は黙示的な「当事者の意思」に基づいて決定すべきであるとする[6]。つまり，国際私法における当事者自治の原則の適用が主張されているのである。それでは，当事者自治の原則のもとにいかなる法体系が選択されるべきであろうか。McNair によると，経済開発協定のほとんどが仲裁条項を含んでいるが，紛争を仲裁裁判所に付託することは，仲裁人が適切なものと判断する法体系の受諾を意味する。このタイプの契約は国際法によって支配されるものではないが，それに適切な法体系を生み出したのは国際法である。というのは，ICJ 規程 38 条 1 項 (c) は国際法規の主要な淵源の一つとして文明諸国によって承認された法の一般原則をあげており，それがこのタイプの契約にふさわしい法体系である[7]。このように述べつつ，彼は更にそれを次のように敷衍する。

　経済開発協定の条項を検討すると，当事者は彼らのいずれの国家法も適切な法体系であるとはみなしていない。それではいかなる法体系が適切なものとみなされるべきであろうか。当事者の意思を最もよく満足させる法体系は何であろうか。その答えは，経済開発協定を国際法によって支配させるということではない。というのは，国際法体系は国家間の体系だからである。私見によると，当事者は，特定の法体系を指定していないときには，「契約が文明諸国によって承認された法の一般原則によって支配されるべきである」と考えている[8]。

そこからすると，McNair は抵触規則たる当事者自治の原則を前提としつつ，しかも準拠法たる資格を法の一般原則にも認めたうえで，当事者が特定の国家法を指定していないときの当事者の黙示意思を法の一般原則の適用に求めているということになろう。その結果，当事者があえて国家法を指定していない限り法の一般原則が適用されることになる。それでは何故に伝統的な抵触規則とは異なりそのように可及的に法の一般原則を適用していこうとするのであろうか。それは先にもみたように，経済開発協定の当事者の一方たる国家の法はしばしばまだ十分には近代化されておらず，そのような取引を規律するのにふさわしいような内容を有していないという認識に由来する。そして，当該契約の場合には，契約の締結地や履行地が契約当事国であることが多いので，当事者間に準拠法の合意のない限り，伝統的な抵触規則によると上記のような内容の契約当事国の法が準拠法となる蓋然性が大きい——それでは外国企業は契約当事国と契約を締結する気にはならない——，と考えられているのであろう。因みに，McNair はそのように法の一般原則の明示的又は黙示的指定を認める抵触規則がいかなる法体系に属するものであるのかについては，特に言及していない。彼の論述の仕方からすると，そのような抵触規則は国際法上のものではありえず，また特定の国家法上のものでもない。しいていえば，法の一般原則の一部としての抵触規則ということになるのではなかろうか。

　その点は別として，経済開発協定の準拠法を法の一般原則とするとしても，仲裁人は具体的にどのようにして紛争を処理すべきであろうか。換言すれば，仲裁人は法の一般原則という言葉のもとに具体的にどのような準則を理解すればよいのであろうか。その問題については，McNair はあまり立ち入って論ずることなく，簡単に次のように述べるにすぎない。

　　文明国によって認められた法の一般原則とは何であろうか。それを示す法典や著書を指摘することは不可能である。国際法の内容の多くは裁判所や著述家によって法の一般原則から発展せしめられた。この同じ淵源は，経済開発協定の適用や解釈にあたり等しく実り多いように思われる。「法の一般原

則は，その適切性を自覚する契約当事者及びこのタイプの契約につき裁判することを求められる裁判所によって発展せしめられるであろう」[9]。

このように述べた後で，McNair は，法の一般原則として承認されるであろうような法規のリストを準備するつもりはないとしつつも，Lena Goldfields 事件仲裁判断において法の一般原則として不当利得が言及されたことに注目し，更に法の一般原則のもう一つの候補として既得権の尊重をあげる[10]。そこでは，法の一般原則の内容を確定するに際しての具体的な指針がほとんど示されておらず，仲裁裁判所や学説による法の一般原則の明確化に期待がよせられているにすぎないといっても過言ではない。

ところで，天然資源の開発などに関する大規模な国家契約においては契約当事国の法がしばしば当該契約に適用されうるほどには十分に近代化されていないという問題は，やがて発展途上国がその法を整備していくにつれて，背後に退いていく。他方，それとは別の問題が切実なものとして意識されていくようになる。つまり，契約当事国の法が準拠法となるならば，それは契約当事国によって自由に変更されうるので，契約当事国は外国企業の契約上の権利義務を準拠法上適法に改変することが可能となってしまうのではないか，と。この問題は仲裁判断においても意識されるようになる。1963年3月15日のサファイア事件仲裁判断[11]である。National Iranian Oil Co., Ltd. とカナダ法人 Sapphire Petroleums Ltd. との間で1958年6月16日に石油コンセッション契約が締結されたが，やがてその解釈と履行をめぐって紛争が発生し，仲裁に付託された。仲裁判断はまず，仲裁人は仲裁地の抵触規則に拘束されないので，「当事者の共通の意図」を探し，学説・判例において一般に使用されている連結ファクターを用いるべきであって，国家的特色を無視すべきである，と述べる。そのうえで仲裁判断は，本契約が「明示的法選択」を含んでいないので「当事者の意思の証拠，特に契約のなかに見出される証拠」によって準拠法を決定すべきであるとして，次のように述べる。

「本契約はテヘランで締結されその大部分においてイランで履行されるべきものであったので，契約地法 (lex loci contractus) と履行地法 (lex loci executionis) の両者はイラン法の適用を指し示す。しかしながら，これら二つの連結ファクター，特に後者は重要であっても，必ずしも決定的なのではない。本契約は，伝統的な国際私法の準則が念頭におく通常の商事契約とは根本的に異なることが，想起されなければならない」。まず，本契約は公企業である国営会社と外国商事会社を拘束する。また，本契約は通常の商取引ではなく，外国会社にイラン領土の天然資源の長期開発を許可することを目的とし，そしてこの開発は重要な投資を行い恒常的な設備を設置するという義務を含む。本契約は外国会社に当分の間領土の占有と支配を認めるコンセッションを与える。それは一部は公法で一部は私法であるという特殊な性格を有する。本契約は外国会社に対する特殊な租税協定を伴うのみならず，イラン政府の承認を必要とすることも，その公的性格を示す。本契約のもとでは，外国会社はイランに対して，投資，責任及び相当なリスクを伴う財政的且つ技術的援助をもたらしているのである。それ故に，外国会社は「契約の性質を変えるような立法的変更」から保護され，法的安定を保証されるべきである。このことは，イラン法をそのまま適用することによっては保証されえないであろう。「イラン法を変更することがイラン国家の権限に属する」からである。

そこでは，本契約の締結地も履行地も契約当事国のイランであるので，「明示的法選択」のない本契約において「伝統的な国際私法の準則」をそのまま適用すると契約当事国の法たるイラン法が準拠法となってしまう旨，及びそれでは契約当事国はその法を自由に変更できるので外国会社の法的地位が不安定となる旨が指摘されている。そしてまた，本契約は通常の商事契約とは根本的に異なる公法的且つ私法的な性質の特殊な契約である旨も強調されている。このような指摘をふまえて，仲裁判断は，当事者は協定の諸規定を誠実及び善意の原則に従って履行し協定の精神及び文言を尊重することを約束すると定める条項のなかに，「イラン法，ましてやそれ以外の国の法，の適用を排除し，本協

定の解釈と履行に関する限り文明諸国に共通な慣行に基づく法の一般原則に服するという当事者の意思」の「重要な証拠」を見出した[12]。

このようなサファイア事件仲裁判断が出た後に，学説のなかに抵触法上準拠法として法の一般原則を適用していこうとするものが有力となっていく。

抵触法上国際経済契約につき準拠法として法の一般原則を指定する可能性を追求した者としてしばしば引き合いに出されるのが，Schlesinger/Gündischである。彼らは，仲裁実務が国際的事件の解決の際にしばしば国家法にではなく文明諸国の法体系に共通な法原則に依拠してきた旨を指摘しつつ[13]，仲裁条項を含む契約の場合につき「『法の一般原則』への明示的又は黙示的指定」の意味と効果を論ずる[14]。彼らはまず，仲裁裁判所が適用すべき抵触規範は実定法上のものでなければならないという前提から出発する[15]。そして，その理由を次のように述べる。つまり，制度としての仲裁裁判所は，政治的に組織化された秩序のなかに拠所を有しなければならない。そうでないと，手続上の問題はしばしば解決されえないことになる。国際的な共同生活社会の現状からすると，国際仲裁裁判所はその存在及び資格を国際法又は国内法から導出しなければならない。国際法と国内法の間のトランスナショナルな中間領域は，まだ，仲裁裁判所の現実の拠所としての法秩序たる手続的制度を発展せしめていない[16]，と。そして，仲裁契約が国家裁判所の介入や国家的手続法の適用を明示的に排斥していない限り，私的当事者の関与のもとで合意された仲裁裁判所の制度的な拠所は，通常は国家法秩序のなかに見出されるべきであり，また，当事者は仲裁裁判所の本拠を定めることができる，とする。そこから，Schlesinger/Gündischは，仲裁裁判所が特定の国家の法体系と制度的に結びついているので，仲裁人は当該国家の法選択規範に拘束される，と結論する。そして，重要な法体系の国家的抵触法は法の一般原則という実質規範体系への明示的又は黙示的指定を有効なものとして承認するという見解を，適切なものと考える[17]。このようにして，Schlesinger/Gündischは，当事者が仲裁手続を適切な国家法秩序に依拠させる限り，国際経済契約が仲裁人に「明示的又は黙示的に」法の一般原則を指定しているときには，この指定には完全な効力が

認められうる，とみなす[18]。

　最後に，Schlesinger/Gündisch は法の一般原則を準拠法として指定することの実用性について二点を指摘する。第一点は，法の一般原則の体系に依拠しなければならない必然性であり，第二点は，法の一般原則の体系が発展する可能性と見込みである。第一点については，国家的実質規範はしばしば国際経済の需要に沿わないということが忘れられてはならないとして，次のように述べる。つまり，経済は大幅に取引条件，書式及び慣習という形で当事者自身によって創設された国際的な準則でもって展開されている。しかしそれらの準則は結局，上位の欠缺補充的実質規範体系の枠のなかでのみ有効となる。この実質規範体系が超国家的なものであるべきならば，国際経済契約の作成と処理につき責任を負う法律家にとっては，唯一の打開策のみが残されている。即ち，当事者の本国に共通か，又は一般的に文明諸国に共通な法原則に依拠することである，と。第二点については，次のように述べる。つまり，各法体系は適用において発展してきたということが考慮されるべきである。このことは特に国際的領域においてあてはまる。というのは，そこでは立法行為により一挙に法発展を進めうる全能の立法者がいないからである。それ故に法は，裁判所，特に仲裁裁判所の実務によって実現せしめられ，更に発展せしめられなければならない。その際に，学問は援助を与えることができるし，また与えなければならない。最近の新たな比較法の方法は，主要な経済諸国の契約法のなかに存する共通性を探求し，定式化し，そして体系化することを可能ならしめる。このような種類の最初の試みは既に進行中である。学問が同じ目標に向けられる更なる作業を求める声に応じるならば，法の一般原則の適用にあたり実務は克服できない困難にぶつかることはないであろう[19]，と。

　以上の Schlesinger/Gündisch の議論を要約すると次のようになろう。彼らは，国家法がしばしば国際経済の需要に沿わないという事実を指摘しつつ，国際経済契約の準拠法たる資格を法の一般原則にも認めうるとしたうえで，「『法の一般原則』への明示的又は黙示的指定」の可能性を肯定する。この点においては，彼らは McNair と同じような立場に立つといえよう。そして，法の一般

原則の内容は比較法により主要な国の契約法から共通性を引き出し，定式化し，そして体系化するという作業を必要とすること，そしてその作業は仲裁実務と学問の協働によって進展されるべきであることという点においても，多少 McNair よりも踏み込んだ叙述をしているが，基本的には同様であるといってもよいであろう。異なるのは，仲裁はいずれかの国家法のなかに位置づけられるべきであり，当該国家法の抵触規則が認めるときにのみ契約の準拠法を明示的又は黙示的に法の一般原則を指定することができる，と考える点であろう。この点は，今日の仲裁実務の動向と必ずしもあわないといえるが，その点は別として，そのような法の一般原則の明示的又は黙示的指定を認める国家的抵触法が存在するのかが問われうる。Schlesinger/Gündisch は，重要な法体系の国家的抵触法はそのような指定を有効なものとして認めていると考えるようであるが，しかし，必ずしもその点の論証に成功しているようには思われない[20]。

更に Zweigert は，法の一般原則を準拠法として指定する可能性について McNair や Schlesinger/Gündisch よりも掘り下げて論じている。Zweigert によると，抵触法上当事者が選択しうる法秩序は裁判官によって実際に使用可能なものでなければならないが[21]，法の一般原則は裁判官にとって実際に使用するのに困難であるし，当事者にとって予測可能性に欠ける[22]。彼はそれを次のように例証する。

　法の一般原則が「世界の主要な法秩序において本質的に一致して妥当している原理」であるとしても，次のような事件において裁判官は何をなすべきかは私にはわからない。即ち，A国家は外国の企業に一定の値段で一艘の船をスクラップにするよう申し込んだが，この申込を，申込の到着，適切な熟慮，及び企業の承諾の到着のために通常見積られる期間内に取り消した。それでも企業は上記期間内に当該申込を承諾した。当該申込が例えば法の一般原則の適用に関する条項を含んでいたとしても，裁判官は当該申込が拘束力を有するかどうかという問題をどのように裁定すべきであるのか，その点は

まったく曖昧である。周知のように，ドイツ法においては，当該申込は拘束力があり，当該取消は無効である。フランス法においては，契約は成立しないが，取消者は損害賠償を支払う義務がある。コモン・ローにおいては，当該申込の拘束力は約因の理論を考慮に入れると原則として認められない。このように，ここでは法の一般原則は存在しない。契約の締結及び契約違反の領域における契約法上の微妙な問題の多くについても，事態は似ている[23]。

このようにして Zweigert は，法の一般原則は実際に使用することが不可能ではないが極めて困難であるので，それの選択は特別の場合にのみ認められるべきであるとする。そして，国家と私人の契約について——国家法秩序を指定する条項がない限り——法の一般原則を適用すべき需要，即ち法の一般原則の「不確かさ」にもかかわらず国家法秩序の排除を正当化する特殊な需要が認められる場合として，次の場合をあげる。

　国家が国庫としてではなく少なくとも同時に高権的機能において，まさに国際法主体の尊厳を伴って登場する契約であって，同等な法主体としての私的当事者に契約の重要性からして契約当事国の法への服従を期待できないような契約が存在する。この場合には，契約当事国の法の選択は次の理由からしても不適切である。つまり，国際私法により指定される国家法は変わりうるものとしての国家法であるので，契約当事国は契約の締結後に自分の法により契約の内容又は存続に介入しうることになるのである。他方，私的当事者の属する法秩序も変更しうるので，その法の適用に同意することを契約当事国には期待できない。「国家が国際法主体として登場するのか，それとも単なる国庫として登場するにすぎないのか」はたいてい，政府の最高の地位のものが契約交渉を指導したかどうか，契約の国家にとっての重要性，契約の経済的規模，このタイプの契約にとっての私的当事者の重要性から読み取られうるであろう。例えば，外国の企業に一定の反対給付と引き換えにコンセッションを付与する契約，国家財産を担保にする大規模な国債などである。

このような契約に契約当事国が立法的に介入した場合には、「法の一般原則の意味における契約違反」となろう。更に、McNair が取り上げた発展途上国と外国人の契約も、発展途上国の法秩序が複雑な契約にふさわしい原則をまだ形成していないという特殊性を伴うのであるが、上記の契約のグループに含まれるものといえる[24]。

更に Zweigert はそのような契約の性質について次のように敷衍する。

　ここで問題となる契約は、国内的契約でもなく、国際法上の契約でもない。経済法と労働法が私法と公法の中間にあるように、中間にあるものなのである。渉外的要素を伴う、又は国際性を有する経済法的契約なのである[25]。

そして Zweigert は、そのような契約には国家的抵触法が適用されず「法の一般原則の領域における抵触法上の原則」が適用されるとして、その原則の内容につき次のように述べる。

　「高いレベルにおける」国家と外国私人の契約においては、国家的抵触法上よく知られている当事者自治の原則が、「当事者は契約を法の一般原則に服させることができるのであり、当事者の沈黙の場合には契約を法の一般原則に服させることが客観的にも適切である」という意味で妥当する[26]。

それでは、Zweigert は彼のいう「公法と私法の混合した契約」[27]又は「高いレベルの契約」の準拠法たる法の一般原則の内容の確定についてどのように考えているのであろうか。彼は、法の一般原則の実際的使用に関する困難性を指摘しつつ、根本的には法の一般原則において問題となるのは——支配的な国際法理論がそれを独自の法源として捉えているにもかかわらず——実在ではなく「学問的なプログラム」であるとする[28]。そして、次のように論ずる。

法の一般原則は比較法的方法によって発見されなければならない，ということは今日では疑問の余地はない。しかし，それだけでは，裁判官は諸国の法体系を見渡さなければならないということが意味されるにすぎない。法の一般原則は世界の主要な法秩序に共通な原理である，としばしば定式化されるが，そのことはまさに比較法的経験からして批判的な考察を必要とする。確かに，わずかばかりの共通な原則が発見される。しかし，裁判官の実務は原理によって生きているのではなく，ニュアンスをつけられた解決によって生きているのである。そして，比較法の教えるところによると，共通なものはほとんど存在せず，より良い解決とより悪い解決のみが存在する。前に述べた申込への拘束についての例を想起してもらいたい。法の一般原則が実際に使用可能となり，特に学問的認識にとって必要な輪郭を獲得するのは，「法の一般原則のもとに，世界の主要な法秩序を見渡した際に最も優れたものと判明する具体的な問題の解決が理解されるべきであるとき」である。非常に多くの問題については，高度な学問的精度でもってそのような解決が何であるのかをいうことができる。他の問題については，主要な法秩序のなかに相互に等価の様々な解決が見出されることがありうる。前者の場合には，法の一般原則は当該の優れた解決であるということになる。後者の場合には，法の一般原則は裁判官が等価であるいくつかの解決のなかから選び出すものである[29]。

　そこでは，法の一般原則を世界の主要な法秩序に共通な原理というように定式化しても，それだけではまだ仲裁人にとっては明確な指針とはならないということが，指摘されているように思われる。信義則とか権利濫用禁止などのわずかな共通原則が抽出されても，それらはあくまでも抽象化されたレベルで見出されたものであるので，そこから直接に具体的問題の解決が引き出されないという趣旨であろう。また，比較法的考察をしても共通原則が抽出できない場合も少なくない旨も，指摘されている。それらの結果として，Zweigertは，法の一般原則を「世界の主要な法秩序を見渡して最も優れたものと判明する具

体的な問題の解決」というように定式化しているのである。このような Zweigert の議論からは，法の一般原則の内容の具体化にあたり仲裁人の価値判断が大きく作用するということが理解されうる。このことは，Zweigert が「高いレベル」の国際契約に関して上記のような——法の一般原則にも準拠法たる資格を認めたうえで，国家法の指定のない限り当事者の黙示意思を法の一般原則の適用に求める——特殊な当事者自治の原則を抵触法上の「法の一般原則」として提示するという点に，端的に示されている。確かに，今日の主要な国内法は国際契約に関して当事者自治の原則という抵触規則を採用しているといえる。しかし，それは通常の国際契約に関していえるのであり，Zweigert の考えているような「高いレベル」の国際契約についてではない。また，諸国の採用する当事者自治の原則は準拠法たる資格を国家法に限定している。ましておや，当事者が特定の国家法を準拠法として指定していない限り当事者の黙示意思を法の一般原則の適用に見出す，というようなことは認められていないといってよい。そうとすると，上記のような特殊な当事者自治の原則は Zweigert が「高いレベル」の国際契約について，その特殊な需要を考慮に入れつつ，通常の国際契約に関する諸国に共通な準則をもとに作り出したものである，ということになろう。換言すれば，そこで Zweigert が行っているのは，主要な国内法に共通な原則を具体化したというよりも，それを参考にしつつ当該分野の需要にこたえるような準則を定立しているということなのである。また，Zweigert は，法の一般原則を準拠法とする際に主として念頭においていた事態，即ち契約当事国が立法により契約に介入するという事態について，契約当事国のそのような企てがすべて「法の一般原則の意味における契約違反」を構成すると考えていたが，主要な国内法に共通な原則としてそのようなものを簡単に引き出せるかどうか，慎重な検討を要するといえよう。例えば，Kischel は諸国の法規制を概観した後に次のような結論に達している。つまり，国家は公共の福祉のためであったならば，補償——その額は通常の契約違反の場合ほど高くなくてもよい——の支払を条件に，私人との契約を遵守しなくてもよい[30]，と。そのような相違は，法の一般原則の名のもとに私人間の契約

に関する共通原則を参考にするのか（Zweigert は国家契約を国際法主体たる国家と，同等な法主体としての外国私人の関係として捉えていた），それとも国家（行政）と私人の間の契約に関する共通原則を参考にするのか（Kischel は国家契約を国内における行政と私人の関係と同じものとして捉えている），によるものであろう。それは，国家契約（経済開発協定）をめぐる利害状況をどのようなものとして捉えるべきであるのか，という法政策的問題に関わるように思われる。因みに，国内法においても法の一般原則がときとして制定法の欠缺を補充する法源として利用されるが，その場合にも，実質的には，裁判官に準立法者的権限を付与することが念頭におかれているのである。

　これに対して Wengler は，法の一般原則に契約の準拠法たる資格を認めることに反対する。法の一般原則はその内容が曖昧で不確かであるので，裁判規範としても行為規範としても不十分である，と説くのである。法の一般原則に対する彼の評価は，法の一般原則の「明白な不確かさ」[31]，「曖昧な法の一般原則」[32]，法の一般原則の「不確定性」[33]，「法の一般原則のような曖昧な規範複合体」[34]，更には，契約の成立に関しても「非常に曖昧な又は矛盾さえも含む法の一般原則」[35]という言葉によって示されている。その点に関して彼は次のように述べている。

　法の一般原則は，その存在と内容が比較法的研究によって確実に発見され，そして国家の裁判所によって制定法のように適用されうる精密な法規の複合体ではない。例えば，確かに，契約上の請求権はすべていつか時効にかかるという趣旨の法の一般原則は確定されうる。しかし，特定の時効期間やその他時効の細目的事項に関する規律は，法の一般原則のなかには見出されえない。引き渡された物品の瑕疵が買主や売主の第一次的な請求権の時効とは無関係に短期間内に申し出られなければならないかどうか，という問題についても法の一般原則が存するかどうか疑わしい。また，実定法から抽出される法の一般原則の間ではしばしばまったく矛盾する原理が見出される。その場合にはいずれか一方を優先させるか又は双方を妥協させる決定が不可欠とな

るが，その決定は個別的な場合に法適用機関によって新たになされなければならない。それ故に，法適用機関による債権契約への法の一般原則の『適用』（Anwendung）は，国家私法秩序（法律又は慣習法）においてなされている当該契約の『規制』（Regelung）の適用と同一視されないのである。たとえ法律は稀に一般条項，不確定的法概念又は曖昧な規範内容（良俗など）を含むことがあってもそういえる[36]。

そこでは，すべての事項について法の一般原則が発見されるわけではないこと，そして法の一般原則が発見されてもときとして矛盾しあうそれらの関係をどのように定めるのかという問題があることが指摘されている。そのうえで，法の一般原則の適用を国家法の適用と同列において考えることができないのであり，両者は内実においてかなり異なるということが指摘されているのである。かくして，Wenglerは，法律規定を排除したうえで「曖昧な法の一般原則」を指定する契約について，紛争が発生した場合には裁判官は当該契約タイプに関する一定の規制を——たとえ主張される『原則』を引き合いに出してであれ——再び自分で新たに形成しなければならない，と述べるのである[37]。それ故に彼は，法の一般原則の適用を認めることが「結局は裁判官の恣意」による判断[38]を認めることになる，と考える。

3 おわりに

以上，国家契約（経済開発協定）の法的規律につき抵触法における当事者自治の原則の適用を認めつつも，準拠法たる資格を伝統的な当事者自治の原則のように国家法のみに限定せずに法の一般原則にも認める見解——それに反対する見解も含めて——をみてみた。その見解は準拠法たる資格を法の一般原則にも認めるにあたり，当事者があえて国家法を指定していない限り法の一般原則への黙示的指定があったものとみなすので，実質的には国家契約の大半を法の一般原則によって規律しようとするものである。

そのような見解が登場してくる背景はこうである。つまり，天然資源の開発などに関する国家契約に伝統的な当事者自治の原則を適用すると，当事者が外国私人の属する国の法を指定するということ——それは実際にはほとんどない——がない限り契約当事国の法が準拠法となる蓋然性が高いが，それでは，外国私人は，契約当事国の法がときとして十分には近代化されていないことがあるのみならず，契約当事国によって操作可能であるために，安心して契約の締結に臨むことができなくなる，と。そこで，契約当事国の法が準拠法となることを回避しつつ両当事者に中立的な準拠法を示すという配慮から，法の一般原則を準拠法として提示するという立場が登場してきたのである。その際には，国際法を準拠法として指定することは許されないという判断が前提とされていた。

　それでは，準拠法たる資格を法の一般原則に認めることは実質的に何を意味するのであろうか。法の一般原則とは具体的にいかなる準則を意味するのであろうか。法の一般原則は主要な国内法に共通な原則であると一般にいわれる。また，その内容を確定するにあたり比較法的考察が必要であることも一般に認められている。しかし，Zweigert が指摘するように，それだけでは仲裁人には具体的な指針とはならない。例えば，pacta sunt servanda の原則をあげてみよう。確かに，その原則は主要な国内法に共通して認められているといえるが，それはあくまでも具体的な適用条件を捨象したうえで抽象化されたレベルでのみ共通しているのであり，個々の具体的な問題についてどこまで妥当するのか，換言すればどの程度まで強行法規によって当該原則が制約されるのか，又は事情変更の場合にも厳格に妥当するのかなどという問題になると，主要な国内法の間に一致が存するのではないのである。類似のことは信義則や権利濫用禁止の原則にもひとしくあてはまる。したがって，そのように抽象化されたレベルで得られた共通の原則[39]は本来そのままでは個々の具体的な問題に適用可能ではないものであり，紛争解決の際に仲裁人に対する具体的な行動の指針となりえないのである。特定の分野における個別的問題の処理にあたり具体的な基準となるためには，それは更に当該分野における個々の具体的問題に適用可能な

準則へと作り変える作業が不可欠となる。そのような作業はいわば準立法者的作業であり、仲裁人がそれを担当すべきことになる。そしてその際には、当該分野の特殊性や需要を考慮に入れることがぜひとも必要となる[40]。このように国内法上の共通原則を特定の分野に生かすにあたりそれを当該分野の特殊性や需要に適応させることが必要であることは、つとに国際法の領域における法の一般原則（ICJ 規程 38 条 1 項(c)）についても認められてきたところでもある[41]。他方、Zweigert が指摘するように、比較法的考察を試みてみても主要な国内法に共通な原則が見出せない事項も決して少なくない。その場合には、どのようにして準則を見出すことになるのであろうか。Zweigert は主要な国内法の示すいくつかの解決のなかから仲裁人が選択すべき旨を説いている。確かに、そのようにでもしないことには、法の一般原則の適用により紛争を解決するということがしばしば困難となろう。そしてまた、そのような選択を行う際には当該分野の需要を十分に考慮に入れるべきことになろう。その観点を一貫すると、主要な国内法の示すいくつかの解決のなかからいずれかを選択するだけでなく、それを当該分野の需要に合うような形に作り変えるということも考慮に入れられるべきであろう。このようにみてくると、法の一般原則を準拠法として適用するといっても、いずれかの国家法を準拠法として適用するのとはかなり趣を異にするということになる。法の一般原則を準拠法とするということが実質的に意味するのは、仲裁人に既存の法規の適用を命ずるのではなく、準立法者的権限——主要な国内法を比較法的に考察しつつ当該分野につきその需要に合致した準則を定立するという権限——を付与することなのである。その意味で、法の一般原則を準拠法とすることは、裁判官をして自分が立法者であったならば定立するであろう準則によって裁定させるスイス民法 1 条の場合に類似する、ということになろう[42]。この点との関連で、国内法のなかには法の欠缺を補充する方法として法の一般原則をあげるものがあることは興味深い。

このようにみてくると、Wengler が法の一般原則を準拠法にすることに反対する際に指摘した問題点には傾聴すべき点が多いということになろう[43]。ただ、ここで注意されるべきは、特に Zweigert がそのような問題点を十分に意

識しながらも，なお且つ法の一般原則に準拠法たる資格を認めざるをえなかった，という事情である。その背景は先に述べたごとくであるが，その点に関する適切な対応策が示されない限り，Wengler の批判は単なる問題点の指摘にとどまり，Zweigert などの見解に取って代わることができないといえよう。法の一般原則のアプローチの魅力はなんといっても，国家契約を特定の国家法（特に契約当事国の法）から解放して，それについて当該分野の特殊性や需要をふまえた妥当な準則の形成を期待させる点にあろう。また，最近におけるUNIDROIT の国際商事契約原則の動向などをみると，法の一般原則の具体化・明確化はそれほど遠い将来の話でもないように思われる。

1) ILR, 1951, p. 144.
   法の一般原則を適用したと目される仲裁判断については森川俊孝「仲裁と法の一般原則―コンセッション契約に関する紛争の解決に関連して―」皆川洸先生還暦記念（1981年）183頁以下を参照。
2) ILR, 1953, p. 534.
3) McNair, The General Principles of Law Recognized by Civilized Nations, BYIL, 1957, pp. 1, 3-4.
4) Ibid., pp. 2-3.
5) Ibid., p. 4.
6) Ibid., p. 5.
7) Ibid., p. 6.
8) Ibid., pp. 9-10.
9) Ibid., p. 15.
10) Ibid., pp. 15-18.
11) ILR, 1967, p. 136.
12) 仲裁判断は更に，仲裁条項から「イラン法の排他的適用を拒絶するという消極的意思」を引き出している。また，本協定において使用されている不可抗力は国際法の原則によって定義されるべきである旨を定める条項のなかに，「当事者の協定の解釈と履行を法の一般原則に服させるという当事者の意思」の更なる証拠を見出す。
13) Schlesinger/Gündisch, Allgemeine Rechtsgrundsätze als Sachnormen in Schiedsgerichtsverfahren, RabelsZ, 1964, p. 11.
14) Ibid., p. 12.

15) Ibid., p. 14.
16) Ibid., p. 16.
17) Ibid., pp. 17-19.
18) Ibid., p. 44.
19) Ibid., pp. 45-46.
20) Cf. ibid., pp. 30-32.
21) Zweigert, Verträge zwischen staatlichen und nichtstaatlichen Partnern, BerDGV, 1964, p. 215.
22) Ibid., p. 204.
23) Ibid., p. 204.
24) Ibid., pp. 204-207.
25) Ibid., p. 209.
26) Ibid., p. 210.
　このように Zweigert は「高いレベルの契約」につき当事者間に別段の合意のない限り法の一般原則を準拠法として適用するという立場を示すのであるが，その際に次のように述べる。
　法の一般原則が適用されるこれらの契約は，すべての強行規範を免れるわけではない。法の一般原則も強行規範を知っているのである。例えば，文明諸国の道徳意識と矛盾する契約や，侵略戦争の準備に関する契約は，貫徹されない。これらの契約はまた，外国私人が属する国の裁判所が取り扱う限りにおいて，当該国の公序的強行規範を免れない。Ibid., p. 207.
27) Ibid., p. 215.
28) Ibid., p. 211.
29) Ibid., pp. 212-213.
30) Kischel, State Contract, 1992, p. 362 et seq.
31) Wengler, Allgemeine Rechtsgrundsätze als wählbares Geschäftsstatut?, ZfRV, 1982, p. 17.
32) Ibid., p. 18.
33) Ibid., p. 25.
34) Ibid., p. 27.
35) Ibid., p. 27.
36) Ibid., p. 17.
37) Ibid., p. 18.
38) Ibid., p. 27.
39) 因みに，Ch. de Visscher, Théories et réalités en droit international public, 1970, p. 419 は，法の一般原則に訴えることが「抽象化」と「一般化」の二重のプロセスに

よって行われる旨を指摘する。つまり，国内法上の諸規定から国家的特殊性を取り除き，その諸規定を一般的普遍的な見地に還元する，と。

40) そのような観点を一貫していくと，たとえ主要な国内法に共通な原則を抽出できたとしても，それが当該分野の需要にまったく沿わないという場合には，その原則を参考にすること——ひいてはそれを個々の具体的な問題に適用可能な準則に作り変えること——をやめるべきであるということになろう。

41) 例えば，「国際裁判所が国内法に共通の原則としての法の一般原則を適用する場合，かかる原則すべてをそのまま機械的に適用するものではなく，国内社会とは異なる国際社会の構造ならびにそれに基づく国際法の特殊な性質および要請と調和するように適用されなければならないことがしばしば指摘されている」(森川・前掲205頁) といわれている。そこでは，国際社会の構造や国際法の特殊な性質や要請と調和しない国内法上の共通原則は適用しないという判断が前提とされているように思われる。

因みに，本章で問題にしている法の一般原則は，国際法の補充的法源としての法の一般原則 (ICJ 規程 38 条 1 項(c)) そのものとは異なる。前者は，国家契約が国際法の直接的な規律対象となっていないという前提のもとに，抵触法上の準拠法としての法の一般原則なのであるが，後者は，国際法の直接的な規律対象である事項について条約や慣習が存しない場合に援用される法の一般原則なのである。森川・前掲 174 頁以下はコンセッション契約に関する紛争を法の一般原則の適用により解決した仲裁判断を分析するものとして有益であるが，上記の区別をあまり意識していないように思われる。

42) Cf. Zweigert, op. cit., p. 212.

43) なお，Mann が「法の一般原則は適用又は参照されうる法又は法体系ではない」と述べ，法の一般原則の指定を「国際法の若干のルールの編入」とみなすときには (Mann, The Proper Law of Contracts Concluded by International Persons, BYIL, 1959, p. 44)，Zweigert などが考える法の一般原則とは異なるものを念頭においているといえよう。

第 2 章
国際法を準拠法として認める理論

1 はじめに

　国家が外国私人と締結する契約は一般に国家契約と呼ばれる。そのなかでも，国家の経済的発展の実現に深く関わるものはときとして経済開発協定と呼ばれる。それは国家の公益に密接に関係するという特色を有する。そうであるが故に経済開発協定はその他の国家契約にはみられない特殊な困難な問題を提出してきた[1]。つまり，国家が公益のために契約を一方的に改廃するという行動に出る場合に，契約の相手方にどのような法的保護が与えられるべきであるのか，という問題である。それは主として天然資源の開発のための国家契約，特に石油開発協定に関して現実化して，多くの論議を生ぜしめた。
　経済開発協定を直接に保護する国際法上の制度を見出そうとする立場（契約の国際法の理論や制限的に国際法上の契約の理論[2]など）もなくはないが，学説及び仲裁判断の多数はそのような国際法上の制度が存在しない，従って経済開発協定が国際法の直接の規律対象となっていない，と考えて抵触法的アプローチを採用する。この多数説を代表するものとしては，1979 年 9 月 11 日の国際法学会（アテネ会期）の決議[3]があげられうる。それは「我々の時代に国家と外国私人の合意が国際経済関係において帯びる重要性」を意識して，「この合意に関する国際私法規則を明確にすること」をめざすものである。決議は，「国家と外国私人との契約の場合には，国際私法の一般原則は契約の準拠法を指定することを当事者に許し，そしてそれが当事者の意思であるならば，当該契約を特定の国内法の排他的適用から守ることを当事者に許す」としたうえで，当事者

が契約の準拠法として選択できるものとして特に，一つ又は複数の国内法又はその国内法に共通な原則，法の一般原則，国際経済関係において適用される原則，「国際法」，及びこれらの法源の組合せを列挙している（2条）。また，当事者は契約で言及する国内法規定を契約締結時のそれとみなすことに合意することができる，とされている（3条）。そして，そのようにして選択された準拠法は「当事者間の契約責任の問題，特に，契約の相手方に対する義務に反して国家の主権的権限の行使によって生ぜしめられるそれ」を規律する，とみなす（6条）。本章では，国家と外国私人との契約につき当事者が準拠法として「国際法」を選択しうるとされていることが，特に検討される。

2 国際法学会（アテネ会期）での議論

上記のように，国際法学会決議は，「国際私法の一般原則」によると国家と外国私人との契約に関して当事者は「国際法」を準拠法として選択できるとみなしたが，国際法学会の総会における議論の参加者には異論を唱えるものがいなかったわけではない。例えば Ago は，国家と外国私人が契約に関する紛争の発生の場合に国際法を適用すべき旨を合意するときには，国際法は「契約の内容」としてのみ考慮に入れられる，と主張した[4]。そこにおいては，国際法は国家と外国私人との契約に関して国際私法上の指定の対象とはみなされておらず，いわゆる実質法上の指定の対象としてのみ捉えられているのである。その理由は明言されていないが，次のような発言が示唆的である。つまり，準拠法として国際法を選択するよう当事者に助言することによって，私的当事者に，国際人格を付与された主権的実体たる地位に昇格したという幻想を与えるべきではない[5]，と。そこでは，契約当事者の一方たる外国私人は国際法主体ではないという点が強く意識されているのではなかろうか。因みに，Ago は国際法のどの部分が「契約の内容」として適用されると考えているのであろうか。彼がいわく，「契約の内容としての国際法」に訴えるときにはウィーン条約法条約の準則のわずかなもののみが実質的に適用されるが，それらは国内法の一般

原則として国際法に入り込んだものであり「国内法に由来する一般原則」である[6]，と。またMoslerは，国家間の関係のみを支配する法文に直接に準拠することができないが故に，ICJ規程38条1項c号の法の一般原則——条約法に関するそれを含む——の適用は「類推によって」のみ行われうる，と主張した[7]。同様にSeyerstedは，国際法を参照することは通常「特に，ICJ規程38条1項c号の法の一般原則に加えて，条約法の類推適用」を含むものと解されるべきであり，法の一般原則はまず最初に契約及び当事者が緊密な関係を持つ国内法から引き出されるべきである，と主張した[8]。このようにMoslerやSeyerstedが法の一般原則や条約法のそのままの適用ではなく「類推」を説くのであるが，それは準拠法として国際法を選択することを認めないことを意味するように思われる。これまでの国際私法の伝統的な理解からすると，国際私法上の指定の場合には準拠法として指定された法はそのまま適用されるべきであるからである。以上のように，国際法学会の総会における議論の参加者の一部は準拠法として国際法を選択することに消極的な態度を示したが，決議自体は肯定的な態度を示した。以下にはその問題について他の学説や仲裁判断を参考にしつつ考察してみたい。なお，以下の議論は仲裁裁判所での紛争解決を前提としていることを予め断っておきたい。換言すれば，特定の国家の裁判所での紛争解決を前提とした議論ではないということである。というのは，これまで国家契約に関する紛争解決は一般に仲裁によって行われてきたのであり，従来の議論もそのことを念頭においてなされてきたからである。

3　国際法の準拠法たる資格に関する諸学説

　国家契約に関して当事者が準拠法として国際法を選択できるという見解を最初に詳しく展開したのは，Mannである。彼の見解はこうである。つまり，ほとんどの法体系においては当事者自治の原則が確立されている。それに何らかの制限を課すべきであるとする学説にあっても，「国際人格との契約が問題であり，それ故に必然的に最初から国際法との緊密な関連が存在する場合には」

当事者による国際法の選択を認めないものはないであろう[9]。したがって国際人格と私人との契約にあっては当事者は明示的又は黙示的意思によって準拠法として国際法を選択できる[10]。ここで考えられているのは「真の法選択の意味において国際法を参照すること」であり，「単なる編入（実質法上の指定）」ではない[11]。このように契約の「国際化」の可能性を認めることは「国際交通の要求」によって正当化される。国家は外国法に服する用意がないことがしばしばであるが，私人も契約当事者たる国家の法に服することを拒否する。そのような事情のもとでは，国際法の選択を認めることが両当事者の利益を満足させる便法となる。更に，国際法が準拠法として選択された場合には，契約は国際人格間の条約の場合と同様に国内法体系による侵害を免れることになる[12]，と。因みに，Mann は法の一般原則を，準拠法として適用又は参照される法又は法体系とはみなさないのである。彼によると，法の一般原則の適用のみを念頭におくときには当事者は「国際法の若干の準則の編入」について定めたにすぎないことになるので，契約そのものは法の一般原則とは別の，準拠法たる法体系に服し続け，その法体系における変更の影響を受けることになる。その結果，契約が準拠法による介入を免れないことになり，契約の「国際化」の主たる目的の一つが達成されないことになる[13]。

　国際法を準拠法として選択する可能性を認めることに対して，国際法は通常は国際人格の間の関係のみを規律するという事実が反論として投げかけられるので，その点について Mann は次のように反駁する。つまり，スイス法は「スイス国内の体系」であり，スイス国民の間の法律関係たる「スイス国内関係」を念頭においている。けれども抵触法の研究者は誰も，イギリス人とイタリア人が彼らの契約をスイス法に服させるときにはこのスイス法体系がそのスイス国内的性格にもかかわらず抵触法によって彼らの契約関係にも適用されることに，反対しないであろう。同様に，イギリス法又はイタリア法に含まれている強行規範はスイス法によって支配される契約には影響を与えないこと，そして，スイスの強行規範は契約締結より先のものであれ後のものであれ当該契約に作用すること，は確実である[14]，と。このような Mann の議論において

は，抵触法によると特定の国家の法はその本来の規律対象でない外国人の法律関係に準拠法として適用されうるのであるが，そうとすれば国際法もその本来の規律対象でない私人の国家契約に準拠法として適用されうるはずである，という趣旨が説かれているように思われる。因みに，彼は後に次のように述べている。つまり，確かにフランス法は通常はフランス人又はフランス取引に適用されることを予定している。確かに国際法は概して国家及び国家間の取引に適用されることを予定している。しかし，ドイツ国家とオランダの会社との契約をフランス法に服せしめることにはいかなる障害も存在しない。同様に，当事者の一方が国家でないという事実は，契約を国際法に服せしめることにとって障害とならない。かくして契約は国際法の強行規範に服し，いかなる国内法の強行規範にも服さないことになる。もし当事者がこのことを欲するならば，我々はそれを妨害すべきではなかろう[15]，と。そして彼は，「国家契約の国際化はかくして国際私法の準則に基礎をおく」のであり，「国際法はそれを国際人格と私人との契約に適用させる準則を含んでいない」ということ[16]，したがって「国家契約は条約であるとみなされるべきである，又は国家間の取引と同じ仕方で国際法によって支配されるべきである」と考えているのではないということ[17]，を念のために確認する。また，彼は次のように述べる。つまり，外国法が指定されるときには，その外国法が自らの適用を欲しているか否かとは無関係に適用される。それ故に，国際法が通常は国際人格にのみ適用されるという事実は，国家契約の準拠法として指定された国際法の適用を妨げない[18]，と。

　上記のような Mann の見解が公になった後においても，若干の学者は抵触法上国家契約に関して国際法を準拠法として指定することを認めない。

　例えば，Zweigert は，国家と私人との高いレベルでの契約（国際経済法上の契約）の場合には法の一般原則の領域における抵触法上の原則たる当事者自治の原則——それによると当事者は契約を法の一般原則に服させることができ，当事者の沈黙の場合には法の一般原則への服従が客観的にも適切である——が妥当すべきであるとしつつ[19]，次のように論じる。つまり，Mann は法の一般

原則は抵触法の意味における法秩序ではなく国際法の一部分にすぎないという理由から，上記の見解に反対して，国際法が準拠法として選択されるべきであると説く。しかし，国際法はその全体において両当事者が国際法主体である契約にのみ適用される。確かに国家でないものも国際法から直接に若干の権利義務を得るようになってきてはいるが，私人が国際法上契約能力があるということは夢にも思えない。私人の本拠地国における，契約と矛盾する強行規範が当該国の裁判所によって適用される場合には，それは国際法の意味における契約違反又は国際法上の違法行為を構成する，と解されるときにのみ私人の国際法上の契約能力について語りうるのであるが，上記のような契約の場合にはそのようなことは問題となりえない。それ故に，抵触法は上記のような契約につき全体としての国際法を指定できないのであり，法の一般原則のみを指定できる[20]，と。この Zweigert の議論においては，私人が国際法上契約能力を持つときにのみ上記の契約につき抵触法上国際法が準拠法として指定されうる，という趣旨が説かれているように思われる。しかし，私人がそのような能力を持つ場合には当該契約が国際法の直接の規律対象となっていることになり，国際法が直接に適用されるのであり，抵触法による指定が問題とならないのではなかろうか。Zweigert は，国際法は通常国際法主体間の関係のみを規律するので国家契約の準拠法として選択されえないという批判に対する Mann の上記のような反論に，正面から答えていないように思われる。

　上記の Mann の反論に正面から答えようとしたのは Stoll である。彼女は次のように論ずる。つまり，フランス私法はなるほど通常はフランス人の間の関係に適用されるのであるが，しかし外国人はフランス私法において同じく権利能力を有する。私法は国籍所有者に限定されていないのである。これに対して，国際法においては事情は異なり，契約締結能力は通常は国家に限定されているというのではなく，規範的に国家に限定されているのである。私人は国際法上の契約を締結する能力を有せず，契約的拘束のための要件を満たさないのである。Wengler は消極的妥当意思について語る。つまり，法規定は，それ自身が適用されることを欲しないときには，抵触法において適用されないのであ

る[21]，と。この Stoll の議論においては，国際法は国家契約を支配することを望まないので国家契約の準拠法として選択されえない，という趣旨が強調されているように思われる。しかし，イギリスにおいてイギリス人とイタリア人の間で締結された契約につきフランス私法が当事者によって準拠法として選択される場合にも，フランス私法は元来そのような契約を支配することを望んでいないということがいえるのではなかろうか。この点との関連では Mann の次のような叙述が興味深い。いわく，契約の領域において外国法が準拠法として選択されたときには，ほとんどいずこにおいても，選択された外国法はそれが適用されることを望んでいようがいまいが適用されることになる[22]。

他方において，国際法は私人に権利能力又は行為能力を認めていないという事実は国家契約の準拠法として国際法を選択することにとって何ら障害とならない旨を説くものが現れている。

例えば，Velten は次のように論ずる。つまり，法秩序が自らの命令に基づいて契約に適用される場合と，法秩序が当事者の準拠法選択に基づいて適用される場合は区別されるべきである。後者の場合には，当事者は特定の法秩序において権利能力を有するかどうかとはまったく無関係に当該法秩序の適用に合意するのである。当事者は契約に関する紛争の場合につき当該法秩序の行態基準を利用しようとするにすぎないのである。この目的を達成するためには，当事者が当該法秩序において権利能力を有することは必要ではない。したがって，国家契約の準拠法として国際法を適用するためには，私人に国際法上の行為能力を認めることは必ずしも必要ではない。また，国際法は私人に適用されることを拒否する限りにおいて消極的妥当意思を有するとか，国際法は国家契約を支配することを望まないというテーゼは，国際法においてまだ証明されてない法規範に基づくものである。そのテーゼは，国際法が私人に権利義務を与えないということだけでは証明されない[23]，と。この Velten の議論においては，契約の当事者が国際法主体であること又は国際法上の行為能力を有することが必要なのは国際法がその自らの意思によって国家契約に適用される場合のみであって，抵触法に基づき国際法が当事者によって準拠法として選択される場合

には，国際法の名宛人の部分を除いたものが行態基準として利用されるにすぎない，という趣旨が説かれているように思われる。

　また，Kischel もおよそ次のように論ずる。つまり，一般的権利能力及び行為能力は国際私法においては効果法によるのではなく属人法によって判断される。国際私法は契約能力の決定のために属人法を指定する。企業にとっては属人法は国内法（本国法）である。国際法は債務の準拠法の枠内においてのみ考慮に入れられる。確かに，国際法上の契約能力は国内法上のそれとは構造的に異なり，簡単に同一視はできない。国際法上の契約は規範を創設する行為であるが，国内法に従って締結された契約は規範に服する法律行為である。国際法上の契約の締結によって国際法が創設されるのである。国際法はこの規範創設能力（契約能力）を原則として国家や国際組織にのみ認めている。それ故に国家契約は，国際法からみると，国際法上の契約ではない。それは国際法上の規範体系の部分とはならないからである。しかし，国際私法は，関係法秩序の適用にのみ導くのであり，その法秩序において一般に認められる新たな地位を付与するのではない。Mann の例に基づいて論ずると，イギリス人とイタリア人の契約にスイス法を準拠法として適用することは，契約当事者がスイス市民になったり，スイスでの国民投票による立法に参加できるということに導かない。この性質を考慮に入れると，問題は解決される。つまり，国際私法を通じて国際法を国家契約に適用することは，契約上の権利義務が国際法によって定められるということのみを意味するのであり，国際法からするとそれに対しては異論はない。この権利義務は，関係企業が規範創設のための主体性を欠いているので，及びそのために必要な新たな国際法上の地位が国際私法の準則によって付与されないので，国際法上の規範体系の一部とはならない，それ故に条約のように国際法上の効果をもたらさないからである。したがって，国家契約は国際法の評価とは無関係に国際法に服せしめられうる[24]，と。この Kischel の議論においては，国家契約の準拠法として国際法を選択する場合には，当該契約に国際法上の契約たる地位を認めることが問題とならず，契約上の権利義務を定めるために国際法の準則を利用するにすぎないので，当事者が国際法上の契

約締結能力を有していることは必要ではない——契約締結能力は属人法によって判断される——，という趣旨が強調されているように思われる。

4　若干の考察

以上の議論を踏まえて若干の考察を試みてみよう。

国家契約の準拠法として国際法を指定することを認めようとする試みがMannなどにより行われたのは，元来，国家契約を契約当事者たる国家の一方的改廃から保護するためであった。しかし，そのような試みについては，まず，国家契約の当事者の一方は私人であって国際法上の契約締結能力（国際法主体性）を有しない，という事実が問題となる。Zweigertはその事実を強調して，国家契約の準拠法として国際法を指定できない旨を説いていた。いうまでもなく，その事実は国家契約を国際法上の契約とみなすことに反対するための論拠となる。しかし，それは同時に国家契約の準拠法として国際法を選択することに反対するための論拠となるのであろうか。この点は慎重な検討を要するところであろう。国際契約につき準拠法として選択されるものは，Mannが指摘するように，元来そのような渉外的法律関係への適用をまったく念頭においていないのが通例なのであり，抵触法は，一般に，国内的法律関係のみを規律している特定の国家の法を渉外的法律関係の準拠法とする。したがって，一見すると，国際法が国家契約を直接の規律対象としていない——私人に国際法上の契約締結能力を認めていない——ということそれ自体は，必ずしも国際法を国家契約の準拠法として選択することへの決定的な障害とはならないようにもみえる。また，Kischelが指摘するように，抵触法においては契約締結能力の問題の準拠法と契約上の権利義務の問題の準拠法を区別するのが一般であり，契約の準拠法として国際法を選択することの当否が問われているのは後者の問題についてにすぎないともいえよう。そうはいっても，契約締結能力の問題とは区別されるべきものとしての，契約上の権利義務の問題について，国際法を準拠法として選択するにあたって，上記の事実が何の問題も提出しないわけではな

い。国際法が原則として国家にのみ法主体性を認めて主として国家間の関係のみを規律しているという事実からすると，国際法のなかに国家契約上の権利義務関係の問題の規律にふさわしいような準則が存在するのか，が問われうるからである。また，抵触法は国内的事案のみを規律対象としている特定の国家の法を渉外的事案の準拠法として選択することを認めるとはいっても，そこで問題となる二つの事案は当事者の国籍の部分を除けばまったく等質な関係にあるのではなかろうか。つまり，国際法の規律対象たる事案は国内法のそれとは質的にかなり異なるのではなかろうか。この点との関連においては，Sumampouw が国際法をその本来の規律対象とはまったく構造を異にする領域に適用することの当否を疑っている[25]ことが，注目される。この問題は，国際法を国家契約の準拠法として選択することを認めるときに，国際法のいかなる準則の適用が念頭におかれるのか，という問題に関わる。

そこで次には，国家契約の準拠法として国際法を選択することを認めるものは国際法のいかなる準則をどのようにして適用することを考えているのか，という問題について検討してみよう。ところが，この問題に関する論述はそれほど多くない。

Mann は，まず，次のように論ずる。つまり，国家契約のような限定された領域で準拠法として適用される国際法は，通常は，文明諸国によって認められた一般原則のなかに見出されるであろう。そのような特殊な領域において右の一般原則を確定することは条約の領域におけるよりも大きな困難をもたらすものではない[26]，と。彼のこの論述からすると，彼が国家契約の準拠法として国際法を適用する際に主として念頭においているのは法の一般原則であり，しかも国家間の条約に関するそれではなく，国家契約に関するそれである，ということになろう。その点については，国家と私人との契約にすぎない国家契約に関する法の一般原則というものがはたして国際法のなかに存在するのかどうかが問題となる。また，ICJ 規程 38 条 1 項 c 号にいう法の一般原則は，国際法によって規律されるべき事項について条約も慣習も存在しないときに初めて利用されるものとして一般に理解されているが[27]，彼が実際に念頭において

いるのは ICJ 規程 38 条 1 項 c 号の法の一般原則そのものではなく，むしろ主要な国の国内法に共通する原則を国家契約にふさわしい形に具体化して適用するということにほかならないのではなかろうか。そのことだけを考慮に入れると，国家契約につき法の一般原則を準拠法として選択すべき旨を説けばよく，あえて国際法を準拠法として選択すべき旨を説く必要はなかったようにみえる。他方，彼は更に次のようにも論じる。つまり，国家契約につき国際法が準拠法として選択された場合には，たとえ契約の履行地の国家が私人に不利な立法を行っても，その効果は当該国家の法にではなく準拠法たる国際法によって判断されることになり，いかなる国家もその国内法の援用によってその国際的義務を免れることはできないという原則が適用されることになる。この原則は国際法に確固として定着しているが，法の一般原則ではない[28]，と。彼のこの論述からすると，国家による私人に不利な立法の制定の場合に，準拠法として適用されるべき国際法という言葉でもって実際に念頭におかれているのは，今度は，国家間の国際法上の義務の履行に関する原則であるということになろう。このようにみてくると，Mann が国家契約の準拠法の名のもとに考えている国際法なるものの具体的内容は多少恣意的であるということになろう。この点は後にもう一度言及することにしたい。

　Velten は国家契約の準拠法として国際法を適用する際には，pacta sunt servanda という国際法上の原則，及び bona fides という国際法上の原則の適用を考える。そして彼は前者の原則の適用から生じうる厳格さを緩和するために，後者の原則を再交渉義務や事情変更の原則という形において適用する可能性を示唆する[29]。しかし，彼はそのような形態での bona fides が国家契約にはわずかの影響しか及ぼしえないことを仲裁判断の考察の結果として認めざるをえなかった[30]。

　Kischel は，契約の準拠法としての国際法が国家契約違反に対していかなる法的効果を定めているのかを問い，その問題について次のように論じた。つまり，国際法において契約違反が現状回復義務を生じせしめるかどうかが争われているが，その議論は国家契約の準拠法たる国際法の場合にはあてはまらない。

国家契約違反の法的効果は条約に関する国際法によって決定することはできない。国家契約は条約とは異なり国際法規範を定立しないからである。それ故に，一般的な国際法上の議論は国家契約に直接には転用できない。国家契約のためにいかなる特別の準則が国際法のなかに見出されるべきかを探究すべきである。国家契約の中心的問題の解決の手掛りは法の一般原則のなかにある。比較法的概観からすると，国家は私人との契約が公益のための重要な任務の履行を不可能又は極めて困難にならしめるときには，補償の支払いと引き換えに当該契約を一方的に改廃しうるのであり，その場合の補償の額は通常の契約違反の場合より低くてもよい，という法の一般原則が確定されうる。そして，安定化条項は補償の総額を damnum emergens（積極的損害）及び lucrum cessans（逸失利益）に対応するものへと増加させる効果を持つものと解すべきである[31]，と。このように Kischel は国家契約の準拠法としての国際法の名のもとに実際には法の一般原則を考えるのである。その際には，国家契約は条約とは異なり国際法規範を定立しないので一般的な国際法上の議論は国家契約には転用できない，という趣旨が説かれているが，それでは国家契約の準拠法としてあえて国際法を指定するということの意義がどこにあるのかが問われることになるのではなかろうか。彼は次のように論じる。つまり，国内法上の一致した原則は国家間の関係に転用可能なときに国際法の意味における法の一般原則たる性格を得る。この法原則は国家と私人との間の契約関係に関係する。そのような契約は国際法によって支配されないということから出発する限り，規定の国家契約への転用を可能とするような類似の事態は国際法には存在しない。しかし，国際法は国家契約の準拠法となりうると考える。それ故に国際法は国家と私人の契約を取り扱わなければならないのであり，特に公益の理由により契約上の取決めを無視することが国家に許されるのか否かについて態度を示さねばならない。そのために国際法へ転用されうる一致した原則を国内法秩序から導出してよいのである[32]，と。しかし彼のこのような推論の仕方は適切ではないように思われる。そこではまず，国際法が国家契約の準拠法たりうるということが明確な理由づけもなく前提とされている。そしてそのうえで，彼は国際法の

意味における法の一般原則に助けを求めている。しかし国家契約に関して彼の導出した内容の法の一般原則は，彼も認めるように，そもそも本来の国際法のなかには法の一般原則として存在していないのである。そのように特定の法体系のなかに存在しない法規範を適用することは，一般には，当該法体系を準拠法として適用するとはいわないのではなかろうか。Kischel が実際に試みているのは，国際法においてそれによって規律されるべき事項に関して補充的法源として認められている法の一般原則につき，その思考方法を——その補充性を削除した形で——まったく異なる事態に一般化して適用するということではなかろうか。そうとすると，彼の見解は法の一般原則を準拠法として選択することを認める立場と実質的には異ならないことになろう。

　最後に，若干の仲裁判断をみておこう。リビアの国有化に関する三つの仲裁判断，即ち BP 事件仲裁判断，Liamco 事件仲裁判断及び Texaco 事件仲裁判断である。それらにおいて問題となる石油コンセッション協定ではいずれも，「このコンセッションは，国際法の諸原則と共通な限りにおいてリビア法の諸原則に従って支配・解釈されなければならない。リビア法の諸原則と国際法の諸原則との間に共通点がない場合には，国際裁判所によって適用されてきたところのものを含む法の一般原則に従って支配・解釈されるものとする」という条項が含まれていた。したがって，当該準拠法条項の適用にあたっては，準拠法の一部としての国際法の内容が問われることになるのである。BP 事件仲裁判断においては，国際法の諸原則の内容としてはまず pacta sunt servanda の原則が黙示的に考えられており，それに基づいてコンセッション契約の拘束性が説かれている。ついで，準拠法からするとリビアの国有化等の行為が契約違反を構成するとみなした——もっともその際に準拠法の一部たる国際法のいかなる準則が適用されたのかは明確ではない——うえで，仲裁人はその法的効果として特定履行又は現状回復が認められるのかどうかを問う。そしてその際に準拠法の一部として考慮に入れられる国際法の諸原則の内容を確認するにあたり，ウイーン条約法条約，国際慣習法及び国際裁判所の判例を検討する。そこでは，国家間の合意の違反の効果に関する準則，コンセッション契約違反の効果

に関する準則——しかしコンセッション契約に関する国際法が存在しないというのが抵触法的アプローチの前提であったのではなかろうか——などが探究されている[33]。国有化に関する国際法上の準則のみを探究するというアプローチが採られているのではないようである。因みに，当該仲裁判断は，リビアの国有化法とそれに基づくリビアの諸行為が「BPコンセッションの基本的な違反」を構成すると判断する際に，付随的に，「被告による原告の財産，権利及び利益の取得は，純粋に異質な政治的理由で行われ，性格において専断的且つ差別的であるので，明らかに国際法に違反している」と述べている[34]。そこにおいては，国有化に関する国際法上の準則に照らすとリビアが差別的な国有化に基づきコンセッション上の権利などを取得したので，国際法に違反する行為を行ったことになるという判断が示されているように思われる。それは，公益，無差別及び補償という条件のもとでのみ国有化を許すという国際法上の準則が，コンセッション上の権利に関する国有化をも規律対象としている，という見解を前提としているといえよう。Liamco事件仲裁判断においては，準拠法の一部として考慮に入れられる国際法の諸原則の内容については，まず，pacta sunt servanda の原則が国際慣習法上認められているとされ，それに基づいてコンセッション契約の拘束性が説かれている。ついで，当該仲裁判断は，補償義務を伴う無差別の国有化の権利を国家に認める国際法上の原則を認定する。そして，原状回復は国有化措置の取消を前提とするので国有化を行う国の主権を侵犯する，とみなす。そこで残るは補償の内容——lucrum cessance の全部ないし一部が damnum emergens に加えられるか否か——の問題であるが，それについては当該仲裁判断は，国際法の現状は混乱しており，最終的な解決がまだ見出されていない，とみなす[35]。そこにおいては，国有化によるコンセッション契約の一方的破棄については，国有化に関する国際法上の準則のみを探究するというアプローチが採られているように思われる。そして，当該仲裁判断は次のように述べている。つまり，「国家が自国の富と天然資源を国有化する権利は主権的である。但し，それはコンセッション協定の期限前の終了については補償の義務を条件とする」。「リビアン・アメリカン石油会社の

コンセッション協定は拘束力を有し，次のいずれかを根拠とする場合を除いて有効に終了することができない……(d)補償要件を満たす無差別の国有化」。「国有化措置が無差別であり……また補償が支払われているということを条件として，コンセッションの期間の終了前にコンセッション上の諸権利を国有化することは合法である」[36]，と。そこにおいては，公益，無差別及び補償という条件のもとで国有化を認める国際法上の準則はコンセッション契約上の権利の国有化をも規律対象としている，という見解が示されている。換言すれば，国際法は国有化によるコンセッション契約の破棄の問題を規律している，とみなされているのである。Texaco 事件仲裁判断においては，準拠法の一部として考慮に入れられる国際法の諸原則の内容としては pacta sunt servanda の原則が国際法の基本原則として指摘され，それに基づいてコンセッション契約の拘束力が肯定されている。そして，リビアの国有化措置が契約義務違反を構成するか否かという問題を判定するにあたっては，仲裁人は，国際法上リビアに国有化の権利が認められるとしつつも，経済開発協定に関して見出した国際慣習法（契約の国際法）——それは基本的には pacta sunt servanda の原則より構成される——を適用する。その結果，リビアの契約違反を認定する。そしてその法的効果として原状回復が認められるか否かという問題については，仲裁人は国際判例，実行及び学説を検討することによって国際法の内容を確定する[37]。

　このようにみてくると，経済開発協定の準拠法として国際法を適用するというときに国際法のいかなる準則を適用するのかという基本的な問題について，必ずしも意見の一致が見出されるのではないということが理解されうるであろう。例えば，特に国家がその主権的権限の行使により契約を一方的に破棄する場合の法的処理という最も重要な問題——1979 年 9 月 11 日の国際法学会（アテネ会期）の決議の主たる問題関心はそこにあったのであるが——に関する準拠法たる国際法の具体的内容について，Mann や Velten や Kischel の間に大きな相違が存するのみならず，それらの学説と BP 事件仲裁判断や Liamco 事件仲裁判断——Texaco 事件仲裁判断は契約の国際法の理論という独自の考えに基づくのでここでは視野のなかには入れない[38]——との間にも意見の相違が

存在するのである。これでは，準拠法として国際法が選択されても，いかなる準則が適用されるのかを予測することは極めて困難であるということになろう。この点との関連では，1965年の投資紛争解決条約第42条第1項2文における「適用可能な国際法の準則」の内容が問題となる。その「適用可能な国際法の準則」は，当事者が適用されるべき「法規則」について合意していなかった場合に，契約当事者たる国家の国内法とならんで適用されるべきものとされているのであるが，その具体的内容については，予め明確に認識しうるものではなく，多くは仲裁人に委ねられている，と解されている[39]。つまり，そこにおいても，準拠法として適用される国際法の具体的内容が明確にされていないのである。

ところで，Liamco事件仲裁判断は「国有化措置が無差別であり……また補償が支払われているということを条件として，コンセッションの期間の終了前にコンセッション上の諸権利を国有化することは合法である」と論じていたことは重要である。その命題は国際法上のものであることが認められているが，そうとすると，国家がその主権的権限に基づいてコンセッション契約上の諸権利を国有化する場合については，国際法の定めがあるということになろう（BP事件仲裁判断も付随的にではあるがそのことを認めていたように思われるのみならず，Veltenも私人の国家に対する契約上の債権は国際法上の保護においては少なくとも所有権と同等であるとみなしているし[40]，Kischelも発生した契約上の権利は国際収用法の準則に服するとみなしている[41]）。つまり，国際法は国家にその領土内の外国人の財産権の一内容としてのコンセッション契約上の諸権利を公益，無差別及び補償の条件のもとで国有化することを認めているのである。そうとすると，MannやVeltenやKischelやBP事件仲裁判断は準拠法としての国際法の具体的内容について語るときには右の国際法上の原則の存在を視野に入れていない，ということになろう。そのことは，AgoやMoslerやSeyerstedが，国際法の指定を実質法上の指定又は「類推」として捉え，そのようなものとして適用される国際法の準則について語る際にも，ひとしくあてはまる。しかし，契約当事者たる国家の主権的権限の行使の場合に，準拠法としてであれ国際法の

適用について語るのであるならば，上記の原則を度外視することは許されないのではなかろうか。換言すれば，Mann などは準拠法として国際法を適用するというときに本来の国際法とはまったく異なるものを適用していることになるのである。そして上記の原則を含む本来の国際法を適用するということになると，Mann が国際法を準拠法として選択する可能性を認める際に主として念頭においていた目的──公益の名のもとに国家が契約を一方的に破棄することから外国私人を守ること──が達成されないことになってしまうであろう。Mann が準拠法として「国際法」を適用する際に考えていることは，準拠法として国際法を適用するという構成のもとでなされるべきではなく，国際法上の特定の準則を恣意的に選んで契約の内容に取り込むという構成，又は準拠法として法の一般原則を適用するという構成のもとでなされるべきであろう。

1) 国家契約のなかでも，私人間において締結されるのとほとんど異ならない契約（例えばトラックの売買契約）はたとえ大量の製品を扱う場合であっても，特殊な困難な問題を生ぜしめるということはなかった。また，国家の借款が外国人によって引き受けられたときには，その公債契約は国家契約のカテゴリーに入るが，その場合にも同様である。そのような公債契約を国家法以外の法に服せしめるという傾向は見出されないのみならず，そのような公債契約に仲裁条項が付されることも稀であるようである。Cf. Velten, Die Anwendung des Völkerrechts auf State Contracts in der internationalen Schiedsgerichtsbarkeit, 1987, p. 21.
2) 契約の国際法の理論については本書の第6章，制限的に国際法的な契約の理論については本書の第7章を参照。
3) AnnIDI, 1979 II, pp. 192-195.
4) Ibid., p. 52.
5) Ibid., p. 53.
6) Ibid., pp. 52-53.
7) Ibid., p. 74.
8) Ibid., p. 75.
9) Mann, The Proper Law of Contracts Concluded by International Persons, B. Y. I. L., 1959, p. 49.
10) Ibid., p. 50.
11) Ibid., p. 44.

12) Ibid., pp. 46-47.
13) Ibid., p. 44.
14) Ibid., p. 45.
15) Mann, The Theoretical Approach Towards the Law Governing Contracts between States and Private Persons, Rev. belge. dr. int., 1975, pp. 564-565.
16) Ibid., p. 565.
17) Ibid., p. 564.
18) Ibid., pp. 565-566.
19) Zweigert, Vertäge zwischen staatlichen und nichtstaatlichen Parrtnern, BerDGV, 1964, pp. 208-210.
20) Ibid., pp. 210-211.
21) Stoll, Vereinbarungen zwischen Staat und ausländischem Inverstor, 1982, p. 78.

　　同様な指摘をするのがVerhoeven, Arbitrage entre Etats et enterprise étrangeres, Rev. arb., 1985, p. 623である。Verhoevenは次のようにいう。つまり、国際法に訴えるのは、外国私人が準拠法の支配者である国家の契約改廃の主権的権限に対する保護をそこに見出すからである。しかし、そのような期待はまったくの錯覚である。国際法においては現在のところ、国家に外国人と締結した契約の改廃を禁ずる規定は存在しないのである。国際法は支配しないそのような契約を無視しているのであり、契約を無視している法によってそれを支配せしめようとすることは、奇妙である、と。

22) Mann, op. cit., pp. 565-566.
23) Velten, op. cit., pp. 41-43.
24) Kischel, State Contracts, 1992, pp. 291-293.
25) Sumampouw, RabelsZ, 1966, p. 347.

　　因みに、Verhoeven, op. cit., p. 624は、国家と企業の責任は根本的に異なるので、国家間の条約のために構成された国際法規則の利益を自動的に国家契約に拡張することは不合理であるとする。

　　更に、Sereni, International Economic Institutions and the Municipal Law of States, RdC, 1959 I, p. 210は、私人に国際法を適用する試みは犬と猫との間の関係にフランス又はイギリスの婚姻法を適用しようとすることと同じであろう、とみなす。

26) Mann, op. cit., p. 565.
27) 例えば田畑茂二郎『国際法1（新版）』（1973年）122頁以下を参照。
28) Mann, op. cit., p. 567.
29) Velten, op. cit., p. 79 et seq.
30) Ibid., p. 120.
31) Kischel, op. cit., p. 361 et seq.

32) Ibid., p. 368.
33) International Law Reports, Vol. 53, 1979, p. 329 et seq.
   なお，BP 事件仲裁判断の邦訳は神戸学院法学 12 巻 4 号（1982 年）114 頁以下に川岸繁雄教授によって試みられている。
34) International Law Reports, Vol. 53, 1979, p. 329.
35) International Law Reports, Vol. 62, 1982, p. 192 et seq.
   なお，Liamco 事件仲裁判断の邦訳は神戸学院法学 13 巻 1 号（1982 年）102 頁以下に川岸教授によって試みられている。
36) International Law Reports, Vol. 62, 1982, pp. 196-197, 207.
37) Clunet, 1977, p. 363 et seq.
   なお，Texaco 事件仲裁判断の邦訳は神戸学院法学 10 巻 1 号（1979 年）173 頁以下に川岸教授によって試みられている。
38) なお，本稿では Weil のいわゆる「契約の国際法」を抵触法上の準拠法として取り上げていない。中川淳司「国家責任と契約責任の交錯―資源開発契約を素材に―」国際法外交雑誌 90 巻 5 号（1991 年）39 頁は，「準拠法の内容を最も詳細に検討した」ものとして Weil の「契約の国際法」をあげている。確かに Weil は意思自治の原則に基づき契約の準拠法として国際法を指定しうる旨を説いてはいるが，彼にあっては抵触法上の指定と実質法上の指定の区別が明確には意識されていないように思われる。彼は，国家が国家契約を一方的に改廃する場合につき「契約の国際法」の内容として述べた pacta sunt servanda の原則や既得権尊重の原則を含む「指導方針」を「実定法」上のものであるとしている（Weil, Problèmes relatifs aux contrats passés ente un Etat et un particulier, RdC, 1969-III, p. 216)。彼は，国家契約に関する一連の国際法の規則が既に「実定法」として形成されているとする（Weil, Droit international et contrat d'État, in : Mélanges offerts à P. Reuter, 1981, p. 568)。国際法が契約に関してまだかなり未発達の規則しか有しない（Weil, Les clauses de stabilisation ou d'intangibilité dans les accords de développements économique, in Mélanges offerts à Ch. Rousseau, 1974, p. 319）という論述も同じことを示す。Weil は，経済開発協定が国家間的な政治・経済環境の枠に組み入れられていることを理由に，それを国際法秩序のなかに根づくものとして捉えるが，その際に，国連総会決議 1803（XVII）が『主権国家によって……自由に締結された外国投資協定は，誠実に遵守されるものとする』と定めていることのなかに，「この協定の拘束力が由来するのは国際法秩序である」という趣旨が明確に述べられている，と考える（Weil, op. cit., 1981, p. 576)。彼によると，そこで示されている「誠実の原則」は内容的に国際条約の場合と同じではなく国家契約に適応させられるべきである（Weil, op. cit., 1969, p. 200)。そこにおいては「契約の国際法」の内容として一定の仕方で緩和された pacta sunt servanda の原則が考えられているものと思われる。そ

のような叙述からしても，彼は，国際法上の抵触規則を考えているのではないことが理解される。pacta sunt servanda は抵触法（国際私法）上の原則ではなく，実質法上の原則だからである。因みに，pacta sunt servanda の原則は抵触法上の当事者自治の原則とは異なるのである。このようにして，彼にあっては，真の意味での抵触法的アプローチが採用されているのではないように思われるので，彼の使用する準拠法という言葉も額面どおりに受け取るわけにはいかない。

39) Cf. Lauterpacht, The World Convention on the Settlement of International Investment Disputes, Recueil d'études de droit international en hommage à P. Guggenheim, 1968, pp. 654-655 ; Schwarzenberger, Forein Investments and International Law, 1969, p. 144.
40) Velten, op. cit., p. 140.
41) Kischel, op. cit., p. 343.

第3章
ICSID 仲裁判断の規準
——特に「国際法」の意義を中心に——

1 はじめに

　1965年3月18日にワシントンで作成された投資紛争解決条約は，国家と外国私人との間の投資紛争を対象として，その解決のために ICSID（投資紛争解決国際センター）を創設し，そして同センターのもとで構成される仲裁裁判所が紛争解決にあたり依拠すべき準則を定めている。それは1966年10月14日に発効し，また ICSID のもとでこれまでにもいくつかの重要な仲裁裁判所の仲裁判断又は特別委員会の決定が下されている。そして今日では，国家と外国私人との間に投資紛争が発生した場合の解決方法として，ICSID のもとでの仲裁が重要性を帯びつつある[1]。それでは，ICSID のもとでの仲裁の場合に仲裁裁判所はいかなる判断規準に基づいて紛争を解決すべきことになっているのであろうか。その点については投資紛争解決条約42条が定めをおいており，すでにわが国においてもいくつかの優れた文献が存在する[2]。本章は，既存の文献との関係で屋上屋を架すおそれがあるにもかかわらず，近時の学説や実務の動向を明らかにしつつ同条文の内容を再検討しようとする。とりわけ，同条文が国際法の適用可能性を肯定していることの当否が，本章の中心課題となる。つまり，国家と外国私人との間の投資紛争に適用可能な国際法の準則としてはどのようなものが存在するのであろうか，またそれがどのような場合に適用されるのであろうかという問題について，同条文の起草過程の議論及び仲裁裁判所の仲裁判断や特別委員会の決定を検討してみたい[3]。

2　投資紛争解決条約42条

1　42条1項1文

(1)　学　　説

　同規定は，仲裁裁判所は当事者によって「採用された」(adoptées)「法規則」(règles de droit, rules of law) に従って紛争を裁定する，と定めているが，このことについてさしあたり4点が問題となる。

　第1点は，当事者が「法規則」について合意する時点はいつでなければならないのかである。それは契約締結時点でなされうるのみならず，後から仲裁付託時点でも仲裁手続時点でもなされうる，とGoldmanは考える[4]。Shihata/Parraも同様である[5]。

　第2点は，「法規則」に関する合意は明示的でなければならないのか，それとも黙示的でもよいのかである。1964年7月9日の地域別法律専門家諮問会議の議長報告によると，準備草案の起草者は，準拠法に関する当事者間の合意が契約関係の諸事情から引き出されうる「黙示的合意」をも含むと考えていたようである[6]。しかし，後の学説は黙示的合意を認めることに関して必ずしも積極的ではないようである。例えば，起草過程における法律委員会の委員長であったBrochesは，準拠法に関する当事者間の合意は明示的なものであることを要求していた[7]。また，Goldmanは，準拠法に関する明示的指定にとても近い限られた場合は別として，明示的指定の欠如の場合には極めてしばしば当事者が準拠法に関する合意に達していなかったというのが真実である，と考える[8]。同様に，Shihata/Parraは，黙示的な法選択は当事者の契約用語又は事件の諸事情により合理的な確実性でもって証明されなければならないというような，慎重なアプローチを適切であるとみなす[9]。準拠法に関する黙示的指定を認めることに対するそのような消極的な姿勢は，おそらく次のような事情によるものであろう。つまり，契約をめぐる諸事情から契約の準拠法に関する当事者の合理的な意思を推定するという仕方で幅広く黙示的指定を認めることに

すると，結局は仲裁人に準拠法の決定に関する広範な裁量権を認めることになり，準拠法に関する予測可能性を少なくする。そのことは，投資契約の場合には準拠法に関する当事者間の利害の対立が通常の契約の場合よりも激しいという点，及び当事者が採用しうる準拠法たるべきものの範囲が後にみるように「法規則」という曖昧な表現によって大幅に拡張されているという点を考慮に入れると，諸国の抵触規則の場合よりも深刻であるということになろう。また，黙示的指定の認定の際に契約の重心，又は契約の締結地や履行地を重視するという立場をとるならば，多くの場合に契約の準拠法が資本受入国の法になるという，投資者に不本意な結果になってしまう。その結果，当事者間に準拠法の合意がない場合における先進国側と発展途上国側の利害の妥協としてつくられた42条1項2文の存在意義が実質的に失われてしまうおそれがある[10]，と。

　第3点は，当事者が合意によって指定しうる「法規則」の内容である。因みに，第1草案では「法」(droit, law) となっていたが，修正草案では「法規則」となり，それが条約規定において維持されたのである。その言葉には国家法が含まれることは当然として，ほかにはいかなるものが含まれるのかが問題となる。Goldmanが強調するのは，「法規則」は「国際経済関係の共通法」のそれを含みうるという点である。彼によると，そのような「lex mercatoria」へのグローバルな準拠は様々な形をとりうるのであり，実務的な例としては，当事者が契約を国際取引関係を支配する共通な原則，より一般的な原則によって補充される当事者それぞれの本国法の共通原則，又は国際取引において，より特殊的には関係活動分野（例えば石油産業）で一般的に従われている慣行に服させることがあげられる[11]。他方，Brochesは，「法規則」の内容について次のように述べている。つまり，国家法でも国際法でも，更には両者の組合せでもよいし，契約締結時点の特定の法でもよい[12]，と。GoldmanとBrochesの間には若干の相違点が見出される。Goldmanは国際法がそれ自体では準拠法を形成しないとみなすので[13]国際法をあげておらず，Brochesはlex mercatoriaをあげていない。両者の間に国際法の内容をどのようなものとして理解するのかという点について不一致が見出されるのである。Shihata/Parraは，国家法と

国際法のほかに，分割指定，複数の国内法に共通な準則，国内法と国際法の組合せ，時間的に凍結された法などを広く「法規則」に含ませる[14]。

第4点は，42条1項1文は純然たる抵触規則なのであろうかという問題である。というのは，Goldmanも指摘するように，1961年の欧州条約7条は準拠法に関する当事者の「指定」(indication) のない場合に仲裁人に準拠法指定のための介入を認めるというように，準拠法指定が問題であることを用語法上も明確に示しているが，これに対して投資紛争解決条約42条は当事者によって「採用された」(adoptées) 法規則の適用を仲裁人に命じつつ，当事者間の「合意」(accord) のない場合に契約当事国の法及び国際法の適用を命じるというように，用語法上は準拠法指定が問題であることを明確にしていないからである。換言すれば，「採用」という言葉は当該準則の契約への実質的編入を意味すると解する余地があるのである[15]。もしそのような理解に立脚するならば，42条1項1文においては pacta sunt servanda の実質規則が前提とされていることになり，そして当事者の採用した準則は契約のなかに編入されたものとみなされることになろう。

(2) 実　　務

①　ICSID 仲裁裁判所の前に登場してきたものであって，しかも42条1項1文の適用範囲内に収まると思われる若干の事例をみてみると，資本受入国の法が当事者によって無条件で選択される場合は少ないながらも存在する。例えば，Mobil Oil v. New Zealand 事件[16]——それは和解によって解決された——において問題となった1982年2月12日の Participation Agreement が代表的であり，そこには，次のような条項が挿入されていた。

"An Arbitral Tribunal shall apply the law of New Zealand."

②　むしろ資本受入国の法の適用に何らかの条件が付されることが多く，そのことが法規則選択に関する当事者の意思を曖昧にしている場合が少なくな

い。資本受入国の法の適用に複雑な条件を付したケースとしては，MINE v. Guinea 事件[17]において問題となった 1971 年 8 月 19 日の契約である。それはリヒテンシュタイン法上の会社たる MINE とギニア政府との間で締結された契約であり，合弁会社を設立しギニア産のボーキサイトの海上輸送に従事させる内容のものである。同契約には，次のような条項が含まれていた。

"La Loi de la présente Convention sera la République de Guinée en vigueur à la date de signature, sous réserve des dispositions du present Article XIII."

Les dispositions de leur accord "sont conformes aux Lois et Règlements, et l'ordre public de la République de Guinée ou y derogent intentionnellement pour le présent et le future."

L'accord lie les parties "nonobstant toutes les dispositions du droit interne public, administratif ou privé, qui pourraient intervenir en Guinée, et ce, sans exception ni réserve."

"La Loi Guinéenne n'interviendra dans l'interprétation et l'exécution de la présente Convention qu' à titre supplétif et seulement dans le cas ou celle-ci laisserait une difficulté sans solution."

そのように多少複雑な仕方で作成されている契約条項からは，おそらく，契約条項が第一基準であり，困難な問題が生じたときにのみ契約締結当時のギニア法を補充的に適用する，という当事者の意思が引き出されうる。それは，Verdross の lex contractus の理論又はいわゆる『法律に基づかない契約』(contrat sans loi) の理論を彷彿とさせるものであろう。また，先に言及した 42 条 1 項 1 文を抵触規則とみなさない解釈とも符合する。因みに，本件契約の履行をめぐる紛争につき 1988 年 1 月 6 日に MINE に有利な仲裁判断が下された後に，その一部を取り消す際に，1989 年 12 月 22 日の特別委員会の決定は当該条項の解釈に言及することになり，次のような理解を示した。つまり，「当事者間に適用されるべき法は本件協定である」が，本件協定が沈黙しているか不

完全の場合には，本件協定の締結当時のギニア法——「かくして本件協定は準拠法をその日に"凍結"したのである」——が適用されるべきである，と。

同様に，資本受入国の法の適用に多少曖昧な仕方で条件を付したケースとしては，AGIP v. Congo 事件[18]において問題となった 1974 年 1 月 2 日の契約があげられうる。それはコンゴ人民共和国政府とイタリア法上の会社たる AGIP SpA との間で締結された契約である。同契約によって，AGIP SpA はその現地法人（石油配給会社）たる AGIP SA の資本の 50％の株式をコンゴに譲渡すること，コンゴは AGIP SA を私法上の会社にとどめ，それへの融資を 50％まで保証することなどが定められた。同契約には次のような条項が含まれていた。

"La loi congolaise, complétée le cas échéant par tout principe de droit international, sera applicable."

この契約条項はコンゴ法を準拠法としつつも，それが一定の場合に国際法の原則によって補完されることを定めており，一見すると比較的に明晰な内容の条項であるように思われるが，コンゴ政府の国有化に起因する紛争を解決するにあたり下された 1979 年 11 月 30 日の仲裁判断は，必ずしもそうでないことを示す。当該仲裁判断は，まず上記の準拠法条項につき，それが「国際法の原則によって補完されるコンゴ法」を準拠法として定めた，と解する。そして，コンゴが契約において会社の地位を一方的に変更しない義務を負っていたことを考慮に入れると，民法及び商法の観点からして 1975 年の命令による国有化措置はコンゴ法と矛盾する，と指摘する。しかし，仲裁判断は更に国際法の角度から国有化措置を検討する必要性があるとみなす。1975 年の命令そのものはコンゴ法の一部であるので，何故にそれが国有化措置に法的基礎を与えるものとみなされないのかを説明すべきである，と考えるからである。換言すれば，1975 年の命令をも視野に入れると国有化措置はコンゴ法上正当化されることになりうるが，その点との関係で更に国際法を考慮に入れる必要があると考えたのである。もっとも，その場合には，コンゴ法が万一の場合に国際法によっ

て「補完される」と規定している上記の準拠法条項の内容との関連で，国際法の適用を正当化する必要があろう。AGIP SpA は「補完される」という言葉の意味がコンゴ法の国際法への服従を意味するものとして解されるべきであると主張したが，仲裁判断はその点については明言せずに，次のことを確認するにとどまる。つまり，「補完される」という言葉の使用は，少なくとも，国際法に訴えうるのはコンゴ法の欠缺を補充するためかそれに必要な補完をもたらすためであるということを意味する，と。そして，仲裁判断は私法上の会社たる性質を変更する命令を AGIP SA に適用しない義務を定める契約条項や，会社法の改正の場合にも AGIP SA の地位を一方的に修正しない義務を定める契約条項のなかに「安定化条項」を見出したうえで，次のように述べる。つまり，1975 年の命令によって決定された一方的な解消は，「国際法秩序のレベルで表明された当事者の共通の意思」に基づき適用される安定化条項を明らかに無視するものである。政府によって自由に署名された安定化条項は，原則として国家の立法主権に影響を与えるものではないのであり，法規の変更を契約の相手方に対抗しえないものとするにとどまる，と。そして，「国際法の原則がコンゴ法の規則を補完するようになるのは実際には安定化条項に関してである」として「国有化と安定化条項に関する国際法の両立性」を検討する。その結果，仲裁判断は，本件における国有化措置が国際法上違法であるとして，コンゴ政府に対して損害賠償の支払を命じた。このようにみてくると，本件仲裁判断は，本件契約の準拠法条項に従いコンゴ法を「補完する」ために国際法の原則を適用すると述べてはいるものの，実際には，コンゴ法（1975 年の命令）の適用結果を修正するために国際法の原則を適用しているといえる。もっともその際には，そのように「国際法秩序のレベルで」安定化条項に効力を認める国際法上の原則が，どこから引き出されうるのかについては，十分な説明がなされていないように思われる。

③　当事者が契約締結当時に「法規則」を選択しておかなかったが，後に仲裁手続において選択する場合がある。この場合にも，42 条 1 項 1 文における選択があったものとみなす仲裁判断がある。AAPL v. Sri Lanka 事件[19]に関す

る 1990 年 6 月 27 日の仲裁判断である。AAPL（香港の会社）は 1983 年に Serendib（スリランカでのえび養殖の事業を目的とするスリランカの公的会社）への資本参加という形で，公的承認を経てスリランカに投資した。その後，スリランカ軍の地方反逆者への軍事行動の際に Serendib の養殖場が破壊されたので，出資金の損失を被ったとして，AAPL はスリランカ政府に補償を求めた。そして，連合王国政府とスリランカ政府との間で締結された投資の促進及び保護のための協定に基づいて，仲裁に訴えた。仲裁判断は法選択に関して次のように述べた。つまり，本件の仲裁申立ては当事者間で自由に交渉された仲裁合意に基づくものではなく，条約の規定に基づくものであるので，当事者は予め準拠法選択の権利を行使する機会はなかった。このような場合には，法選択のプロセスは通常は紛争の発生した後に，仲裁手続における当事者の行動を観察し解釈することによって実現される。当事者は訴答において，適用されるべき法規則の主たる淵源をスリランカと連合王国との間の投資協定であるとみなし，同条約の 3 条と 4 条により必要な制限の範囲内において国際的又は国内的法規則を補充的淵源として適用することに同意している，と。

④　他方，当事者が特に準拠法条項を設けてはいないが，契約書の前文で特定の法に言及しているという場合にも，準拠法に関する当事者の意思の解釈が問題となる。以下にはそのような事例及びそれに対する仲裁裁判所の態度を分析し検討してみる。

　　まず，LETCO v. Liberia 事件[20]に関する 1986 年 3 月 31 日の仲裁判断である。フランス人によって支配されていたリベリア法上の会社 LETCO とリベリア政府との間に 1970 年に森林コンセッション契約が締結されたが，やがて契約の履行をめぐって紛争が発生し，森林開発担当のリベリア当局は約定の手続をふむことなくコンセッションの範囲を一方的に縮減したので，LETCO はそれを契約の破棄とみなして契約違反に基づく損害賠償を求めて仲裁に訴えた。なお，仲裁開始から 1 年以上たってからリベリア当局は契約の破棄を通知した。当該コンセッション契約は最初のパラグラフにおいて，同契約がリベリアの一般ビジネスロー，1956 年のリベリア法典第 15 編のもとでつくられた旨を述べ

ている。そこで仲裁判断は，そのようなリベリア法への参照が同法の「明示的選択」を示すと考えた。かくして，この仲裁判断は，契約がその最初のパラグラフにおいて特定の国家法に従って締結された旨を記述していることのなかに，当事者による準拠法の明示的指定を見出しているのである。

なお，LETCO 事件仲裁判断が国際法の適用にも言及しているので，後に検討する問題との関係で，ここでその点に触れておこう。まず，同仲裁判断は，たとえリベリア政府がそのコンセッション剥奪行為を国有化の観点から正当化しようとしても本件では要件を満たしていないのでむだであると判示する際に，国有化の要件を次のように述べる。つまり，国有化が真の公共目的のためになされること，差別的なものではないこと，適当な補償の支払（又は少なくとも支払の申込）を伴うことである，と。更に，同仲裁判断は，本件コンセッション契約に安定化条項が含まれている旨を指摘し，その条項について次のように述べる。つまり，安定化条項は，契約当事者たる政府の恣意的行動を回避するためのものであり，特に長期開発契約においては尊重されなければならない。もしそうでなければ，契約当事国は立法によりその契約上の義務を容易に免れることができるようになる。そのような立法行為は上記の基準を満たす国有化によってのみ正当化されうるであろう，と。

これに対して，かなり曖昧な態度を示したのが，SPP v. Egypt 事件[21]に関する 1992 年 5 月 20 日の仲裁判断である。1974 年 9 月 23 日に，香港の会社 SPP はエジプト政府及びエジプト観光協会（EGOTH）と枠組み協定たる Heads of Agreement を締結した。同協定によると，SPP と EGOTH は観光施設の開発を目的としたジョイントヴェンチャーを設立し，且つエジプト政府はプロジェクトのために必要な土地の権利を保証しそれをジョイントヴェンチャーに利用させることになっていた。1974 年 12 月 12 日に SPP と EGOTH との間に補充協定が締結され，それによってジョイントヴェンチャーが設立されて各当事者の義務が定められた。同協定の最後の頁には当事者の署名の後に「観光大臣によって承認され，同意され，そして裁可される」という記述があり，それに観光大臣の署名と公印がなされていた。しかし，やがてまもなく当該プロジェク

トがエジプトにおいてのみならず世界中においても強い反対に遭遇したので，エジプト政府はそれへの承認を撤回し，それを実際に終結させた。そこで契約違反に基づく損害賠償をめぐって紛争が発生した。エジプト政府と SPP との間の枠組み契約は特別な準拠法条項を含んでいなかったが，その前文において当該契約がエジプト法（1973 年の法律 1 号と 2 号，1974 年の法律 43 号）に従って締結された旨を明らかにしていた。そこで，その点が準拠法決定との関連でどのような意味を有するのかが問題となった。エジプト政府は，契約の前文におけるエジプト法への言及を援用しつつ，当事者が投資紛争解決条約 42 条 1 項 1 文に従ってエジプト法の適用に黙示的に同意していた，と主張した。これに対して SPP は 42 条 1 項 2 文の適用に基づいて準拠法を決定すべき旨を主張した。したがって，当事者間においては，契約の前文におけるエジプト法への言及が準拠法の黙示的指定を意味するのかどうか，準拠法の決定にあたり適用されるべきなのが 42 条 1 項の 1 文なのか 2 文なのかが争われているのである。ところが，仲裁判断はこの問題に正面から答えることなく，42 条の適用の仕方に関する当事者の意見の相違の実際的意義はたとえあるとしても極めて少ないと述べるのである。この論述は，当事者が 42 条 1 項の適用の仕方に関して明確に対立する主張を展開していたことにかんがみて，「驚くべき」ものと評されている[22]。更に仲裁判断は，たとえエジプト政府の見解に従い当事者がエジプト法の適用に黙示的に合意していたとみなしても，一定の事態への国際法の直接的適用の可能性を排除できないとする。そしてその理由を仲裁判断は次のように述べる。つまり，他のすべての国内法体系のように，エジプト法は完全な又は余すところのないものなのではない。欠缺が見出される場合には，存在しない「法規則」の適用に関する合意があるとはいえず，合意の欠如があるといわなければならないので，42 条 1 項の 2 文が作用することになろう，と。もっとも，一般に国内法には欠缺の補充方法についても準則があるはずであり（例えばエジプト法については 1949 年エジプト民法典 1 条 2 項），その意味で仲裁判断のそのような論述には問題があるように思われる[23]。

なお，上記の LETCO 事件仲裁判断及び SPP 事件仲裁判断はいずれも準拠

法の黙示的選択の可能性そのものを否定しなかった[24]。

2 42条1項2文

(1) 学　　説

同規定によると，仲裁裁判所は適用されるべき「法規則」に関する合意がない場合——Brochesによるとそれは相当の頻度で生ずる[25]——には契当事国の法（抵触規則をも含む），及び適用可能な国際法の規則を適用すべきことになる。当事者による準拠法の選択のない場合における処理の仕方に関しては，投資紛争解決条約は，ICC仲裁規則，UNCITRAL仲裁規則及びUNCITRALモデル法などと比べると，国際法に言及している点に特色を有する。その場合に英訳では国際法の「規則 (rules)」となっているが，仏訳では国際法の「原則 (principes)」となっている。なぜそのようになったのかについては，Brochesは説明困難であるとしている。つまり，起草委員会はフランス語で話すセクションと英語で話すセクションにそれぞれ分かれていたが，各セクションは共同会議においてそれぞれの規定の本文を承認していたのであり，両者の間には内容的な相違があるわけではない[26]，と。

同規定で最も問題になるのは，条文のうえでは並列されている資本受入国の法と国際法の規則について，それらの間の関係をどのように理解すべきであるのかである。立法準備作業はその点について大きな解明の光をもたらすものではないといわれているが[27]，起草過程における発言を拾うと，こうである。1964年12月7日の法律委員会の概略的な議事録によると，国際法は国内法に欠缺のある場合にそれを補充するためにのみ適用されるべきである旨が，ダオメーやコスタリカやコートジボアールの代表委員によって主張された[28]。これに対して，1965年2月23日の全体委員会の会議の覚書によると，国内法と国際法の関係について法律委員会における投票が仲裁裁判所に国際法の優先的適用を認めることに極めて明確に賛成していた。そしてそれは，特に国家がそうしない旨の合意に違反して自分自身の法律を変更して投資家に損害を与えるケースを考慮に入れたからであった[29]。この問題に関するBrochesの見解は

次のようである。つまり，仲裁裁判所はまず資本受入国の法を紛争の実体に適用し，その結果を国際法に照らして検査すべきである。その結果，資本受入国の法又はそのもとでなされた行動が国際法に反するときには，資本受入国の法は適用されない。その意味で，42条のもとでは国際法は序列的には国内法に優越する。この場合は，国際法は国内法に対する「矯正手段」として作用する[30]，と。Goldmanもそれと類似の見解を示している。つまり，42条1項2文における「当該事項に関する国際法の原則」はそれのみでは準拠法を構成せず，契約当事国の法に付け加わり，それの欠缺を補充する又はそれの解釈を助けるにすぎないか，或いは契約当事国の法が仲裁裁判所にとってぜひとも保護されるべき原則を無視しているように思われるときにそれを排除するために介入する[31]，と。

(2) 実　　務

42条1項2文における国内法と国際法の関係については，仲裁判断の取消の申立てに関する特別委員会の決定及び仲裁判断が明確な態度を示している。

まず，Klöckner v. Cameroon 事件[32]である。化学肥料工場の建設と運営に関するプロジェクトのために，会社 Klöckner はカメルーンとの間において1971年に枠組み契約を締結した後に，それに基づいてマネジメント契約などを締結した。やがて契約の履行に関して紛争が発生し仲裁判断が下されたが，Klöckner は投資紛争解決条約52条に基づいてその取消を請求した。その取消請求の根拠の一つとして Klöckner は，仲裁裁判所は本件の準拠法であるカメルーン法を適用して仲裁判断を下すべきであったのに，この原則を無視して権限を踰越した，と主張した。特別委員会は，仲裁合意に含まれている法規則の不適用とそれの誤った適用を区別して，前者のみを52条の明白な権限踰越にあたるとみなした。そして，Klöckner の主張の当否を検討する前に次の点を明確にする。つまり，42条は国際法の原則に「（国家法の『欠缺』の場合に）補充的な（complémentaire），又はこの国家法があらゆる点で国際法の原則に適合しない場合に矯正的な（correctif），二重の役割」を認めている。いずれの場合

にも，仲裁人は紛争当事国の法を探求し，その内容を確定した後に，そして当該国家法の関連規定を適用した後にのみ，国際法の原則に訴えることができる。それ故に，42条1項は仲裁人に，国際法の原則のみに基づいて決定を下すことを許していない，と。そのうえで特別委員会は，仲裁判断に対して次のような評価を下した。つまり，Klöckner につき相手方に情報をすべて開示する義務に違反した旨を指摘する際に，原則の存在を仮定するにとどまり，その存在を証明することもその具体化に必要な規則を探求することもなかったので，契約当事国の法（カメルーン法）を適用しなかった，と。そこでは，42条1項2文における国際法の役割として，「補充的」役割と「矯正的」役割があげられている。それは実際には，契約当事国の法を調査し適用するのが原則であるが，もし欠缺があるときには国際法の原則を適用し，また，欠缺がないときにも国際法の原則と矛盾するときには国際法の原則を優先させる，という手順にほかならない。

ついで，AMCO v. Indonesia 事件[33]である。インドネシア政府の命令によって新たな名称のもとに再編され，同国軍人の福祉のための協同組合のコントロールのもとにおかれた同国会社 PT Wisma は，1968年にアメリカの会社 AMCO Asia と，ホテル建設及び運営に関する利益分与契約を締結した。AMCO Asia は当該契約を履行するためにインドネシア政府から投資許可を得て，子会社 PT AMCO を設立した。ホテル建設は計画通りに完成したが，AMCO のホテル経営に関して紛争が発生した。紛争が当事者間で解決できなかったので，1980年に PT Wisma はインドネシア政府の武力を借りてホテルのコントロールと所有権を引き継ぎ，そしてインドネシア政府を説得して PT AMCO の投資許可を取り消させた。そこで AMCO Asia らは損害賠償を求めて仲裁に訴えた。1984年11月20日に，インドネシアに損害賠償の支払を命ずる仲裁判断が下されたので，同国政府はその取消を請求した。当該仲裁判断は，42条1項の援用のもとに，当事者が適用されるべき法規則に関して合意を表明していないとして，そのまま素直に，契約当事国の法たるインドネシア法と国際法の規則を適用すべきであると述べるにとどまった。これに対して契約当

事国の法と国際法の関係についてもう少し体系的な説明を行ったのが，1986年5月16日の特別委員会決定である。同決定によると，条約42条1項は，「適用されるべき国内法の欠缺を補充するため，そして適用されるべき国内法と抵触する場合における国際法規範の優位を確立するためにのみ，国際法の原則を適用すること」を仲裁裁判所に許している。このように指摘した後に，同決定は，準拠法を適用しないことと，それを誤って解釈することを区別したうえで，前者のみが52条1項における取消原因となるとみなして，仲裁裁判所が適用すべき法を適用したかどうかを探求した。この特別委員会決定でも，Klöckner事件におけるのと同様に，契約当事国の法の欠缺を補充する役割と，国際法と相容れない国内法を矯正する役割という二重の役割が国際法に認められている。その際に，右の二つの役割のみを認めるという趣旨の表現が用いられている。二重の役割という言葉のもとでは，国際法が適用される場合における，契約当事国の法との関係での国際法の機能が語られているにすぎないのである。全般的にみれば，契約当事国法に欠缺がある場合には国際法が適用されるし，また，欠缺がない場合には契約当事国の法が国際法と矛盾しない限りにおいてのみ適用され，矛盾するときには国際法に譲るということになり，その点ではKlöckner事件の場合と異ならない。その意味では，国際法の立場が貫徹されることになっているといってよい。そこのところを重視したのが，AMCO事件に関する1990年5月31日の新たな仲裁判断である。それは国際法の「二重の役割」について，国際法が完全に適用可能であるので国際法の役割を「補充的と矯正的」にのみ分類することはあまり意味のない区別であるとみなしている。しかし，それは実質的には同じ事態を単に異なる観点から述べたものにすぎないように思われる。上記特別委員会決定が国際法に補充的且つ矯正的役割のみを認めると述べているが，その真意は，Klöckner事件における特別委員会の決定が強調したように，仲裁人が国際法のみに基づいて判断を下すことを許さないという点にあるのである。したがって，同仲裁判断が「国際法の補充的役割と矯正的役割の間の区別の正当性」に疑問を表明したと考えて，その真意を探ろうとするのは[34]適切な態度とはいえないであろう。因みに，

同仲裁判断は上記のように国際法が完全に適用されると述べているが，その場合にあっても，仲裁裁判所は国際法の原則のみを探求すればよいということにはならず，契約当事国の法の関連規定をも探求しなければならない。実際にも，同仲裁判断は，いずれにしても本仲裁裁判所はその任務が本件におけるあらゆる法的請求をまずインドネシア法との関係で，ついで国際法との関係でテストすることであると信ずる，と述べている。そのような作業の結果，契約当事国の法に欠缺があるので国際法が適用される場合かどうか，又は欠缺がないとしても契約当事国の法の規定と国際法の規定とが矛盾するので国際法が優先的に適用される場合かどうかが，判明することになるのである。

　なお，ここで，後に検討する問題との関係で，AMCO 事件仲裁判断が国際法の適用という言葉のもとに何をどのように操作したのかについて，簡単に言及しておこう。まず，1983 年 11 月 25 日の仲裁判断は 1962 年の国際司法裁判所判決の付随的意見のなかにエストッペルの原則が認められていることを指摘しつつ，次のように述べる。つまり，この付随的意見は「国家の活動」に関連するものであるが，この仲裁裁判所は，同じ一般原則が「私人を含む国際経済関係」にも適用されうると考える。付言すると，特に当該原則の国際関係への適用にあたってはその全観念は誠実の要請によって特色づけられる，と。因みに，本件においては，インドネシアがエストッペルの原則を援用したのは，AMCO がインドネシアの裁判所の前で示した立場とは反対に PT Wisma をインドネシアの分身にすぎないと主張することを阻止するためであった。更に，1990 年 5 月 31 日の仲裁判断も投資紛争に適用されうる国際法の内容に言及している。インドネシアが投資者に自己の立場を有効に説明する機会を与えることなく極めて性急に投資許可の取消をしたので，その取消の手続は問題を含むものであった。その点について，インドネシアは当該取消が AMCO の投資の不十分さによって実体的に正当化されると主張した。そこで仲裁判断は，投資許可の取消に関する手続的違法性はそれだけで損害賠償の権利を生ぜしめるのかどうか，という問題に取組んだ。その際に，仲裁判断は，インドネシア法を検討しても明確な答えが出てこないとしたうえで，国際法の一般原則や先例を

分析する。その結果，国際法においては，手続的違法性がそれ自体として損害賠償の権利を生ぜしめるのか否かが問題なのではなく，裁判拒否が行われたか否かが問題である，とする。そして，本件における手続的違法性が裁判拒否を構成するかどうかを検討すべきであると考えたうえで，取消の提案に対する大統領の承認に導くインドネシア当局の態度が裁判拒否を構成するとみなした。したがって，仲裁判断は，許可の取消について若干の実体的理由があるにもかかわらず，インドネシア当局の決定をめぐる事情は当該決定を違法とする，と考えた。更に，仲裁判断は損害賠償額の算定の際にも国際法の原則に言及している。まず，仲裁判断は，当事者双方が損失軽減義務を国際法上の原則であると認めているとしたうえで，AMCOにはその損失を軽減する可能性がなかったと認定している。それは，仲裁判断が損失軽減義務を国際法上の原則として認めていることを示すものである。もっとも，損失軽減義務は国際商取引の分野では例えば一連のICC仲裁判断によって認められているが，はたして国家間の関係についての国際法上の原則となっているのであろうか。仲裁判断は損失軽減義務を国際法上のものとみなすにあたり何らの論拠も提示していない。ついで，仲裁判断は国際法においては違法な行為に基づく損害が賠償されるべきであるとみなす。そのうえで，仲裁判断は，現代国際法においては収用が適法の場合に補償されるべきなのは逸失利益（lucrum cessans）か積極的損害（damunum emergens）かが争われている旨を指摘しつつ，契約上の権利の違法な収用の場合には原則として逸失利益が補償されるべきであるとみなした。

(3) 結　語

42条1項2文における契約当事国法と国際法の関係で実際的に最も重要なのは，両者が抵触する場合にいずれが優先的に適用されるのかであるが，その点については，先にみたところからして，国際法に優位性を認める見解が学説及び実務において有力となっていることが確認されうる。

3　国際法の適用に関する若干の問題

　42条1項2文における国際法の適用について，ここでは二つの事柄に言及しておこう。第一に，国内法の欠缺の場合にそれを補充するために国際法を適用するという，国際法の適用要件についてであり，第二に，適用される国際法の内容についてである。

1　契約当事国の法の欠缺補充

　まず，契約当事国の法に欠缺があるときに国際法を適用するという，いわゆる国際法の「補充的」役割が見出される場合である。この点については，一般に国内法に欠缺がある場合には，当該国内法に欠缺補充の方法と手順が用意されているのではないのか，という指摘がなされるべきであろう。例えば，1949年のエジプト民法典1条2項は次のように定めている。つまり，裁判官は明示的な法規の存在しない場合には「慣習規則」，ついでイスラム法原則，最後には自然法の原則及び公平を適用すべきである，と。したがって欠缺の場合にも契約当事国の法を適用することはあくまでも可能なのであり——そのことは裁判拒否を禁ずる42条2項においても前提とされているように思われる——，その点を無視してあえて一律的に国際法の適用に訴えるためにはそれなりの合理的な根拠が要求されよう。そのような場合に国際法の適用に訴えることの理由として，Shihata/Parra は次の2点を指摘しているように思われる。第一は，国内法における欠缺補充メカニズムはときとして，例えば1907年のスイス民法典1条のように，欠缺補充に際して慣習のない場合に裁判官に自分自身が立法者であるかのように行動することを許すので，国際法によって補充するのが適切である，という点である。第二は，多くの国内法秩序は法の一般原則の適用により欠缺を補充すべき旨を定めているが，法の一般原則は国際法の法源の一つを構成するので，実際には国際法による欠缺補充と国内法における法の一般原則によるそれとの間の相違はわずかである[35]，という点である。このよ

うな説明には，次のような問題点があるように思われる。第一に，国内法の欠缺補充の際に問題となる法の一般原則はそれだけでは具体的に適用可能な法規範の形をとっておらず，結局は裁判官が事案の特殊性をふまえたうえで妥当な解決をもたらす形の法規範を形成する，ということになるのではなかろうか。したがって，法の一般原則による欠缺補充は，実質的には，スイス民法1条におけるのと同様であるように思われる。また，国際法における法の一般原則の適用の際にも，裁判官は主要な国内法に共通な一般原則であって且つ国際法の体系に適合的なもののみを，事案に妥当な解決をもたらす形の法規範へと具体化することになり，裁判官にかなりの裁量の余地が認められるのである。第二に，契約当事国の法に欠缺がある場合に国際法を適用して補充するというのであるが，その補充にふさわしい国際法の準則がつねに存在するといえるのであろうか。通常，国内法は国際法よりも充実した内容を有しており，より詳細な準則を有しているといわれているのではなかろうか。そうとすると，欠缺補充のために国際法を適用するといっても，実際は，国際法の欠缺の場合として法の一般原則の適用という言葉のもとに裁判官による法創設がなされることになるのではなかろうか。第三に，ひとしく法の一般原則といっても国内法の欠缺補充の際に問題になるものと，国際法の欠缺補充の際に問題になるものは，内容的にかなり異なるのではなかろうか。このようにみてくると，契約当事国の法を適用するとしつつも欠缺の際に当該法において定められている補充メカニズムによらないで一転して国際法を適用するということについては，必ずしも十分な説明がなされているのではないということになろう。

2　国際法の内容

契約当事国の法における欠缺の場合，又は契約当事国の法の内容が国際法に反する場合に適用されるべきとされる国際法（英訳では該当する国際法の「規則」，仏訳では当該分野に関する国際法の「原則」）については，その内容如何が検討されるべきであろう。

(1) まず，国際法は一般に国家間の関係を規律する法と定義されるので，ここで問題となる国家と外国私人との間の投資協定に適用できるような準則を有しているのであろうか，したがってここで国際法という言葉が使用されていてもそれは本来の国際法とは異なるものを指しているのではなかろうか，という疑問が生じる。この点についての示唆を得るために，とりあえず起草過程を探ってみると，注目されるのは，第1草案において45条1項が，適用されるべき法に関する当事者間の合意がないときには国内法及び国際法の規則を適用すべきとしつつ，その際に「『国際法』という言葉は国際司法裁判所規程38条によって与えられている意味で理解されるべきである」と定めていたことである。しかし，その国際司法裁判所規程38条に言及する個所は改訂草案42条1項ではもはや見出せないのであり[36]，そしてそのことがそのまま現行の42条1項に引き継がれている。けれども，その間の事情は次のようである。つまり，法律委員会の委員長（Broches）は，当該規定の本質的な部分に関する合意を獲得した後に，第1草案45条1項の最後の文を見逃したのであり，そして後にその点に気づいたときにも議論を再開しないと決定した[37]，と。また，起草過程における世界銀行執行部の報告書も第1草案45条1項と同様に，国際法という言葉を国際司法裁判所規程38条1項の意味で解釈すべきであると述べている。しかし，ここで注意されるべきは，同報告書が更に続いて，国際司法裁判所規程38条1項が国家間の紛争に適用されるものとして用意されているという事実を考慮に入れるべきである，と述べていることである[38]。このように，国際法の規律対象が国家間の紛争であることにつきあえて注意を喚起しているのは，国際法そのものが投資紛争解決条約42条で問題となる国家と外国私人との間の紛争にそのまま適用できるものとしてはつくられていないこと，それ故にそのような紛争に国際法を適用するにあたってはそれにふさわしい形に適応，修正又は補充される必要があることを，示唆しているのではなかろうか。

この点との関連では，起草過程におけるフランスの代表とイタリアの代表の発言が注目される。まず，フランスの代表は次のように述べる。つまり，不幸

にも投資の問題に関する国際法の十分に確立した準則はほとんど存在しないので、仲裁裁判所に何らかの手引きが示されるべきである。もちろん、完全な法典を用意することは可能ではないが、少なくとも投資家と資本受入国の双方のためにいくつかの一般的な行動指針が定められるべきである[39]、と。また、イタリアの代表も、国内法が投資家に損害を与えるような仕方で変更された事態については国際法は十分な用意をしていないと述べつつ、次のような提案をする。つまり、条約草案は仲裁人によって適用されるべき国際法の基本原則、即ち差別的取扱いからの保護、及び誠実に行動すべき義務を明記することが望ましい、と。そして、同代表は更に、契約に関しては伝統的な国際法は締約国の法によって承認された「債務法の一般原則」によって補足されうる旨を指摘する[40]。もっとも、そのような提案は、仲裁裁判所の前に持ち込まれる事件の多様性にかんがみて柔軟性を確保すべきである、という観点から退けられてしまったようである[41]。

　上記の起草過程の論議からすると、国家と外国私人との投資紛争に関しては国際法の準則がほとんど存在しないのではないのか、とりわけ国家が外国私人の不利益において自己の法を改変することから外国私人を保護する国際法の準則が十分には存在しないのではないのか、また、国家と外国私人との間の投資契約について国際法を適用する場合には国際法の欠缺を認めたうえでの法の一般原則の適用——それは実質的には仲裁人による新たな法命題の定立を意味する——が多くなるのではないのか、という疑問が生ずるであろう。

　さて、先にもみたように、1965年2月23日の全体委員会の会議に関する覚書によると、国内法と国際法の関係についての法律委員会での投票が仲裁裁判所に国際法の優先的適用を認めることに極めて明確に賛成していたが、それは特に「国家がそれ自身の法を投資家に損害を与える形で、しかもそうしないという協定に違反する形で、変更するケースを考慮に入れるために」であった。つまり、42条1項2文において国際法があえて導入されたのは、特に、国家が安定化条項又は不可侵性条項を無視して投資家の不利益において国内法を変更するという事態に対処するためであったといえよう。しかし、国際法がその

ような期待に十分にこたえることができるのであろうか。その疑問はフランス代表やイタリア代表の上記の発言からも窺い知れる。投資紛争に関係する伝統的な国際法の準則を探すとすれば，その代表的なものは国有化に関する準則であろう。それは LETCO 事件仲裁判断によっても，国有化は真の公共目的のために無差別に且つ適当な補償を伴う形でなされなければならない，という内容のものとして提示されていた。つまり，伝統的な国際法の準則によると，国家は公共目的で無差別に且つ適当な補償を与える形であるならば投資契約を一方的に改廃しうるのである。LETCO 事件仲裁判断も，安定化条項の存在意義を認めたうえで，契約上の義務を免れるための国家の立法行動は上記の要件を満たす国有化によってのみ正当化されうる，と述べていた。その限りにおいて，伝統的国際法は投資契約の問題の一部を規律しているといえる。もっとも，伝統的な国際法の立場とは異なり一定の限られた範囲内で投資契約の私人にも国際法主体たる資格を認めようとする立場もある。いわゆる契約の国際法の理論[42]であるが，これはまだ少数説にとどまっている。この点との関連では，当該理論と結論的に同じ立場を示したと思われる AGIP 事件仲裁判断が，安定化条項を「国際法秩序のレベルで表明された当事者の共通の意思」に基づくものとして，国際法の観点から安定化条項に反する国有化を違法とみなす際に，何ら根拠を明示していないことが，注目される。

(2) 伝統的国際法は，投資契約について，公益目的・無差別・適当な補償という三つの要件のもとでそれを一方的に破棄する権利を国家に認めている。そうとすると，当該準則は仲裁裁判所が投資紛争に適用しうる国際法の内容の重要な部分を構成することになるように思われるが，それでは起草過程において国際法の適用に賛成した人々の思惑からかなりかけ離れることになる。また，AMCO 事件仲裁判断は「国家の活動」に関するエストッペルの原則を「私人を含む国際経済関係」に適用するという立場を示しているが，国家間の関係に関する準則をそのまま「私人を含む国際経済関係」に適用するということになると，pacta sunt servanda の準則もそのまま適用することになり，いわゆる安

定化条項の効力もそのまま認めざるをえないことになってしまう。それでは，国有化に関する伝統的国際法の基本的な立場と相容れないことになろう。

　上述のように投資契約との関連では伝統的国際法は国有化に関する準則のほかに——外国人の待遇に関する準則などを除けば——見るべき準則を有していないように思われる。そこで考えられるのは，イタリア代表が示唆したように国際法の欠缺の場合として捉えて法の一般原則を利用することである。しかし，国際法における法の一般原則は，国際法の欠缺の場合に——国際法の規律に服すべき国家間の関係について条約も慣習も存しないときに——主要な国内法に共通な原則のなかから国際法体系にふさわしいものを選択して適用可能な規範へと具体化するということであるので，イタリア代表が考える法の一般原則とは異なるのではなかろうか。イタリア代表の見解において考えられているのは，国際法の規律に服すべき国家間の関係について条約も慣習も存在しない場合に主要な国内法に共通な原則を国家間の国際法体系にふさわしい内容の規範へと具体化することではなく，単に，主要な国内法に共通な原則を国家と私人の投資契約にふさわしい内容の規範へと具体化するということにすぎないのではなかろうか。そうとすれば，そこで問題になっている法の一般原則はもはや国際法におけるそれではないということになろう。その点は別としても，法の一般原則に頼ることは結局において仲裁裁判所に準立法者的機能を認めることにほかならないことに留意すべきであろう。また，先にもみたように，起草過程において国際法の適用に賛成した人々の多くは事件の多様性に対応しうる柔軟な立場を採用するという見解であったようであるが，何故に国際法を適用することがそのような立場になるのであろうか。その際にはおそらく，国際法の適用の名のもとに主として仲裁裁判所に準立法者的機能を果たすことが期待されているのであろう。つまり，国際法を適用するとはいうものの，実際には，仲裁人が国家間の関係に関する国際法の準則のなかからいくつかを適宜選択してそれを投資契約にふさわしい形に適応させたり，法の一般原則の名のもとに新たな準則を具体化したりすることにほかならないように思われる。この点に関連して，42条1項2文における国際法の内容に比較的突っ込んで言及している

Goldman の見解が紹介に値する。彼はまず次のように指摘する。つまり，42条1項2文の『当該事項に関する国際法の原則』は国際司法裁判所規程38条で列挙されている国際法の様々な淵源から汲み出されるべきであると一般に考えられているが，国際司法裁判所規程は国家間の関係の観点から国際法の一般原則の淵源の一覧表を提示しているので投資紛争にとって必ずしも大変に有用であるとはいえない，と。そのうえで，彼は次のように述べる。つまり，適用すべき国際法の原則の内容を仲裁裁判所に教えることができるのは国際司法裁判所規程38条ではない。なるほど国家間の関係を支配する国際法の原則のいくつかは維持されるべきである。したがって，pacta sunt servanda の原則（しかしそれは公法又は私法に関する国家法すべてにも共通である）や，収用又は国有化は外国人に関係する場合には補償を伴うべきであるという原則がそうである。しかし，仲裁裁判所はまた，他の原則の普遍的又は一般的な価値について態度を明らかにしなければならないであろう。例えば，投資に適用されるべき法律の安定性又は国際契約における為替保証条項の有効性，更にそのような保証が国際契約においてはつねに『当事者によって欲せられていた』という推定である。また，資本受入国の同意の自由を保護することも投資の事項に固有な新たな原則の対象となりうることが，示唆されてきた[43]，と。Goldman においては，国家間の関係を規律対象とする国際法をそのまま投資紛争に適用することが考えられているのではない。投資紛争が国家間の関係ではないことが意識されつつ，いくつかの国際法の原則のほかに，法の一般原則のようなものも考慮に入れられているのである。

3　結　　　語

　伝統的国際法の立場は，投資契約の規律に関しては，それを——国有化に関する準則などを除けば——基本的には国内法秩序に委ねている，というのではなかろうか。そうとすると，投資契約への国際法の適用といっても契約の極めて限られた事項についてのみ意味を有するのであり，また，投資契約に関して国際法の欠缺——国際法における法の一般原則の適用——を語ること自体も意

味をなさないということになろう。そのことを考慮に入れると，42条1項における国際法の適用という言葉のもとにこれまで起草者や学説や実務が一般に念頭においているのは，伝統的国際法の内容とかなり異なるものを適用することである，ということになろう。

4 おわりに

以上，投資紛争解決条約42条1項をめぐる学説と実務の動向を紹介し検討してみた。以下にはそれを総括しておこう。

42条1項1文は，構造的には，抵触法上の当事者自治の原則を採用しているようにみえる——もっとも文言上は実質法上の pacta sunt servanda の原則を前提としたものと解する余地もなくはない——が，当事者が選択できるものをあえて「法規則」というような曖昧な用語でもって示したことにより，国家の裁判所での紛争解決を念頭において形成されてきた伝統的な当事者自治の原則のもとでは認められなかったことを許すに至っている。例えば，伝統的な当事者自治の原則のもとでは当事者は特定の時点に凍結された形での国家法を選択できないとされてきたのであるが，42条1項1文のもとでは，当事者はそれができることになる。そして更に当事者は国際法や法の一般原則又は lex mercatoria と呼ばれているものをも準拠法として選択できるのみならず，それらを好きなように組み合わせることもできる。そして，契約実務においても，資本受入国と投資者との間の利害の対立を妥協させる必要から，適用されるべき「法規則」が複雑又は曖昧な仕方で合意されることが少なくなく，そのことはまた仲裁実務に困難な解釈問題をもたらしている。

42条1項1文において当事者に認められている「法規則」の合意について，黙示的合意を認めるべきかどうかが問題となるが，学説は黙示的合意なるものを認めるにあたり慎重な態度を示している。当事者間に現実の合意がない場合に，契約をめぐる諸事情から当事者の意思を仮定的に推定することは，選択されうるものが「法規則」という形で拡張されていることも相俟って，仲裁人に

大幅な裁量権を認めることになりかねないこと，また，黙示的合意を仮定する際に契約の重心地などを重視すると契約当事国の法がつねに準拠法となってしまいかねないこと，によるものであろう。仲裁判断においては黙示的合意なる観念を認めるものがあるが，上に述べたような仕方で実際に黙示的合意を認定したものはまだ存在しないようである。

　投資契約の領域では，準拠法について資本受入国と投資者との間の利害が厳しく対立することが多いが，42条1項2文も，適用されるべき「法規則」に関する合意が成立しない場合につき，契約当事国の法と国際法の準則を適用するという形で，発展途上国と先進国との間の妥協を示すような内容となっている。そのような条文の表現だけでは，契約当事国の法と国際法の準則との関係は曖昧であるが，特別委員会の決定及び仲裁裁判所の仲裁判断は，契約当事国の法が欠缺を含む場合，特に同法が国際法の準則に反する場合に，後者を優先的に適用するという序列を設定した。それは，基本的には起草過程において，契約当事国が自己の法を変更することにより契約を一方的に改廃する行動から投資者を保護するという意図でもって示されていたところのものである。けれども問題はそのように単純ではないように思われる。起草過程の議論からすると「国際法」という言葉は「国際司法裁判所規程38条」における国際法の意味で理解されるべきものとして捉えられていたが，そのような国際法は国家間の関係を規律すべきものとして発展してきたのであって，国家と私人との間の契約にすぎない投資契約についてはその規律を──国有化に関する準則などを除いて──基本的に国内法秩序に委ねているのではなかろうか。そうとすると，先進国側により示された上記のような思惑にこたえうるような国際法準則としては，はたしていかなるものが存在するのかという疑問が生じることになろう（この点については特に，現行国際法に関する一般的な理解によると契約当事国は公益目的・無差別・適当な補償という三つの要件のもとに投資契約を一方的に破棄できるということが想起されるべきである）。そのような問題は起草過程においてもフランス代表とイタリア代表によって示唆されていたところでもあった。しかし，そこにおいては当該問題があまり深く論じられないままに，事件の多様性を考慮

に入れて国際法を柔軟に適用していくという見解が多数を占めたようである。その結果，既存の国際法のどの準則をどのように適用すべきかという根本的な問題は曖昧なままとなったといえる。このようにして，42条1項2文で用いられている「国際法」準則の適用という文言も，額面通りには受け取れないのであり，実質的には仲裁人などに準立法者的機能を期待せざるをえないものとなっているように思われる。その意味で，42条1項2文において「国際法」準則という言葉を使用することは，pacta sunt servanda の準則を中心とした伝統的な一般国際法の準則がほとんどそのまま適用されるというような印象を与えかねないことからして，多少ミスリーディングであるということになろう[44]。もっとも，最近において当事国が相手国の国民と締結した協定の遵守を義務づける二国間投資保護条約（umbrella agreements; traité de couverture）が増大している。その場合には，投資契約自体が条約という方法により国際法の保護の対象となっており，契約当事国による投資契約上の義務の違反がそのまま条約違反として国家責任の問題を生ぜしめるのであって，まさしく国際法レベルで契約当事者たる私人の法的地位の安定化がはかられているのである。そのことを考慮に入れると，42条1項2文における「国際法」準則の内容が近時において条約という形で充実しつつあるといえるであろう。

1) 森川俊孝「投資条約における国家と投資家との間の国際仲裁の法的メカニズムと機能」国際法外交雑誌100巻1号（2001年）22頁以下を参照。
2) 例えば，池田『投資紛争解決法の研究』（1969年）152頁以下が代表的なものである。
3) 国際法を適用した ICSID 仲裁判断については森川「ICSID 仲裁裁判所における投資紛争解決と国際法」山本草二先生古稀記念（1998年）235頁以下を参照。また，ICSID 仲裁判断の主なものは『投資紛争解決国際センター（ICSID）―その概要と仲裁事例―』（1998年）において紹介されている。
4) Goldman, Le droit applicable selon la Convention de la B. I. R. D. du 18 mars 1965, pour le règlement des différends relatifs aux investissements entre États et ressortissants d'autres États, in : Investissement étrangers et arbitrage entre États et personnes privées, 1969, pp. 141-142.

5) Shihata/Parra, Applicable Substantive Law in Disputes Between States and Private Foreign Parties, ICSID Review-FILJ, 1994, p. 201.
6) ICSID, History of the Convention, 1968, p. 570.
7) Broches, Convention on the Settlememt of Investment Disputes Between States and Nationals of Other States of 1965, 18 Y. B. Com. Arb., 1993, p. 667.
8) Goldman, op. cit., pp. 142-144.
9) Shihata/Parra, op. cit., p. 190.
10) Cf. Goldman, op. cit., pp. 142-144.
11) Goldman, op. cit., p. 145.
12) Broches, The Convention on the Settlement of Investment Disputes Between States and Nationals of Other States, RdC, 1972, p. 389.
13) Goldman, op. cit., p. 151.
14) Shihata/Parra, op. cit., p. 189.
もっとも，準拠法の凍結については若干異なる見解が有力である。Merkt, Investitionsschutz durch Stabilisierungsklauseln, 1990, p. 196 は次のような立場を「普及している見解」とみなす。つまり，条約42条1項1文は，まず，準拠法の時際法を指定する。そして準拠法に時際法規が欠けているとき又はみつからないときには，44条1文の類推によって当事者の法選択当時に妥当している条文が適用される，と。更に，Pirrung, Die Schiedsgerichtsbarkeit nach dem Weltbankübereinkommen für Investitionsstreitigkeiten, 1972, p. 154 を参照。
15) Goldman, op. cit., p. 142.
16) Delaume, L'affaire du plateau des pylamides et le CIRDI, Rev. arb., 1994, p. 42.
17) ICSID Review-FILJ, 1990, p. 95.
18) ICSID Reports, vol. 1, 1993, p. 306.
19) ICSID Review-FILJ, 1991, p. 526.
20) ILM, 1987, p. 647.
21) ILM, 1993, p. 933.
22) Delaume, The Pyramids Stand, ICSID Review, 1993, p. 247. 更に，『投資紛争解決国際センター(ICSID)―その概要と仲裁事例―』266頁（道垣内教授執筆）も参照。
23) Cf. ibid., p. 248.
24) Cf. Shihata/Parra, op. cit., p. 202.
25) Broches, op. cit., RdC, 1972, p. 391.
26) Ibid., p. 391.
27) Gaillard, Note, Clunet, 1991, p. 182.
28) ICSID, History of the Convention, 1968, pp. 802, 803.
29) Ibid., p. 985.

30) Broches, op. cit., RdC, 1972, pp. 392-393.
31) Goldman, op. cit., p. 151.
32) Clunet, 1987, p. 163.
33) ILM, 1986, p. 1439 ; Clunet, 1991, p. 173.
34) Delaume, op. cit., p. 54.
35) Shihata/Parra, op. cit., p. 196.
36) ICSID, History of the Convention, 1968, p. 192.
37) Broches, The Convention on the Settlement of Investment, Liber Amicorum for Martin Domke, 1967, p. 21.
38) Goldman, op. cit., p. 150.
39) ICSID, History of the Convention, 1968, p. 418.
40) Ibid., p. 419.
41) Ibid., pp. 419-420.
42) 契約の国際法の理論については，本書の第6章を参照。
43) Goldman, op. cit., pp. 150-151.
44) その点については本書の第2章も参照。

第4章
lex contractus の理論

1　はじめに

　1957年から1958年にかけてVerdrossは経済開発協定に関して独自の法理論を展開した。lex contractusの理論又は準国際法上の契約の理論と称されるところのものである。この理論は当初こそは著名な国際法学者によって提示された斬新な内容のものとして多くの人の注目を浴び，若干の追随者を得たが[1]，今日では更なる信奉者をもはや見出さないといわれている。lex contractusの理論は一般に，経済開発協定に関しては当事者の意思の合致に基づいて創設された特別の法秩序たるlex contractusが当事者間の関係を完全に規律する旨を説く見解とみなされ，そして，それに対しては主に次のような批判が加えられてきたのである。つまり，およそ契約は法的真空のなかでは存在しえないのであり，いずれかの既存の法秩序のなかに組み込まれなければならない。契約が有効に成立したか否か，契約をどのように解釈すべきであるのかなどといった問題は契約外の準則によって判断されなければならないのであって，lex contractusの理論のように契約自身の提示する準則によると考えること——それは論点の先取り又は循環論法に陥る——ができない。当事者によって創設されるlex contractusは基本的人権に反するような契約をも有効にすることになる。また，契約は当事者間の関係を余すところなく規律することはできない[2]，と。しかし，一般に繰り返されるそのような批判がどこまで正鵠を得ているのかについて多少疑わしい点があるのみならず，近時において実質的にはlex contractusの理論と同じような見解がフランスの著名な国際私法学者たる

Mayer によって唱えられるに至っている。そこで本章は，lex contractus の理論を再検討することを試みる。

2　Verdross の見解

Verdross が展開する lex contractus の理論は，一定の種類の国家契約を準国際法上の契約と呼び，それを支配する法として lex contractus を考えるものであるが，これまで正確でない理解に基づく不当な批判を受けてきた点が少なくないように思われる。そこで以下にはその内容を彼の三つの論文を使って少し詳しく紹介したい。

1　1957 年から 1958 年にかけての論文

まず，Verdross が lex contractus の理論の対象としている準国際法上の契約の範囲についてみてみよう。

　準国際法上の契約とは，国家が外国人（外国会社）との間で対等な立場で締結した契約であり，国内行政官庁ではなく，国際法上の条約を締結する権限のある最高の国家的権威──統治者又は政府──によって合意又は批准されるものである。それは紛争解決条項として仲裁条項を含む。そのようなものとして，準国際法上の契約は，国家の法秩序に服しないので国内法上の契約でもなく，また国際法主体間で締結されていないので国際法上の契約でもない。「第三の契約グループ」である。準国際法上の契約の代表例は，国家の政府と外国人によって締結された経済開発協定である。当該協定によって外国人は，国家経済の一部又は一局面の開発に必要な財政的，技術的及び組織的な手段を用立て，そしてそれについて直接の支払を受け取るのではなく，継続的に利潤の全部又は一部を受け取る。そのような契約は，例えば，天然資源（石炭，鉱石，石油）の開発，又はエネルギー（ガス，電気）生産施設や交通機関（鉄道，電話，電報）の敷設と経営を対象とする[3]。

第 4 章 lex contractus の理論　*81*

次に，準国際法上の契約の妥当根拠に関する彼の議論を紹介してみよう。

　準国際法上の契約の「妥当根拠」は，契約当事者が契約締結を通して一致して承認している「pacta sunt servanda という法の一般原則」である。これに対して，契約はすべて既存の法共同体の法秩序に基づいてのみ締結されうる，という異議を唱えてはならない。契約によって初めて法共同体が根拠づけられることもありうるのである。例えば，かつての植民地会社がアジアの君主と締結した協定や，ヨーロッパ諸国がアフリカの部族と締結した協定がそうである。というのは，それらの契約は当事者の一方の国内法に基づいて締結されたのではなく，また，当時はアジアの君主やアフリカの部族が国際法共同体の外にあったので国際法に基づいて締結されたのでもないからである。実に元来は国家間のあらゆる契約は単に「pacta sunt servanda の原則」のみに基づいて締結されていたのであり，国際法共同体は国家間の交流のなかから徐々に形成されていったにすぎないのである。そこから，既存の社会から法が生ずる（ubi societas, ibi jus）こと，また逆に「pacta sunt servanda の法原則」に基づいて締結された契約によって新たな共同体が基礎づけられうる（ubi ius, ibi societas）ことが，理解される。かくして例えば，「pacta sunt servanda という超実定的な法原則」に基づく人間又は個々の政治集団の協定によって，新たな国家が構成されうる。pacta sunt servanda の法原則の拘束力は更なる基礎づけを必要としない。というのは，その原則はあらゆる民族の法意識によって担われているからである。したがって，pacta sunt servanda の原則が実定法共同体の内部でのみ妥当しうると主張することは，実証主義的偏見であり，むしろ，「あらゆる実定的法権威は超実定的な法原則を前提としている」のである。そして，各実定法共同体が超実定的法原則を前提としているときには，「pacta sunt servanda という超実定的な法原則」に基づいて新たな法共同体も基礎づけられうる。実際に，そのような新たな法共同体は「準国際法上の契約」によって生命を与えられるのである[4]。

今度は，準国際法上の契約を支配すべきものとされる lex contractus について彼が述べているところを紹介してみよう。

　国内的行政契約は契約当事国の法体系の一つの段階を形成するので，当該国の法秩序に従って解釈され適用されなければならない。これに対して，「準国際法上の契約によって創設される lex contractus は，当事者間の関係を余すところなく規律する独自の法秩序である」。もちろん lex contractus はその諸規定の解釈や起こりうる欠缺の補充のために契約当事国の法秩序や他方当事者の法秩序や国際法を指定しうるが，これらの法秩序はすべて lex contractus によって授権される限りにおいてのみ適用されるのである。というのは，lex contractus は当事者相互の権利義務を主権的に決定するからである。かくして，「第三の契約グループ」たる準国際法上の契約は，契約によって創設された私権を「当事者の了解によって創設された新たな法秩序」，即ち「当事者によって合意された lex contractus」に服させることによって特色づけられる[5]。

また，右の点と重複するのであるが，彼が仲裁裁判所の適用すべき法について論じているところを紹介してみよう。

　「準国際法上の仲裁裁判所」は，準国際法上の契約によって創設された権利義務を lex contractus によって判断すべきである。しかし lex contractus の解釈と適用の際に疑いが生じうるので，準国際法上の契約は，当事者間に存する係争問題を規律するためにいかなる法が利用されるべきかについて規定を含んでいる。それについては様々な規定が見出される。例えば，紛争当事者の国内法を指定する規定，単独に又は補充的に国際法を指定する規定，国際法を指定すると同時に契約の誠実な適用を定める規定，契約の誠実な適用のみを定める規定，一部は国内法を一部は誠実の原則を指定する規定である。また，仲裁裁判所が適用すべき法に関する規定をまったく含んでいない

契約も存する。そのような場合には，仲裁裁判所は準国際法上の契約を「法の一般原則」——当事者が契約締結の際にそのような契約を創設するために法の一般原則の妥当を前提としていた又は理性的には前提にしなければならなかった——によって解釈しなければならない。これらの契約規定からは明白に，当事者の権利義務の最高の実定法的基礎を形成するのは契約当事国の国内法ではなく lex contractus であるということが，判明する。というのは，国内法も国際法も lex contractus によって授権される限りにおいてのみ利用されるからである[6]。

他方，彼は準国際法上の契約に対する lex contractus の上記のような支配に対して投げかけられうる批判，及び上記のような支配に対する例外にも言及している。その点に関する彼の論述はおよそ次のごとくである。

　準国際法上の契約においては lex contractus が当事者の権利義務を余すところなく規律するという主張に対して，次のような異議が提出されるかもしれない。つまり，契約当事国は契約当事者であるのみならず主権的立法者でもあり，そのようなものとして公益のために契約内容を一方的に変更する権利を有しなければならない，と。そのような異議は，主権的権力がその主権の行使につき義務を引き受ける資格を有しないときにのみ，根拠のあるものとなろう。しかし，そのような資格を有しない主権的権力なるものは考えられない。というのは，自らを拘束しうるということは，主権の本質に属するからである。かつて常設国際司法裁判所は『国際的義務を負う資格はまさに国家の主権である』と述べたことがあるが，同じことは当然に準国際法上の契約にも妥当する。というのは，当該契約も条約作成権力によって締結又は批准されるからである。準国際法上の契約から生ずる国家の拘束の程度と範囲は，もっぱらこの契約の内容に依存する。国家は一方的変更の権利を留保することなく一定の義務を引き受けたときには，契約の変更は当事者双方の一致のもとでのみ行われうる。それに対する例外は，契約当事国が不可抗力

(force majeure) により契約が履行できなくなったことを証明しうるときにのみ，存在する。というのは，pacta sunt servanda の原則は不可抗力の原則によって制限されるからである。この原則は準国際法上の契約についても妥当する。というのは，その際には「契約法の本質から生ずる法原則」が問題となるからである。しかし，不可抗力の抗弁は，義務づけられた国家に契約を一方的に解消する権利を与えるものではない。国家は公益のために外国人の私有財産を収用する権利を有すると仮定しても，国家は国際法上の契約や準国際法上の契約によってこの権利の行使を明示的又は黙示的に放棄できるのである[7]。

彼の lex contractus の理論がいかなる実践的な目的で展開されたのかは上述したところから容易に推察されるのであるが，更に経済開発協定に関する彼の次のような論述は彼の理論の実践的意図を端的に示すものといえよう。

　経済開発協定は準国際法上の契約のメルクマールをすべて満たしているので，そのような協定を締結した国家は lex contractus の一方的変更をなしえないことになる。契約内容変更の一方的権利は，この協定の「性質」によっても排斥されている。というのは，この契約において問題となるのは，一回限りの財産的投資ではなく，外国における長期間にわたるより大きな財産価値の継続的拘束，そして当該国家における一定の経済部門の開発に必要な施設の建設及び経営だからである。そのような投資は，両当事者が lex contractus を誠実に遵守することについての絶対的な保証があるときにのみ，行われうるであろう。したがって，そのような契約を締結する国家は，その国内法秩序によって認められている公益のために収用する権利又は他方当事者の契約上の権利を侵害する権利を放棄するのである。そうでないと，そのような収用や侵害は不当利得を意味することになろう[8]。

最後に，彼は準国際法上の契約の違反に対していかなる法的救済方法が存す

第 4 章 lex contractus の理論 85

るのかについて次のように論じている。

> 準国際法上の契約は仲裁条項を含んでいるので，契約上の権利を侵害されたと主張する当事者は，仲裁裁判所に申し出ることができる。当事者の一方が仲裁人を任命しないことにより手続の開始を阻止しようとする場合については，多くの仲裁条項は規定を設けている。しかし，仲裁条項がそのような規定を含んでいないとき，そして要請された国家が仲裁手続に応じることを拒否するとき，又はサボタージュするとき，又は仲裁判断を履行しないときには，私人たる当事者は，本国の政府に外交的保護の行使を要請することができる。というのは，上記の作為又は不作為は裁判拒否を構成するからである。確かに国際法上，外交的異議申立ては国内的救済手段を尽くした後に初めて提出されうる。それ故に，外国人当事者は契約当事国の法秩序に従って政府の契約義務不履行に対する法的手段をとることができるときには，まずこの方法でもって契約義務を履行させるように努めなければならない。しかしそれはたいてい lex contractus が契約当事国の法秩序を指定しているときにのみ可能であろう。そしてこの場合にも，内国救済手続完了の原則は，外国人が実際に内国法上の手段によって契約義務を履行させることができるときにのみ，妥当する。これに対して，権利の貫徹のための実効的な内国手続が存在しない又はこの手続が不当に遅延させられるときには，直ちに外交的異議申立てが提出されうる。そしてたいていは，国家の主権的権力又は政府によってなされた契約違反に対しては，内国法上の手段はまったく存在しない。そのような場合には，内国救済手続完了の原則は原則として適用されない[9]。

以上のようにみてくると，Verdross の lex contractus の理論についてはさしあたり次の点が指摘されうる。第一に，法共同体又は法秩序の観念が極めて緩やかに捉えられているという点である。法共同体又は法秩序が既存の法秩序の外において当事者間の合意のみに基づいて成立しうると考えられているからで

ある。第二に，国際法の規律対象でもなく国内法の規律対象でもないとされる準国際法上の契約については，当事者間の合意に基づいて創設される lex contractus——その言葉はときとして契約内容という言葉によって置き換えられている——が規律するとされてはいるが，実際には契約内容とは別の準則を予定していることが示唆されているという点である。例えば，準国際法上の契約の妥当根拠が「pacta sunt servanda という法の一般原則」であるとか，pacta sunt servanda の原則が「契約法の本質から生ずる法原則」たる不可抗力の原則によって制限されるとかされているからである。そこでは，法の一般原則が考えられているように思われるが，それの析出方法については明言されていない。第三に，準国際法上の契約において特定の国内法や国際法が指定されていても，それは抵触法上の指定ではなく，実質法上の指定としての意義しか認められないという点である。準国際法上の契約が新たな法秩序たる lex contractus に服し，lex contractus が当事者相互の権利義務を主権的に決定するということからして，そこでは抵触法的アプローチがとられておらず，pacta sunt servanda の原則を中心とした実質法的アプローチがとられているからである。そして，当事者は契約において当事者間の関係をすべて余すところなく規律するために，特定の国家法や国際法などを指定すること——この指定は抵触法上の指定ではなく実質法上の指定という性質を持つ——があるとされているのである。第四に，lex contractus の理論の実践的目的は，外国人が長期間にわたり多額の投資をする経済開発協定において，契約当事国が公益の名のもとに一方的に契約を改廃するのを阻止することにある，という点である。第五に，準国際法上の契約に関する紛争の場合に lex contractus を適用すべき裁判機関としては仲裁裁判所が予定されており，そして契約当事国が仲裁手続に応じない場合又は仲裁判断を履行しない場合における強制手段としては，国際法の平面での裁判拒否の観念の緩和及び内国救済手続完了の原則の弾力的運用という操作のもとにおける私人の本国の外交的保護が期待されている，という点である。第六に，上記のような lex contractus の理論の適用対象は，国際法主体としての国家との契約（条約を締結する権限のある最高の国家的権威によって締結又は批准

される契約）であって，単なる国内行政官庁との契約ではない，という点である。

2　1964年の論文及び1965年の論文

Verdrossは1957年から1958年にわたる上記の論文の後にも1960年代の半ば頃にlex contractusの理論を敷衍している。そこで以下には，先に指摘した点との関連で彼の見解を理解するのに役立つと思われるいくつかの論述を拾ってみよう。

まず，準国際法上の契約が外在的な準則に基づいて成立することについては，1964年の論文において次のように敷衍されている。つまり，既存の実定法秩序にではなく「pacta sunt servandaの原則及びその他の法の一般原則」のみに基づいて締結される契約なるものが存在しうる[10]。私人と外国の条約作成機関が締結する準国際協定は，コンセッションを付与する国家の法のもとで締結されるのではなく，「pacta sunt servandaの原則及びその他の法の一般原則」に基づいて対等な立場で国際協定の形式で締結されるのであり，結果として「新たな法秩序」，即ち「当事者間の関係を規律するlex contractus」を創設する[11]。準国際協定は「pacta sunt servandaの原則及びその他の契約を支配する法の一般原則」に基づいて当事者の共通意思によって定立された「新たな法秩序」である[12]。当事者は準国際法上の契約を締結することにより且つ当該契約から生ずる紛争をいかなる国家の手続法からも独立した特別の仲裁裁判所に付託することにより，「pacta sunt servandaの原則及び契約の締結と有効性に関する他のすべての法の一般原則」を拘束的なものとして受け入れている[13]，と。そこでは，準国際法上の契約が「契約を支配する法の一般原則」に基づいて成立する旨が明確にされていることが注目される。その点は，1965年の論文において更に次のように敷衍されている。つまり，準国際法上の契約によって創設されたlex contractusは，当事者間における唯一の具体的法秩序を形成する。というのは，lex contractusの解釈のために動員される法の一般原則は，具体的法秩序ではなく，「比較法の方法で獲得された，様々な法秩序から抽象

化されたもの」を意味するからである。この契約は lex contractus の上位にある具体的法秩序には服しないのであるが，法的真空のなかに生きているのではない。というのは，「そのような契約にも適用される法の一般原則が存在する」からである[14]。また，当該契約が服する「強行的な法の一般原則」も存在するのであり，例えば善良の風俗に反する契約や侵略戦争の準備のための契約を阻止するものである[15]，と。そこでは，法の一般原則が比較法的考察に基づく抽象化作業により析出されること，及び準国際法上の契約に適用される法の一般原則のなかには強行的なものも存在することが，明確に述べられている。

次に，lex contractus の理論の実践的な目的が外国私人の契約上の地位の安定化にあることが1964年の論文においても明示されている。いわく，準国際協定の最も重要な特徴は，それがコンセッションを付与する国家によって合法的に変更されえないことである[16]，と。

3 要 約

以上，Verdross の lex contractus の理論を概観し，そしてその特質を明らかにするように努めた。以下には，その要約的検討を試みてみよう。

まず，準国際法上の契約として特別な取扱いに服する契約となるためには，契約当事国の単なる行政官庁ではなく，条約締結権限のあるものの同意が必要とされ，しかも仲裁条項を含んでいることも要求される。その場合には契約が行政契約の場合と異なり，対等な立場で締結されていると考えられているのである。そして，そのような定義は，当時の経済開発協定の多くがそのような形で締結されていたことを，反映しているといえよう。

次に，準国際法上の契約は当事者間に lex contractus という「新たな法秩序」を創設し，そしてそれが当事者間の権利義務関係を主権的に規律する，とされる。このような新奇な言葉のもとで語られる命題は，法秩序又は法に関する伝統的な観念に立脚する人々から冒頭で触れたような激しい批判を受けることになった。その批判のなかで最も一般的に流布しているのは，契約は法的真空のなかでは存在しえない——契約の成立や解釈適用をめぐる問題を規律すべき契

約内容とは別の準則が不可欠である——という批判である。その点については，Verdross はつとに 1957 年から 1958 年にかけての論文において「pacta sunt servanda という法の一般原則」や「契約法の本質から生ずる法原則」たる不可抗力の原則について語っていたところからして，彼が契約内容とは別の準則として法の一般原則を予定していることが推察されえた。実際に，彼は 1964 年の論文において，準国際法上の契約が「pacta sunt servanda の原則及びその他の法の一般原則」・「pacta sunt servanda の原則及びその他の契約を支配する法の一般原則」・「pacta sunt servanda の原則及びその他の契約の締結と有効性に関するすべての法の一般原則」に基づいて締結され存在する，という趣旨を明確に示した。しかも，1965 年の論文において彼は，法の一般原則を「比較法の方法で獲得された，様々な法秩序から抽象化されたもの」として定義するに至っている。法の一般原則に関するそのような定義はこれまで通常なされてきたものと同じであるように思われる[17]。このようにみてくると，lex contractus の理論は実質的には準国際法上の契約について法の一般原則の適用を説く見解である，ということになるのではなかろうか。そして lex contractus が当事者間の権利義務関係を主権的に規律するという命題は，lex contractus の理論の実践的目的を考慮に入れると，次のような実践的主張に言い換えられうることになろう。つまり，法の一般原則の一つとしての pacta sunt servanda の原則は，契約当事国が公益の名のもとに契約を一方的に改廃することさえも許さないという形で適用すべきである，と。法の一般原則の内容を具体化するにあたりその一つたる pacta sunt servanda の原則に右のような極めて広範な妥当領域を認める点にこそ，lex contractus の理論の特質があるというべきであろう[18]。

3 Mayer の見解

最近，実質的には Verdross の lex contractus の理論の再来かと思われるような見解が登場してきている。フランスにおける有力な国際私法学者である

Mayer の見解である。lex contractus の理論が近時においてはほとんどその影響力を失っていたことを考慮に入れると，上記のことは注目に値する。それでは，Mayer はどのような議論を展開しているのであろうか。以下には，多少詳しく彼の論述を追っていこう。

(1) 彼はまず，国家という言葉は国内法において使用されるときと国際法において使用されるときとでその意味は異なるのであり，「主権国家」と「国家＝行政」（国内法上の行政契約の当事者）は別個の実体であると指摘する。そして，従来一般に国家が外国人と締結した契約と称されてきたものから，「厳密な意味における国家契約」という範疇を取り出す。その内容はおよそ次のようである。

　これまで国家契約といわれてきたものの多くは特別な分析を必要としない。例えば，契約当事国の国内法に服する行政法上の契約や，行政が私人と同様に行動する場合における抵触規則や管轄規則に服する通常の国際取引契約である。しかし，その他に行政法上の契約でもなく私法上の契約でもない契約が外国人と国家との間で締結されることがある。それが特にあてはまるのは経済開発協定（発展途上国と先進国の企業との間で締結された鉱物資源や石油資源の開発をめざす契約）についてである。このような契約はしばしば安定化条項を含む。国家権力の最高の属性である立法権が契約条項の対象となっているという事実は，当該契約に私法とは無関係の性格を付与する。しかし，公法の性格とみなして契約当事国の法を適用することは，受け入れることができない。また，私法と公法の混合的性格という仕方で説明されるべきではない。両者は互いに排斥しあうからである。真の説明は，国家は私人としてではなく国家として行動するのであるが,その場合の国家は主権国家であり，立法権を有しない行政ではない，という仕方でなされるべきである。この主権国家によって締結された契約を「厳密な意味における国家契約」と呼ぶことにする[19]。「主権国家によって締結された契約（厳密な意味における国家契

約)」の存否を判断するための要素としては，次のものが考えられうる。第一に，必要な事情として，仲裁条項が存在すること，契約が明示的条項又は当事者意思の解釈により国家の法から守られていることがあげられる。第二に，十分な事情として，安定化条項や国有化禁止条項が存在すること，契約が投資受入国と企業の本国との間の条約（umbrella agreement）のなかに統合されていることがあげられる。第三に，手掛りとしては，契約が他国との関係で国家を代表しうる機関によって締結又は承認されたこと，契約が国家の経済政策プランを具体化するものであること，国際法に言及がなされていることがあげられる[20]。

(2) 彼は次に，いかなる法秩序が「国際法主体と私人を対峙させる混合的関係」を支配しうるのかを明らかにしようとする。そして，国家と企業の契約の「準拠法」として学説がこれまで発見してきた法について，次のように消極的な評価を下す。

　第一に，国家法についてであるが，少なくとも契約当事国の法は排除されるべきである。というのは，準則は，それが適用されるものとの関係で他律的であるときにのみ，法的なものといわれうるのであり，契約当事国の法はそれを創設する人格である国家を対象としえないからである。これに対して，それ以外の国の法は契約当事国と外国人の契約に適用可能であるが，実際には，主権国家が外国企業と契約を結ぶときに他国の法に服することを承諾することは稀である。第二に，国家と外国企業との契約に国際法を適用しうると考える学説が多いのみならず，国際法の準則を適用した仲裁判断も多いが，問題は，その場合に国際法が「法（droit）」として適用されたのか，それとも当事者の合意によって仲裁人に課せられる合意的価値の「参照体系（system de référence）」として適用されたのか，である。例えば，当事者が立法機関によって採用されなかった民法典草案について合意した場合には，その準則はいかなる法秩序にも属しないにもかかわらず適用されるであろう。同様

に，当事者が合意している限り，国際法が「参照体系」として国家契約のみならず私人間の契約にも適用されうることは間違いない。しかし，それをこえて，国際法が法として国家契約に適用されうるとはいえない。国家契約の当事者の一方である私人は国際法主体ではないからである。これに対して，国家は私人と契約を締結するときに私人に，契約上の法律関係に限定されたものとしての国際法主体たる資格を付与する，という反論がなされるかもしれない。しかし，国際法は諸国家からなる社会に基づいて成立しており，その社会の構成分子（諸国家及びそれらが創設した法人である国際組織）の間の関係のみを対象としている。諸個人は，諸国家が諸個人に対する強制を独占しているという極めて単純な理由からして，国際法の対象から除かれる。国際社会は，それについていかなる権限も有しない人格に規範を向けることができない。このようにして，私人は国際法主体ではなく，また，国際社会の命令の名宛人ではありえないのである。また，国際社会の構成員の一つにすぎない契約当事国がその単なる意思行為によりそのような状況を免れることは不可能である。第三に，しばしばトランスナショナルな法と呼ばれる『第三の法秩序』についてである。国家法が当事者の意思により排斥され，そして国際法がその性質上適用可能ではないとするならば，『第三の法秩序』にのみ期待が残ることになる。しかし，国家と個人（又は私人）は固有の法を生み出す社会なるものを構成しない。特定の社会とその法が出現するためには，人々が法的関係に入るだけでは十分ではない。さもないと，フランス人たちとドイツ人たちが契約を締結する限りにおいて仏独社会と仏独法が存在するといわなければならなくなるであろう。更には，どの二人の間の契約関係も一つの社会を構成し，そして当事者によって創設された法に服するということを認めなければならなくなるであろう。それがVerdrossの立場であるが，それはほとんど一致して批判されている。国家と個人（又は私人）の関係は存在するが，当該関係は彼らの間に一つの社会を構成するものではない[21]。

(3) 以上のようにして Mayer は,「契約当事国以外の国家の法——それの仲裁における適用は例外的である——を別にすると,国家と外国企業との間の契約的又は非契約的関係はいかなる法にも服せしめられえないという結論」に到達する[22]。つまり,国家契約の準拠法たりうるのは契約当事国以外の国家の法のみであるが,そのような国家法を当事者が準拠法として選択することは稀である,というのである。それでは,国家契約に関する紛争の多くの場合に準拠法が存在しないことになるが,彼はそのことを特に困ったこととはみなさない。彼によると,重要なのは当事者にとって外在的な形で裁判官と強制体系が存在することであり,仲裁人が準則を発見しなければならないときに,それを特定の法秩序の名でするのかそれとも独自にするのかはどちらでもよい。彼はこのような観点から,「法律のない契約(contrat sans loi)」に対する理論的な危惧の念を根拠のないものとみなす。そして,準拠法のない場合にいかにして契約の拘束力を基礎づけるのかという問題に対して次のように答える。つまり,契約がその有効性を引き出すのは法律からではないとするならば,それは裁判官の決定からであろう。国家裁判官については,そのことは容易に理解しうる。規範的機関の決定は準則と同じ力を有するのである。仲裁人については,その決定は私的なものであるので,それ自体としては何も基礎づけないのであるが,「仲裁判断に既判事項の権威を認める国家的準則」が間接的に契約にその拘束力を付与する,と。また,彼によると,「法律のない契約」はその効力を定める原則を仲裁人の裁定の日にのみ見出すという特殊性を有する[23]。

もっとも,Mayer は,国家契約の準拠法がない場合にも,当事者が国際法や lex mercatoria や法の一般原則をそのまま選択している又は他のものとの組合せにおいて選択しているときには,それらは「参照体系」として仲裁人に課せられ,指針として役立つことを指摘する。そして,当事者が契約において参照体系など何も指定していないときや,友誼的仲裁人として裁定することを要求するにとどまるときには,仲裁人は自らが見出す準則を使用することができる,とみなす[24]。その点との関係において,彼は,法の一般原則のなかに使用可能な準則の集積ではなく「準則形成の手続」をみたうえで,その手続が国

家契約にふさわしいかどうかを問う。そして，国家契約が通常の私法上の契約でもなく行政法上の契約でもなく，それのみで「一つのカテゴリー」を構成するので，国内法秩序の私法上の準則を考慮に入れることも行政法上の準則を考慮に入れることも正当ではないとみなす。また彼は，私法上の契約と公法上の契約に共通な基礎が存在する限りにおいて，国内法の比較から引き出される法の一般原則から着想を得る可能性を肯定する。もっとも彼によると，仲裁人はつねに国家契約の「特殊な性質」を考慮に入れるように注意を払うべきである。そして彼は，法の一般原則を適用することではなく，法の一般原則がふさわしいと思われるときにそれから着想を得ることのみが問題であるとして，トランスナショナルな関係に「固有な準則」——「トランスナショナルな原則」——の必要性を説く。彼によると，この「固有な準則」はある一つの「法秩序」から出てくるものではなく，仲裁人に向けて学説及び仲裁人自身が形成した，その対象によってのみ法的な命題である[25]。

なお，国家契約における主権国家の義務負担に関する「トランスナショナルな原則」の具体化について，彼は一定の立場を示している。それを見てみよう。彼は，まず，国家契約により主権国家が行った通常の義務負担（典型的には代金支払や場所提供の義務の負担）が有効であるのかどうかという問題について，当事者が第三国の国家法を lex contractus として選択していたとき——そのことは稀であるが——はそれによらしめ，又は「参照体系」を採用していたとき——そのことはしばしばであるが——にはその準則によらしめ，そして，当事者が既存の準則の総体を「参照」していないときには，「トランスナショナルな原則」によらしめる。その際に彼は，第三国の国家法も「参照体系」も pacta sunt servanda の原則を認めているはずであるとしつつ，「トランスナショナルな原則」の内容としても pacta sunt servanda の原則を考える。その根拠としては，「良識」が援用されており，上記の義務負担の有効性を認めないと国家を無能力者にすることになる旨が述べられている。彼は，次に，国家の立法権限に関する義務負担（税率の変更や外貨の国外持出の制限や国有化などを差し控える義務の負担）が有効であるかどうかという問題について，主権国家として登場す

る契約当事国はその国の法主体ではないのでその国の法によって拘束されることを主張できないという理由から,「トランスナショナルな原則」を適用すべきであるとして,その内容につき,唯一の正当な出発点を pacta sunt servanda の原則に求める。そして,その点に関する実質的な根拠づけを次のように行う。つまり,外国企業は資本受入国の法律と裁判所に服しないという条件のもとでのみ投資をするのであり,資本受入国は投資をしてもらうためにそのような条件を受け入れるのである。確かに不合理な約束は存在する。特に,契約期間が50年又は60年にも及ぶような約束がそうである。しかし,国家は今日ではそのような義務負担の危険性をよく知っているし,また,企業も国家に影響を及ぼす政治的又は経済的な変更のある場合にそのような義務が尊重されなくなることをよく知っている。国家の義務違反があった場合は,現状回復は実際上は無理であるから,結局,国家の義務は損害賠償に帰するのであり,ただその額がおそらく国有化に伴うべき補償の額よりも高くなるだけである。例えば,国有化しない旨の約束にもかかわらず契約当事国が国有化をした場合には,生じた損害の全体（lucrum cessans・逸失利益も含む）を賠償すべきである。これに対して,国家がその主権的権限を行使しない義務を負うことを天然資源に対する恒久的主権の名のもとに否定することができるならば,それは国家を無能力者にしてしまうことになろう。そのように天然資源に対する主権を強調するならば,主権国家は外国企業の要求する保証を与えることができないので,必要な資本と技術を備えている外国企業に天然資源の一時的な開発を付託することができなくなってしまうであろう[26]，と。なお,国家は契約から解放されたいがために,政府が立法府の承認なくしてコンセッションを付与したり税の削減に同意したりすることができないという趣旨の憲法規定を援用することがあるが,それに対して彼は批判的な立場を示す。つまり,第三者との合意の際に生じた内部的規則違反の結果を甘受すべきなのは第三者ではなく法人であり,そのことは「国内法において一般に認められている」。それ故に,法人の機関による権限踰越は,少なくとも当該機関が権限を有していたと第三者が考えるのが合理的であるときには,第三者に対抗し得ないのである。条約法に関

するウィーン条約46条との比較も参考になる[27]，と。

そこからすると，Mayer は法の一般原則といえるような pacta sunt servanda の原則を「唯一の正当な出発点」とし，そして国家契約の当事者の利害状況を考慮に入れつつ，「トランスナショナルな原則」の具体的な内容を決定している，ということになろう。その結果として契約当事国の義務負担に関して導き出された準則は，pacta sunt servanda の原則のもとで国有化などの主権的権限を行使しない旨の契約当事国の約束をも有効とみなし，その違反の場合にはすべての損害（逸失利益の喪失をも含む）の賠償義務の発生を認めるということであったように思われる。その点において，彼の見解は Verdross のそれと同様な結論に至っているといえよう。

(4) これまで紹介してきた Mayer の議論について，ここで若干検討を試みておきたい。

まず，Mayer が「厳密な意味における国家契約」について提示した法的判断枠組みには，多少曖昧な部分が残されているように思われる。彼は契約当事国以外の国家の法にのみ準拠法たる資格を認めるのであるが，そのような国家の法が当事者によって選択されることは稀なので，多くの場合には準拠法が存在しないことになり，その場合には「トランスナショナルな原則」——それは pacta sunt servanda の原則を出発点とする——を適用をすべきであると考える。そして彼によると，当事者が国際法や lex mercatoria や法の一般原則などを選択しているときにはそれらは「参照体系」として適用されることになる。その「参照体系」とはいわゆる実質法的指定により契約の内容に取り込まれたものというほどの意味であるように思われるので，そこでは pacta sunt servanda の原則が前提とされている。その場合の pacta sunt servanda の原則はおそらく「トランスナショナルな原則」の一つとしてのそれであろう。そうとすると，彼は，国家契約について当事者に契約当事国以外の国家の法を準拠法として選択することを認めつつ，そのような法の選択のない場合には仲裁人に「トランスナショナルな原則」の適用を命ずる，ということを考えていることにな

る。そして彼においては契約当事国以外の国家の法のみが準拠法たりうるとされているので，その「トランスナショナルな原則」は準拠法ではないことになる。このようにみてくると，彼において採用されているのは抵触法的アプローチなのか実質法的アプローチなのかは曖昧であることになろう。しかし，彼が準拠法のない場合が大半であるとみなしつつ，いわゆる「法律のない契約」の理論を支持していることを考慮に入れると，次のように考えるのが合理的であろう。つまり，彼においては「トランスナショナルな原則」の適用を前提とした実質法的アプローチが採用されており，そして稀に当事者によってなされる契約当事国以外の国の法の選択も「トランスナショナルな原則」の基本的準則たる pacta sunt servanda の原則に基づいて実質法的指定として効力が認められる，と。

　次に，国家契約の拘束力の根拠に関する Mayer の議論には多少の不明確な点が指摘されうるように思われる。彼においては，当事者が契約当事国以外の国家の法を選択していない限り，国家契約の準拠法がないことになり，その場合における契約の拘束力の根拠が「仲裁判断に既判事項の権威を認める国家的準則」に求められることになるようである。しかし，そのように契約の拘束力の根拠を捉えるならば，同じことは，当事者が契約当事国以外の国家の法を選択している場合，即ち国家契約の準拠法が存在する場合にも，あてはまることになろう。つまり，国家契約の準拠法が契約の拘束力の根拠ではないことになり，「仲裁判断に既判事項の権威を認める国家的準則」が契約の拘束力の根拠であるということになろう。これに対して，右の場合における契約の拘束力の根拠はあくまでも国家契約の準拠法であるという考えに立つならば，国家契約の準拠法が存在しない場合においても契約の拘束力の根拠は「仲裁判断に既判事項の権威を認める国家的準則」ではなく「トランスナショナルな原則」である，と考える方が一貫することになるのではなかろうか。ここで問題になっているのは，契約の有効性を判断する準則そのものを契約の拘束力の根拠として捉えるのか，そうではなくそのような準則に基づいて下された仲裁判断に国家法秩序の観点から効力を付与する準則を契約の拘束力の根拠として捉えるの

か，という点である。いずれの立場をとるにせよ，契約の拘束力の根拠につき，契約当事国以外の国家の法が準拠法として選択された場合とそうでない場合とを区別すべきではないように思われる。

　最後に，Mayer は法の一般原則のなかに「準則形成手続」をみるのであるが，法の一般原則の国家契約への適用を支持しない。それは，法の一般原則の適用についての彼独自の理解が前提となっているからではなかろうか。つまり，国内法の比較から引き出された法の一般原則をそのまま国家契約について適用するのが法の一般原則の適用である，という理解である。それ故に彼は，法の一般原則から着想を得るときにも，つねに国家契約の「特殊な性質」を考慮に入れるべきである旨を強調するのである。しかし，例えば，国際法において法の一般原則について語られるときにも，国内法の比較から引き出される国内法上の共通原則をそのまま適用すべきであるとは一般に考えられていない。国際法体系に適合的なもの又は国際関係に適用可能なもののみが選択されるのである。また，そのようにして引き出された法の一般原則はあくまでも個々の細目的な適用要件（国家的特殊性）を捨象した抽象的なレベルでの原則であるので，国際法上の問題に適用されるにあたっては再び国際法上の問題にふさわしい細目的な要件を考案しなければならないことになる。また，Zweigert が国家契約の準拠法としての法の一般原則について指摘するように，諸国の国内法に共通な原則がつねに見出されるとは限らないので，諸国の国内法の準則から当該事案に最もふさわしい解決を提供するものを選択して，それを適用するということも考えなければならない。このようにみてくると，これまで国際法などにおいて法の一般原則の適用という名のもとで考えられてきたところのものは，おそらくは Mayer が「トランスナショナルな原則」の形成の際に考えていることとあまり異ならないのではなかろうか。

4　おわりに

　以上，今日では既に克服された見解と一般にみなされている Verdross の lex

第4章 lex contractus の理論　99

contractus の理論を紹介し分析し，ついで Mayer の理論も紹介し分析してみた。以下には，その要約的検討を試みる。

　まず，Verdross の理論に対して加えられる批判には不正確な理解に基づくものが少なくないことが指摘されうる。その最たるものは，およそ契約なるものは法的真空のなかでは存在しえないという批判である。確かに，彼は国家契約の準拠法を既存の法秩序たる国際法又は国家法に求めるというような抵触法的アプローチを採用していない。しかし，それは彼が契約の外にあって，契約の成立及び効力などを規律する準則を不要としていることを意味しない。実際にも，彼は準国際法上の契約が「pacta sunt servanda の原則及びその他の契約を支配する法の一般原則」・「pacta sunt servanda の原則及びその他の契約の締結と有効性に関するすべての法の一般原則」に基づいて締結され存在するという趣旨を明確にしている。その場合の法の一般原則は，「比較法の方法で獲得された，様々な法秩序から抽象化されたもの」であるとされる。これに対して，抵触法的アプローチに基づき既存の法秩序たる国家法や国際法のいずれかを準拠法として選択すべきであると主張する立場は，なぜそのようなアプローチがとられなければならないのかについて説明する必要があろう。学説及び仲裁判断のなかには抵触法的アプローチに立脚しつつも準拠法たる資格を既存の法秩序のみならず法の一般原則にも認める立場が有力に存在するのであるが，そのことを考慮に入れると，Verdross のように法の一般原則に基づいて準国際法上の契約を規律しようとする立場のなかに，法的真空を見出すことは，一方的にすぎるという反論がなされうるであろう。なお，彼の見解においては，ときとして当事者が契約に適用されるべきものとして言及している既存の法秩序は，広範な妥当領域を有する pacta sunt servanda の原則のもとに実質法的指定によって契約のなかに編入され，当事者の関係を規律しうることになるのである。彼の見解の当否は，おそらく，法の一般原則そのものを判断基準とすることへの評価如何によるであろう。彼は法の一般原則を「比較法の方法で獲得された，様々な法秩序から抽象化されたもの」としているのであるが，それの具体的事案への適用にあたっては実際には仲裁人に準立法者的権能に近いものが

認められることになるからである。

　次に，上に述べたことと関連するのであるが，Verdrossの理論によると基本的人権を害するような契約も有効になってしまう，という批判も適切なものとはいえない。彼は「強行的な法の一般原則」の存在を認め，それによって例えば善良の風俗に反する契約や侵略戦争の準備のための契約が阻止されると考えているからである。また，当事者が契約を余すところなく規律することができないという事実を指摘することも，適切な批判とはいえない。というのは，彼の理論においては，契約の外にあって契約を支配する準則を生み出すものとして，法の一般原則が考えられているからである。

　このようにみてくると，既に過去のものとなってしまったと一般にみなされているVerdrossのlex contractusの理論も，子細に検討してみると，不正確な理解に基づいた批判によって不当な評価を受けてきた面があるということになろう。確かに，Verdrossは独特な法秩序理解に立脚していた。つまり，彼は契約関係に入る国家と外国人との間にも法秩序が成立しうるという見解に基づいて，準国際法上の契約の当事者間に「新たな法秩序」が創設されうると考えるからである。これは部分社会の理論を極端にまで推し進めたものであるように思われる。ここではあくまでも定義が問題となっているにすぎないとしても，法秩序及び社会に関するそのような理解に賛成する人は多くないであろう。また，彼が準国際法上の契約に関して実質的にめざしていた準則は，従来の議論との関連でいえば，抵触法的アプローチに基づいて準拠法たる資格を法の一般原則にも認め，しかも当事者の黙示意思を法の一般原則の適用に見出そうとしていた有力な学説や仲裁判断の立場を一歩進めて，つねに法の一般原則を適用するというものであったように思われる。そのためには，あえて，準国際法上の契約の当事者間に「新たな法秩序」が創設されると論ずる必要があったのかどうかは疑わしい。他方，上記の有力な学説や仲裁判断も，本来，上記のような抵触規則がいかなる法秩序のそれなのかを明らかにすべきであるのにもかかわらず，それを国際法秩序のものではないとする点を除いて不明確のままにしているのである。

Verdrossが実質的に意図している準則は，抽象的にいえば，これまで法の一般原則の適用という名のもとで実際に念頭におかれてきたところのものにほかならないように思われる。つまり，「比較法の方法によって獲得された，様々な法秩序から抽象化されたもの」に，準国際法上の契約の当事者の利害状況にふさわしい細目的適用要件を付与して，それを適用可能な法規範に具体化する，と。例えば，法の一般原則として pacta sunt servanda の原則があげられうるとしても，当該原則をどのような範囲にまで妥当させるのかという問題は，比較法の方法から必然的には決定されえない——諸国の法又は国際法は確かに pacta sunt servanda の原則を認めているが，その妥当範囲の細目については一致していないのであり，そのような細目的な適用要件の部分を捨象して抽象化された平面で初めて一致した原則が確認されうる——のであり，結局，仲裁人は準国際法上の契約の当事者の利益状況を考慮に入れて判断することになるからである。実際にも，Verdrossは経済開発協定における国家と外国私企業の利益状況を考慮に入れて pacta sunt servanda の原則に極めて広範囲な妥当領域を認めていた。このことは，Mayerの見解にもひとしくあてはまるところであろう。確かに，Mayerは法の一般原則を適用することではなく，ふさわしいと思われる法の一般原則から着想を得ることのみが問題である，と述べていた。しかし，これまで法の一般原則の適用という言葉のもとに一般に考えられてきたのは，法の一般原則をすべてそのまま適用することではなく，当該事項にふさわしいもののみを適用することであったのではなかろうか。その点については，例えば，国際法において法の一般原則を適用するという場合について一般になされている説明を想起するだけで十分であろう[28]。また，法の一般原則を適用するという場合にも，上記のように，細目的な適用要件の相違を捨象したうえでようやく得られうる抽象的な共通原則[29]はそのままでは適用できないのであり，その適用のためには，実際には当該事項の需要にあった形の細目的適用要件を付与することにより抽象的な原則を具体化するという作業が不可欠となるのである。Mayerが法の一般原則から着想を得ると述べるときにも，実際にはそのようなことを念頭においていたのではなかろうか。また，彼

が国家の義務負担行為に関する「トランスナショナルな原則」を具体化するにあたって，pacta sunt servanda の原則から出発して，国家契約における当事者の利益状況を考慮に入れて，Verdross と同様に当該原則に極めて広範囲な妥当領域を認めていたことにも，注意すべきであろう。もっとも，Mayer は国家と個人が契約関係に入るだけで固有の法を生み出す社会を構成するという Verdross の考えには批判的な態度を示していたが，その批判の対象となっている部分は Verdross の理論の本質的な部分ではないことは，先にも述べたとおりである。国際法主体として登場する国家と外国企業との間で，仲裁条項を含む形で対等な立場で締結された経済開発協定は，実質規則のレベルにおける法の一般原則によって支配されるのであり，具体的には，当事者間の権利義務は pacta sunt servanda の原則のもとに合意によって定まる。したがって，合意によって定められていない限り国家は公益の名のもとにであっても契約を一方的に破棄又は変更できない。これが Verdross の理論の本質的な部分であろう。そして，それとほぼ同じような趣旨が多少違った言葉づかいのもとにおいてではあるが Mayer によっても説かれていたように思われる[30]。両者の間に相違があるとすれば，それはせいぜいのところ次の点であろう。つまり，Mayer は国有化などの国家の主権的権限の行使を阻止するためには特にその旨の合意を必要と考えているようにみえるのに対して，Verdross はそうではないようにみえる，と。最後に lex contractus の理論における法的サンクションの問題に言及しておこう。つまり，そのような理論の適用によって下された仲裁判断の実効性はどのようにして確保されるのか，という問題である。その点については，Mayer は触れていないが，Verdross は仲裁判断の実効性を担保するための制度を，lex contractus という「新たな法秩序」のなかにではなく，外にある国際法という既存の法秩序における外交的保護に求めている。そのことは，Verdross の考えている「新たな法秩序」は法的サンクションの問題から切り離して捉えられている，ということを意味するであろう。

1) Cf. Bourquin, Arbitration and Economic Development Agreement, The Business

Lawyer, 1960, p. 860 et seq.; Kipp, Verträge zwischen staatlichen und nichtstaatlichen Partnern, BerDGV, 1964, p. 133 et seq.

　因みに，わが国ではつとに田畑茂二郎『国際法Ⅰ（新版）』（1974年）458頁がVerdrossの見解に注目して簡単な紹介を試みている。また，山本草二「コンセッション」『国際法辞典』（1975年）283頁は，「経済開発協定について，両当事者の法的平等に基づく合意の拘束性を確認すること，この協定は自主法規として両当事者の法律関係を包括的かつ排他的に規律すること，協定の適用解釈に関する紛争は，両当事者の合意する仲裁手続に付託することなどを保障し，この協定に準国際法的な協定としての性格を与えようとの学説が有力になっている」と述べるが，そこにおいて「有力になっている」「学説」として紹介されているところのものは，Verdrossの見解にほかならないと思われる。更に，川岸繁雄「コンセッションと国際法」国際法外交雑誌79巻1号（1980年）9頁以下や中川淳司『資源国有化紛争の法過程：新たな関係を築くために』（1990年）81頁以下などもVerdrossの見解を論評している。

2) Cf. Mann, The Proper Law of Contracts Concluded by International Persons, BYIL, 1959, p. 49 et seq.; Sumampouw, Anmerkung, RabelsZ, 1966, p. 347; Weil, Problèmes relatifs aux contrats passés entre un Etat et un particulier, RdC, 1969-III, p. 181 et seq.; EL-kosheri, Le régime juridique crée par les accords de participation dans le domaine pétrolier, RdC, 1975-IV, pp. 288-289; Lalive, Contrats entre Etats ou enterprises étatiques et personnes privées, RdC, 1983-III, p. 46. 川岸・前掲10-11頁も参照。

3) Verdross, Die Sicherung von ausländischen Privatrechten aus Abkommen zur wirtschaftlichen Entwicklung mit Schiedsklauseln, ZaÖRV, 1957/58, pp. 638-639, 641, 647.

4) Ibid., pp. 640-641.
5) Ibid., pp. 638, 641.
6) Ibid., pp. 643-645.
7) Ibid., pp. 645-647.
8) Ibid., pp. 648-649.
9) Ibid., pp. 649-651.
10) Verdross, Quasi-International Agreements and International Economic Transactions, Yearbook of World Affairs, 1964, pp. 230-231.
11) Ibid., p. 234.
12) Ibid., pp. 234-235.
13) Ibid., p. 246.
14) Verdross, Gibt es Verträge, die weder dem innerstaatlichen Recht noch dem

Völkerrecht unterliegen?, ZfRV, 1965, p. 131.
15) Ibid., p. 132.
16) Verdross, op. cit., Yearbook of World Affairs, 1964, p. 235.
17) 先にもみたように，Verdross は 1957 年と 1958 年にわたる論文において法の一般原則としての pacta sunt servanda の原則をときとして「超実定的な法原則」と呼んでいた。また，「あらゆる実定的法権威は超実定的な法原則を前提としている」と述べている。そして，1964 年の論文において「pacta sunt servanda の原則及び他の法の一般原則」を「自然法の原則又は人類に共通の法原則」と呼ぶことができるとみなしている。Verdross, op. cit., Yearbook of World Affairs, 1964, p. 231. そのような論述の仕方から彼の自然法的思考方法を読み取ることは容易であろう。
18) なお，Verdross は 1965 年の論文において次のような Zweigert の見解に賛成すると述べる。つまり，国家と私人との契約はその構造上当事者双方の一致した利益のために国家法体系に結びつけられえないようなものであるときにはつねに，国家法秩序への明示的な指定のない限り，法の一般原則に服する，と。そして，Verdross は次のような Zweigert の指摘を正当とみなす。つまり，当該契約が服せしめられる強行的な法の一般原則（例えば良俗に反する契約又は侵略戦争の準備のための契約に関するもの）も存在する，と。更に，Verdross は次の点においても Zweigert と一致するとみなす。つまり，当該契約には国家的抵触法が適用されるのではなく，『当事者は……当事者自治により，このタイプの契約を明示的又は黙示的に法の一般原則に服させる資格がある，という内容の法の一般原則』が抵触法として適用される，と。Verdross, op. cit., ZfRV, 1965, pp. 131-132. しかしそのような Verdross の論述は，彼の見解が実質法上の法の一般原則たる pacta sunt servanda の原則を前提にしていることと必ずしも適合しない。というのは，そこで紹介されている Zweigert の見解からして明らかなように，Zweigert はあくまでも抵触法的アプローチに立脚しているのであり，実質法的アプローチを採用している Verdross とは基本的立場を異にするのである。
19) Mayer, La neutralisation du pouvoir normatif de l'État en matière de contrats d'État, Clunet, 1986, pp. 11-13.
20) Ibid., pp. 29-39.
21) Ibid., pp. 17-24.
22) Ibid., p. 24.
23) 以上については Ibid., p. 25.
24) Ibid., pp. 25-26.
25) Ibid., pp. 28-29.
26) 以上については Ibid., pp. 39-44, 50-51.
27) Ibid., pp. 44-47.

28) 例えば森川俊孝「仲裁と法の一般原則」皆川洸先生記念（1981年）205頁は次のように述べている。「国際裁判所が国内法に共通の原則として法の一般原則を適用する場合，かかる原則すべてをそのまま機械的に適用するものではなく，国内社会とは異なる国際社会の構造ならびにそれに基づく国際法の特殊な性質および要請と調和するように適用されなければならないことがしばしば指摘されている」。
29) Ch. de Visscher, Théories et réalités en droit international public, 1970, p. 49 は，法の一般原則に訴えることが「抽象化」と「一般化」の二重のプロセスによって行われる旨を指摘する。つまり，国内法上の諸規定から国家的特殊性を取り除き，その諸規定を一般的普遍的な見地に還元する，と。
30) もっとも，Mayer が国家契約に関して提示した法的判断枠組みには若干の不明瞭さが残っていたが，それは本文で指摘したごとくである。

第 5 章
準拠法の凍結の理論
―― Sandrock の見解を手掛りにして――

1　はじめに

　国家契約（経済開発協定）に関しては，抵触法上の当事者自治の原則のもとに当事者が契約締結時の契約当事国法を準拠法として選択すること（準拠法の凍結又は化石化）が推奨されることがある。それは次のような事情による。つまり，一方では，契約当事国は，当該契約が自国の経済開発という一般的利益に関わるので，自国法とは別の国家法を準拠法として選択することに同意しない。しかし他方では，外国私企業は契約当事国の法を準拠法として選択することには反対する。契約当事国の法は同国によって自由に変更可能なので，外国私企業の法的地位が不安定なものとなりうるからである。そこで妥協案として考え出されたものの一つが，準拠法として契約当事国の法を選択しつつも，その内容を契約締結時点のものに限定するという仕方である。そのような仕方では，一方では契約当事国は自分の法が準拠法になるのである程度満足できるし，他方では外国私企業は契約締結後における契約当事国の法の改正が自己の法的地位には影響を及ぼすことがないのである程度満足できる，というのである。その点との関連では，国家と外国私人との間の契約の準拠法に関する1979年9月11日の国際法学会（アテネ会期）の決議が，その3条において，当事者は契約で言及する国内法規定を契約締結時のそれとみなすことに合意することができる，と定めていることは重要である。

　ところが，国際私法理論又は抵触法理論においてはこれまで一般に，準拠法

の凍結を認めない立場が支配的であった。例えば、わが国では、溜池教授は「通説的見解」を次のように要約される。つまり、「国際私法の指定により準拠法として適用しうるのは、一般に実定性を有する法律に限られるから、当事者が指定した準拠法の所属国で法律の改正があった場合、新旧いずれの法によるかは、専らその国の時際法の定めるところによるべきであ」り、「化石化条項のごときは無効」である、と。そして教授は、化石化条項などは「いわゆる実質法的指定としてのみ有効と解すべきもの」とされる[1]。ドイツでも事態は同じようである。つまり、支配的見解は化石化条項を抵触法的指定としては認めず、実質法的指定としてのみ有効とみなす。したがって、準拠法の改正の場合に新旧いずれの法を適用すべきかという問題はもっぱら準拠法所属国の時際法によるべきである、と考える[2]。ところが、ドイツでは比較的近時において化石化条項に抵触法的指定としての効力を認めていこうとする注目すべき見解が現れた。Sandrock の見解である。そしてそれは、有力な学者たる Heldrich にも影響を与えている[3]。それでは、Sandrock はどのような論拠を提示しているのであろうか。本章はまずそれを明らかにする。ついで、彼の見解が国家契約（経済開発協定）についてどのような意義を有するのかを検討する。

2　Sandrock の見解

Sandrock は、長期国際取引契約の場合にはときとして当事者の選択した契約準拠法の規定を契約締結当時のものに限定し、後の契約準拠法の変更を考慮に入れるべきではない旨の条項が必要とされるとする[4]。そして、そのような化石化条項の必要性が認められる場合として次のような場合をあげる。第一に、契約準拠法の枠組みにおいて当事者相互の権利義務の均衡を破壊するような大きな変更が見込まれる場合である。第二に、特に第三世界の企業との間の契約について、大きな政治的な革命の出現が恐れられる場合である[5]。それでは、彼は化石化条項の法的効力につきどのような評価をくだすのであろうか。その問題との関連で重要なのは、いうまでもなく、化石化条項は抵触法的指定

行為として有効とみなされるのか，それとも単なる実質法的指定行為としての効力しか認められないのかであろう。前者の場合には，契約の準拠法は契約締結後の法改正にもかかわらず，契約締結時の内容のままの形で当事者間の契約関係を支配することになるが，後者の場合には，契約の準拠法は，もし改正法において強行的な遡及効が定められているときには改正法の強行法規の許す範囲内においてのみ契約締結時の内容で適用されるにすぎないことになる。したがって，化石化条項に単なる実質法的指定行為としての効力しか認めない従来の支配的見解のもとでは，当該条項は当事者の法的地位の安定との関連ではあまり役に立たないことになるのである。Sandrockも，当事者が化石化条項によって欲しているのは改正された準拠法の任意規定のみならず強行規定も適用されないことであるとみなす。彼の見解の特徴はまさにそのような従来の支配的見解とは異なり化石化条項を抵触法的指定行為として有効とみなす点にあるのである。彼によると，ドイツ国際私法における当事者自治の原則は，国際契約の当事者に契約を支配すべき法秩序を選択する権限を与えるのみならず，更にその選択した法秩序を契約締結時点の規定と解釈に凍結する権限も認める。それでは，彼はいかなる論拠に基づいてそのような結論に到達するのであろうか。彼は抵触法的指定としての準拠法の凍結が認められるかどうかという問題については，当事者自治の原則の根拠からのみ解答を引き出すことができるとみなす。そして，まず，国際契約法上の当事者自治の原則の根拠について次のように述べる。

　国際契約法においては当事者利益が前面に出る。国際契約の当事者は，いかなる法秩序がその契約関係を最もよく規律しうるのかについて最も容易に決定できる。抵触法上の当事者自治の原則は，この意味において実質法上の当事者自治の理論的な対の一方をなすのである。個別的な自己決定の可能性は，実質法的な観点においてのみならず抵触法的な観点においても，特に私的利益を完全なるものにするという意味において当事者に与えられるのである。それ故に，客観的基準に基づく一般的な抵触法的連結規則（契約の重点，

特徴的給付の場所の法など）の妥当は当事者意思の支配よりも下位にあるのである。それと並んで第二次的に，公的な秩序利益が一定の役割を演ずる。公共は国際取引の安全性と容易さについて利益を有する。それ故に，抵触法上の当事者自治の原則は，公的利益のために国際取引が容易で安全に展開されうるように配慮するという任務も有する[6]。

そして彼はそのような抵触法上の当事者自治の原則の根拠から次のような結論を引き出す。

　化石化条項を法選択の合意に添付することは，それによって私的又は公的な利益が受け入れがたい仕方で危うくされる又は侵害されると認識されない限り，許されるべきである。したがって，化石化条項の有効性を認めることにより私的又は公的な利益の重大な危機が生じうるかどうかを探求することが課題となる[7]。

抵触法において当事者自治の原則の根拠としてこれまで一般に考えられてきたところのものは，要約すると次のようになろう。つまり，契約に関しては実質法におけるのと同様に抵触法においても当事者の意思を尊重すべきであること，そうすることによって当事者は様々な国際契約の実情にあったふさわしい法を準拠法とすることができ，また確実に準拠法を予測することができる，そしてその意味で国際取引の安全・円滑・迅速がはかられる，と。そうとすると，Sandrock が上において当事者自治の原則の根拠として述べているところのものは，従来一般に考えられてきたところとほとんど異ならないといってよいであろう。そして，上記のような当事者自治の原則の根拠に照らし合わせてみると，準拠法の凍結を認めることには何ら問題がないということになろう。当事者が契約締結時の特定の国家法を自らの契約の実情にあったものとみなしているのであり，それを認めることこそが契約の準拠法に関する当事者の意思や期待を尊重することになり，取引の安全・円滑・迅速を促進するといえるからで

ある。したがって，Sandrock が化石化条項に抵触法的指定としての効力を認めるのももっともと思われる。しかしながら，彼はそこから更に進んで，私的又は公的な利益の重大な危機をもたらさないことも当事者自治の原則の任務と考えて，準拠法の凍結の問題をチェックするという態度を示すが，私的又は公的な利益の侵害をもたらさないという配慮は何も当事者自治の原則についてのみあてはまるのではなく，抵触法上の原則すべてにあてはまるといえよう。その点はともあれ，彼は化石化条項の有効性を認めることにより私的又は公的な利益の重大な危機が生ずるかどうかという問題を検討するのであるが，その際に，私的又は公的な利益を一般的な性質のものと特殊な性質のものに分けて考察していくのである。

まず，一般的性質の私的又は公的な利益との関連である。

Sandrock は一般的性質の私的利益については，契約当事者の利益が準拠法の化石化を要求する旨を指摘しつつ，およそ次のように述べる。

　　合意された化石化が対象とするのはつねに私法規定のみである。当事者が準拠法として例えば内国法を選択したときには，化石化条項によって内国私法規定のみが契約締結時の表現様式と解釈の形で凍結されるのである。内国公法の適用はそれには関係しない。それは当事者が契約を外国法秩序に服させることにより内国公法（例えば国内の証券取引法，カルテル法，外国貿易法）の適用を回避することができないのと同様である。化石化条項によって当事者は契約の基準となる内国公法を契約締結時点の表現様式と解釈の形で固定できないのである。それ故に，内国公法は抵触法的にも当事者の自由にはならないのである。外国公法は内国の裁判所の前では原則として適用されない。しかもそれが契約準拠法の一部を形成するか否かとは無関係にである。それ故に，化石化条項はいずれにせよ適用不可能な外国公法を凍結できない。外国公法が例外的に適用可能であるとしても，その妥当については内国公法についてと同様なことがあてはまらなければならない。この関係においては更に，法廷地法の立法者は，私的利益が特に保護されるべきときに又は特別な

危険にさらされるときにはつねに，抵触法上の特別連結に服する特殊な公的規定を公布するのがつねである，ということが考慮に入れられるべきである。それ故に，私的利益の重大な危機又は侵害は通例は契約の準拠法とは無関係に適用されうる特殊な公法的規範の公布によって対処される。私法の強行規定には通例は比較的小さな私的利益の保護のみが任される。それ故に，法選択の合意における化石化条項は，比較的小さな私的利益の保護のための規定のみを凍結しうる。比較的大きな私的利益の保護を任されている公法的規定は化石化条項とは無関係である[8]。

そこでは，私法規定は比較的小さな私的利益を保護するが，公法的規定は比較的大きな私的利益を保護する，と考えられている。そして化石化条項は私法規定のみに関わり公法的規定とは無関係であるということからして，化石化条項は私的利益の重大な危機を生ぜしめない旨が説かれている。しかし，化石化条項が私法規定のみに関わるという点は，次のような一定の前提に基づいた議論であるように思われる。つまり，化石化条項は抵触法上の当事者自治の原則の一環として認められうるものであるが，当事者自治の原則そのものは公法的規定の規律対象については妥当せず私法規定の規律対象についてのみ妥当する，と。したがって，化石化条項が私的利益の重大な危機をもたらしうるかどうかという問題が，予め法的に有効なものとして認められうる化石化条項の範囲を限定したうえで論じられているのである。換言すれば，当該問題は，当事者が実際に化石化条項によって達成しようとしている事柄が何であるのかという問題とは切り離された形で論じられているのである。化石化条項の関わる事項をそのように当事者の現実の意図とは無関係に限定する限り，当該条項が私的利益の重大な危機に関わらないというのは当然の帰結であろう。そして，このことは彼のいう一般的性質の公的利益についてもそのままあてはまるように思われる。彼は公的利益と化石化条項の関係についておよそ次のように述べる。

確かに抵触法上の当事者自治は，公的な利益において守られるべき国際取引の安全と便宜が耐え難いほどに危険にさらされ又は侵害される場合には，その限界を見出さなければならない。しかしそのような重大な危機又は侵害に対しては，立法者は通例，特定の経済政策的又は社会政策的目的を伴う特別の公法的な法律の公布によって対処する。このような法律の適用は抵触法上の当事者自治の原則の妥当範囲の外にある。それ故に化石化条項はそのような公的な利益の顧慮と貫徹には触れないのである[9]。

その論述においても，Sandrockは私法規定の凍結を狙う化石化条項のみを念頭において議論を展開しているのであり，公法的規定の凍結を狙う化石化条項を視野の外においているのである。そのような前提からすれば，彼が化石化条項によって受け入れ難い仕方で危険にさらされ又は侵害されうるような一般的性質の私的利益も公的利益も認識できないという結論に至る[10]のは当然ということになろう。ただ，問題なのは，実務において当事者が化石化条項を採用する際に意図しているのはそのような限定的な意義しか有しない条項なのであろうかという点であろう。

次に，Sandrockは，化石化条項の有効性の承認は特殊な理由から排斥されなければならないかどうか，という問題に取組む。まず，化石化条項は契約をlex mercatoria，国際取引慣行，トランスナショナルな法原則又はいわゆるlex contractusによって支配せしめる当事者間の合意と同じ効果を有するのか，その結果，当該契約がいかなる国家法秩序にも服せしめられないいわゆる『法秩序のない契約』とみなされることになるのか，という問題を提出する。それについて彼はおよそ次のように述べる。

契約をlex mercatoriaなどに服させる合意は，完全な法秩序を指定するのではなく，通例はまったく不完全な，強行法規を欠く規範的ツギハギ細工を指定するにすぎない。このツギハギ細工を説得力のある又は納得のいく仕方で補充することは，しばしば可能ではない。その結果，「国際取引の不安定

さ」がもたらされる。けれども，このような批判は化石化条項にはあてはまらない。化石化条項によって，まったく不完全な，強行法規を欠く規範的ツギハギ細工が指定されるのではないのである。というのは，契約は強行的法規範を含む完全な法秩序という意味での完全な準拠法——たとえこの準拠法が契約締結時の表現様式と解釈の形で凍結されていても——に服するからである。それ故に，化石化条項を伴う契約の場合には，ツギハギ細工の補充は問題とならないのであり，したがって「国際取引の不安定性」は生じえないのである。また，当該契約は強行規定によって保護される完全な法秩序に服するのである[11]。

　そこでは，化石化条項の効力を認めることは lex mercatoria のような極めて不完全な規範的総体を指定するのとは異なり，完全な法秩序を指定するので「国際取引の不安定さ」をもたらさない，とされているのである。確かに，化石化条項によって指定されるのは一般に特定の国家法そのものであり，ただその国家法の内容が契約締結当時のものという仕方で限定されているにすぎない。その意味で完全な法秩序を構成しているはずである。したがって，化石化条項の指定する法は，lex mercatoria など——それらは Sandrock の考えるように強行法規を欠くものといえるかどうかは疑問であるが——のような不完全な規範的総体ではないといえよう。しかしながら，化石化条項は一般に契約締結時の特定の国家法を指定するものとして理解されていることからすると，化石化条項に対して上記のような不完全な規範的総体という観点からの批判がなされるということはあまり考えられないのではなかろうか。

　Sandrock は更に，そのような不完全な規範的総体という観点とは別個の批判と対峙する。つまり，化石化条項は契約を生きていない『死せる』法に服させることになるが，そのような『死せる』法への指定は無効ではないのか，という批判である。彼はまず，法廷地の裁判官が『死せる』外国法を適用するという事態がこれまで国際私法においてまったく認められてこなかったわけではないとして，古典的な典型例たる EGBGB15 条のほかにも次のような例を提

第 5 章　準拠法の凍結の理論　115

示する。

　ドイツ法の抵触規範が外国法を指定したとしても，当該外国で現在妥当している法の内容が十分な確実性でもって確定されえないときには，より大きな蓋然性の原則により当該外国で以前に妥当していた規定に依拠することになるが，その場合には『死せる』法の適用と同じことになる。更に，そのような事情においては場合によっては当該効果法の母法秩序の規定——それ自体はもはや妥当していないが子法秩序にとってのモデルとして役立った——に依拠することがありうる，ということも例として引用されるかもしれない。外国の抵触法の一部においてはなお，デ・ユーレ又はデ・ファクトーの承認を得ていない外国又は外国政府の（新たな）法は国内においては適用されないのであり，その代わりに旧国家又は旧政府の今や『死せる』法が適用されるべきである，というテーゼが主張されるかもしれない[12]。

　このようにしてSandrockは，国際私法においては外国法秩序の『死せる』規定の適用もありうることであると考える。したがって彼は，特に国際契約法において『死せる』法の適用を拒否するにはそれなりの理由を提出すべきであるとして，その点につき次のように考える。

　国際契約の当事者が契約の準拠法として『死せる』法を選択する権限を有しえないという国際債権契約法の命題の基礎にあるのは，次のような考慮のみである。つまり，『死せる』法秩序（例えばローマ法）はたいてい今日の日々生ずる複雑な法律問題につき解決を用意していないので，裁判官はそのような法を現代の契約に適用しなければならないときにはしばしば過大な要求をされることになる，と。そのような法を契約の準拠法とすることは，しばしば，その法においてまだ規律されていない現代の日々生ずる問題につきその法を継続的に形成することを裁判官に無制限に授権することに帰する。その結果，耐えられない法的不安定性が生ずる。それ故に，当事者も契約を

そのような不完全な法に服させることに利益を持つことはありえない[13]。

そこでは，今日もはや妥当していない過去の古い法を準拠法とすることにはいかなる問題があるのかが，明確に指摘されているといえよう。つまり，ローマ法のような古い過去の法律を現代の問題に適用することは，裁判官に対して法の調査・適用に関して極めて困難な課題を課すことになるのみならず，合理的に考えて当事者にとっても決して意味のあることではない，と。そして，Sandrock はそのような問題点との関連で化石化条項について次のような結論に達する。

　当事者が法選択の合意に化石化条項を付加するときには，契約と当事者の選択した『死せる』法との間に十分な関係が欠けているのではないし，この『死せる』法の契約関係への適用に関する当事者の正当な利益が欠けているのでもない。否，逆である。先にもみたように，当事者は通例そのような化石化条項の合意に関して正当な利益を有する。それ故に，国際契約法における『死せる』法の適用に関する合意に反対するために持ち出される論拠は，化石化条項に対しては提出されえない[14]。

そこでは，化石化条項の場合にはローマ法のような極めて古い法の適用が問題になっているのではないこと，そして当事者の法的地位の安定という観点からして当事者が化石化条項の導入に関して合理的な利益を有することが，指摘されている。

最後に，Sandrock は『化石化』と『遡及効禁止』を一つのメダルの両面であるとみる観点から，化石化条項の有効性を根拠づける当事者の特別の利益についておよそ次のように述べる。

　基本法 20 条の法治国家性の原則から，連邦憲法裁判所は，法律の遡及効の許容性について次のような憲法上の準則を導き出した。つまり，完結した

事態を遡及的に捉える法律は，通例は法治国家性の命令——その本質的要素は市民にとってまず第一に信頼保護を意味する法的安定性である——と相容れない。この意味における真の遡及効は，法律が後に変更されて過去の事項に介入するときに，存在する。憲法は原則として，完結した事態に結びつけられている法的効果が承認され続けるということへの信頼を保護する。法的安定性及びそこから帰結される信頼保護からは，遡及的法律に対する実質的な限界が生ずる。国際債権契約法において化石化条項が有効とみなされるべきかどうかという問題を解決するにあたり，憲法上の準則を考慮に入れると，その問題に肯定的な解決を与えることに対する最後の疑念は退かなければならない。負担を課す法律は通常は遡及しないということへの市民の信頼は，憲法上保護されている。なるほど，外国法秩序はドイツ憲法の尺度によって測られない。それ故に外国の効果法がその法律の遡及効を命じ，それによって契約当事者の一方が侵害されるときには，この遡及効は自動的に基本法違反とみなされるわけではない。しかし，当面の問題の場合には，外国の法律がドイツ憲法と調和しているかどうかという仕方での外国の法律の審査が大事なのではなく，化石化条項の有効性に関するドイツ国際契約法の準則の展開が大事なのである。外国の法律がドイツの基本法によって審査されるのではなく，ドイツの憲法上の原則がドイツ国際契約法の準則の設定の際に当然のように考慮に入れられるのである。国際契約の当事者が化石化条項によって効果法の将来の法律の遡及効から自らを守ろうとするときには，当事者はそれでもって，純然たる国内的事態においては憲法によって保障されているところの信頼利益を守っているのである。純然たる国内的事案の場合には憲法上保護されている法的地位を契約によって保護する者は，その契約上の保護の無効という仕方で制裁を受けるようであってはならない。国内法において原則的に既に憲法によって保護されているところのものについては，その保護は契約法的にも許容され，有効であるべきである。遡及効的な法律は通例は疑わしい。憲法上保護される信頼保護に関する最小限で満足せずに，その保護を拡張しようとすることは，市民にとって可能であるべきである。そ

して，法律の遡及効に対する憲法上の保護は，外国人によっても請求されうる。外国人の信頼もまた原則として保護されるべきである[15]。

　そこでは，憲法が負担を課す法律の遡及効を禁止して市民の信頼保護と法的安定性を保証しようとしていることが，引き合いに出されている。そして，化石化条項は当事者が合意を通じてそのような憲法上の価値を促進するものとして捉えられ，正当化されている。このように憲法上における遡及効禁止の原則の基本趣旨を国際契約法上の当事者自治の原則の解釈に生かすという考えは，化石化条項の問題を考えるにあたり一つの看過できない視点を提示するものとして注目されよう。
　このようにみてくると，Sandrock は，抵触法上の当事者自治の原則が当事者に準拠法の選択を許容しているのみならず準拠法の内容を契約締結時点のそれに凍結することをも許容している，と解していることになろう。当事者自治の原則の基本趣旨が準拠法の決定にあたり当事者の意思を尊重するということにあるならば，どの国家法を準拠法とするのかという点についてのみならず選択した国家法の改正の場合に新旧のいずれの法を準拠法とするのかという点についても当事者の意思に委ねるべきである，というのであろう。また，そのように解することによって特に不都合は生じないのみならず，実際にも当事者の合理的な利益及び法的安定性の要求などからしてそのように解することが必要な場合もあるとされている。Sandrock がそのように準拠法の凍結を認める際に意図していたのは，当事者が契約締結時に念頭においていた法規がそのまま適用されるという意味における，当事者の信頼保護又は法的安定性の確保であり，彼は基本法 20 条まで引き合いに出してそのような価値の重要性を強調しているのである。そして，準拠法の凍結を認めると，契約締結後に法改正があって新法に遡及効が認められているときにも，もはや妥当しない旧法が準拠法として適用されるべきことになるが，そのような『死せる』法を準拠法として適用することはこれまでにも国際私法においてはまったく知られていないわけではない，と指摘されている。もっとも，その際には，『死せる』法といって

もローマ法のようなものまでも含むものではなく，あくまでも，特定の国家法の内部における法改正の場合における旧法に限定されているのである。そのような限定は，当事者の正当な利益が認められるのはその場合に限るという趣旨であろう。

3 おわりに

　以上，ドイツ国際私法において準拠法の凍結を認める Sandrock の見解を紹介してみた。以下にはその要約的検討を試みてみる。
　準拠法の凍結又は化石化は従来の通説的見解によると抵触法上の指定としては認められず，実質法上の指定としてのみ認められる。したがって，当事者が準拠法の凍結の合意をなしていても，後に改正された準拠法に遡及効が強行的に認められる限り，当該の改正準拠法の強行規定の適用を免れることができないことになる。これに対して，Sandrock は準拠法の凍結を単なる実質法上の指定として認めるにすぎないのではなく，国際私法上の当事者自治の原則による抵触法上の指定として認めるのである。したがって，準拠法の内部において契約締結後に法改正があっても，当事者間の契約関係に適用されるのは契約締結時の準拠法であって改正された準拠法ではないということになる。このような見解に対して，国際私法において準拠法として適用可能なのは現時点において妥当している法秩序のみであるので，もはや妥当していない法秩序を準拠法として適用することになってしまう準拠法の凍結は許されない，という批判が考えられる。しかし，この批判それ自体は，現時点において妥当している法秩序のみが国際私法において準拠法たりうるということを所与の前提とした議論であり，準拠法の凍結を認めないということを別の言葉によって言い換えたものにすぎないように思われる。したがって，準拠法の凍結を認めない見解は何故にそのようにあるべきなのかについて実質的な論拠を提示すべきであろう。その点に関してときとしてあげられるのは，準拠法の凍結を認めると「論理的には過去の死せる法，例えば1917年以前の帝政ロシア法の指定」を認めるこ

とになるという批判[16]である。Sandrock も「『死せる』法秩序（例えばローマ法）」の指定を認めることになるのではないのかという批判を予想していた。そのような批判の根底には，古い過去の法律を準拠法として適用することになると，裁判官などは法の調査・適用につき過大な負担を課せられることになるのみならず，当事者にとってもそのような法を準拠法とすることに合理的な理由があるはずがない，という考慮が働いているように思われる。しかし，準拠法の凍結を認める際に問題になっているのは，もはや妥当していない古い過去の法秩序に無制限に準拠法たる資格を認めていくこと，例えばローマ法や 1917 年以前の帝政ロシア法のようなものにまで準拠法の資格を認めるということではないのである。準拠法の内部での法改正の場合における旧法の選択ということに問題が限定されているのであり，その旧法も契約締結時における準拠法指定のときには現実に妥当している法なのである。そのような場合には旧法にも準拠法たる資格を認めることについて当事者の合理的な利益が認められるのではなかろうか。むしろ当事者が契約を締結する際に当てにしているのは契約締結時に妥当している法たる旧法であるともいえよう[17]。当事者は契約締結時の準拠法を念頭において交渉や対策を考えるのが普通と思われるからである。また，その旧法の調査・適用は裁判官などに格別な困難を課すとは思われない。問題は，準拠法の凍結を認めることについて当事者の合理的な利益が認められるときにも，それを否定すべき何らかの特別な事情があるかどうかであろう。Sandrock はその点につき否定的結論に至っているのである。近時においては，当事者自治の原則における当事者の意思の役割を拡張して，準拠法の分割指定や訴訟手続中の準拠法指定をも有効なものとして認めていこうとする傾向が存するように思われるが，準拠法の凍結も，そのような方向の延長線上に位置づけられるべきものであろう。

　上記のような Sandrock の見解は，本来的には国家裁判所での紛争解決を主として念頭において提示されたものではあるが，国家契約（経済開発協定）に関する紛争の解決が主としてはかられる国際仲裁においても，参考になろう[18]。国際仲裁のレベルでは，UNCITRAL 国際商事仲裁モデル法の 28 条の起

草過程において準拠法の凍結を認める見解が示され[19]，ICC の仲裁人においても準拠法の凍結を認める素地が十分に認められ[20]，更には，投資紛争解決条約 42 条 1 項 1 文の解釈に関して準拠法の凍結を認める見解が有力に唱えられている[21]という流れがあるが，Sandrock の見解はそれに——訴訟による紛争解決を念頭においたという意味での——本来の抵触法理論の観点から理論的な根拠を提供するものとして捉えられうる。しかし，彼の見解には大きな限界があることにも注意しなければならない。それは，訴訟による紛争解決を前提とした国家的国際私法（特にドイツ国際私法）における当事者自治の原則の枠内で議論が組み立てられているということに起因する。つまり，彼において準拠法の凍結が認められるのは契約のすべての問題についてではなく，当事者自治の原則が妥当する範囲内においてである。そして諸国の国際私法においては一般に，当事者自治の原則は契約のすべての面について妥当するのでなく，少なくとも公法的な規定の規制の対象となっている事項には妥当しない，と解されている。Sandrock もいわく，「合意された化石化がその対象とするのはつねに私法規定のみである」[22]。しかし，経済開発協定に関して準拠法の凍結が推奨されるのは，いわゆる私法規定についてのみではない。むしろ国家が公益のために介入する公法的規定（例えば税法，外国為替法，経済法などの規定）についてこそ準拠法の凍結の効用又は必要性が語られるのである[23]。例えば，1979 年 9 月 11 日の国際法学会（アテネ会期）の決議も準拠法の凍結を認める際に主として念頭においていた事態は，「国家の主権的権限の行使」による契約上の義務違反であったのである（6 条を参照）。同決議は「国際私法の一般原則」の名のもとに準拠法の凍結を認める——更には準拠法たる資格を法の一般原則や国際法にも認める——のであるが，それは諸国の国際私法に共通して認められる一般原則ではない。むしろ公法的規制の対象領域には当事者自治の原則を無条件には認めないというのが，諸国の国際私法に共通の原則であるように思われるからである。したがって，しいていえば，上記の「国際私法の一般原則」なるものは諸国に共通して認められる当事者自治の原則を国家契約の特殊な事情にあわせる形で拡張したものである，ということになろう[24]。これは法の一

般原則という思考方法の特質を端的に示すものといえよう。すなわち，法の一般原則を適用するというのは，特定の国家の法を適用するのとはかなり趣を異にし，実質的には，仲裁人に既存の法規の適用を命ずるのではなく，準立法者的権限——主要な国内法を比較法的に考察しつつ当該分野につきその需要に合致した準則を定立する権限——を付与することなのである。それ故に，国家契約（経済開発協定）を通常の国際契約とは別個に取り扱い，経済法的，公法的な規定についても準拠法の凍結を認めるためには，国家契約につき抵触法的アプローチを採用し，そして準拠法の凍結を上記のような範囲で認めることが当該契約をめぐる当事者の利害状況にふさわしい旨の説明が不可欠となろう。というのは，国家契約については仲裁による紛争解決を前提とした実質法的アプローチも可能であり[25]，そのもとでも上記のような広範囲な準拠法の凍結と同じ結果を得ることができるからである。

1) 溜池良夫『国際私法講義』(1995 年) 345-346 頁。
2) Von Hoffmann, in : Soergel, BGB Bd. 10, 1996, p. 1428 ; Martiny, in : Münchener Kommenntar, Bd. 10, p. 1523 ; Von Bar, Internationales Privatrecht, Bd. II, 1991, pp. 355-356.

　　そして Stoll, Vereinbarungen zwischen Staat und ausländischen Investor, 1982, pp. 82-83 もそのような見解に従って次のように述べている。つまり，妥当している法秩序全体のみが準拠法たりうるのである。法秩序が変化したならば，以前の法秩序はもはや準拠法の基準を満たさない。換言すれば，法秩序への抵触法的指定はその時際法の規定をも含むのである。それ故に，国際法学会決議 3 条において提案された契約締結時の法秩序への指定は，「実質法的指定」という形でのみ行われうるのである。それは対応する規範の契約への編入なのであり，その場合には編入された規定はひっくるめて契約と同じ運命をたどる，と。

3) Heldrich, in : Palandt, BGB, 1986, p. 2170.
4) Sandrock, "Versteinerungsklauseln" in Rechtswahlvereinbarungen für internationale Handelsverträge, Festshrift für Riesenfeld, 1983, p. 211.
5) Ibid., p. 212.
6) Ibid., p. 221.
7) Ibid., p. 222.
8) Ibid., pp. 223-224.

9) Ibid., p. 224.
10) Ibid., p. 226 は更に次のように述べる。つまり，国際契約の当事者は彼らに認められている当事者自治の力により，先に行っていた法選択を後になって遡及的に変更することができる。そうとするならば，契約の準拠法の妥当を将来に向けて凍結することもますます当事者に許されなければならない。というのは，化石化の場合は他の準拠法に取り替えるのに比べて変更が少ないからである。化石化の場合には，従来の契約準拠法の同一性が維持されるが，後発的な法選択の場合には，それが失われるのであり，従来の契約準拠法は他のものによって取り替えられるのである，と。
11) Ibid., p. 228.
12) Ibid., pp. 229-230.
13) Ibid., p. 231.
14) Ibid., pp. 231-232.
15) Ibid., pp. 233-235.
16) 溜池・前掲 346 頁。
17) 契約の準拠法の凍結が可能という前提に立ったうえで，当事者の合理的な期待という観点を強調すれば，当事者が明示的に準拠法を指定している場合であっても，あえて特に訴訟時の法というように限定していない限り準拠法の凍結があったものと推定すべきであろう。また，当事者が準拠法を明示しておかなかった場合に，当事者の黙示意思による指定の名のもとに特定の国家法を準拠法とするときにも，それは契約締結時の国家法ということになろう。

　わが国の法例 7 条の解釈論としても準拠法の凍結を認める見解がある。例えば，高杉直「国際開発契約と国際私法―安定化条項の有効性と非国家法の準拠法適格性―」阪大法学 52 巻 3・4 号（2002 年）470 頁以下を参照。そのように準拠法の凍結を認めるときには，法例 7 条は二重の役割を有することになる。契約の成立と効力の準拠法について，それがいかなる国の法であるのかという抵触法上の問題のみならず，いかなる時点のものであるのかという時際法上の問題も当事者の意思に委ねられることになるからである。その場合には，当事者自治の原則の根拠については，契約法の領域における契約自由の原則の根拠と同じようなものが重視されることになろう。
18) もっとも，Sandrock も国家契約（経済開発協定）をまったく視野に入れていなかったわけではない。Cf. Sandrock, op. cit., p. 215 et seq.
19) 拙著『国際仲裁と国際取引法』（1999 年）329 頁及び 342 頁を参照。
20) かつて ICC 事務局長を務めた Derains によると，国際商事仲裁人の間には，契約に適用されるべき法――仲裁人によって決定されたものであるにせよ，当事者によって選択されたものであるにせよ――の内容は契約締結時のそれであり以後の修

正を除く，と考える「支配的な傾向」が存在する。Derains, Note, Clunet, 1980, p. 956. 更に Derains, Les norms d'application immédiate dans la jurisprudence arbitrale internationale, in : Etudes Goldman, 1982, p. 37 も参照。
21) Cf. Broches, The Convention on the Settlement of Investment Disputes Between States and Nationals of Other States, RdC, 1972, p. 389 ; Shihata/Parra, Applicable Substantive Law in Disputes Between States and Private Foreign Parties, ICSID Review-FILJ, 1994, p. 189.

因みに，MINE v. Guinea 事件（ICSID Review-FILJ, 1990, p. 95）に関する ICSID 仲裁判断の一部を取り消した 1989 年 12 月 22 日の特別委員会の決定は，準拠法の凍結を認めている。
22) Sandrock, op. cit., p. 223.
23) Merkt, Investitionsshutz durch Stabilisierungsklauseln, 1990, p. 194 もいわく，化石化条項はしばしば特に外国貿易法上，通貨法上又は会社法上の介入規範による法律変更に対する保護のために合意される。
24) もっとも，国際法学会（アテネ会期）の決議は公序又は強行法の作用の問題を留保するという慎重な態度を示している。

因みに，法の一般原則や国際法の適用に帰着する国際私法の原則なるものは主要な国家の国際私法には存在しないので，上記のような「国際私法の一般原則」なるものも，実際には，最も妥当と思われるものとして考案されたものにすぎない。
25) 例えば，契約の国際法の理論や lex contractus の理論がその代表的なものであろう。両者については，本書の第 4 章及び第 6 章を参照。

因みに，法の一般原則に準拠法たる資格を認め，しかも特定の国家法を指定していない限り法の一般原則の適用に当事者の黙示意思を見出すという立場（本書の第 1 章を参照）は，実質的には Verdross の lex contractus の理論とあまり相違がないといえる。lex contractus の理論からしても当事者による特定の国家法の指定には実質法的指定としての効力が認められ，当事者が特定の国家法を指定していない限り法の一般原則の実質規定が適用されることになるからである。要するに，当事者の反対の意思がない限りは実質規則たる法の一般原則によって問題を処理するという点においては両者は一致しているのである。他方，準拠法たる資格を国際法に認めるということも，実質的には，当該取引分野の需要に合致した妥当な準則を定立することにほかならないように思われるが（本書の第 3 章を参照），そうとすれば，それは，準拠法たる資格を法の一般原則に認めることと，仲裁人に準立法者的権限を付与する点で，あまり違わないことになる。この点との関連で注目されるべきなのは，契約の国際法の理論なるものも，本来は Weil によって——国際法のレベルにおいてではあるが——法の一般原則の具体的内容として展開されたものであるという点である。このようにみてくると，国家契約（経済開発協定）に関する様々な

理論の本質的な部分は，結局において法の一般原則の適用という点に集約するのではないのか，という憶測が成立するであろう。

第6章
契約の国際法の理論

1　はじめに

　国家契約（経済開発協定）の分野に関する法理論は多彩で且つ錯綜している。ここでは伝統的国際法理論の枠組みから一歩踏み出したものとして注目されている契約の国際法の理論が検討される。この理論は，Weil によって提示された後に，Texaco 事件仲裁判断によって更に発展させられたものである。この仲裁判断はコンセッション契約に関するそれまでの仲裁判断にはみられなかった大胆な理論を提示したものであり，当該分野の法理論に関する叙述において必ずといってよいほどに言及されるところのものであるが，それがどのような根拠に基づいて，また，どのような内容の準則として契約の国際法の理論を提示しているのかなどという問題になると，必ずしも明確ではない。文献の引用の仕方をも含めて当該仲裁判断の議論の展開の仕方が必ずしも明瞭とはいえないからである。そういうこともあって，当該仲裁判断の議論に関するこれまでの論述には断片的なものが多かったといえよう。

　わが国においても当該仲裁判断に触れるものが少なくないが，多少踏み込んだ論述としては次のようなものがある。まず，山本草二教授は，国際法の法源の特質を論じられる際に，「とくに新しい事態を処理するため，『法の一般原則』が積極的に援用される」のであり，「たとえば……コンセッション契約その他私人との国家契約（state contract）について『合意は拘束する』の法原則を適用しその一方的な破棄と国有化を違法・無効とする場合もある（1977.1.19『テキサコ石油会社対リビア政府事件』仲裁判決……）」と述べられる[1]。そこでは，

Texaco事件仲裁判断は「条約と慣習国際法を補充する独自の法源」・「国際法の独自の法源」[2]たる「法の一般原則」としてのpacta sunt servandaの原則の適用によってリビア政府の一方的破棄と国有化を違法・無効とした，と考えられているのである。また，森川俊孝教授は次のように述べられる。「リビア国有化事件では，安定化条項によって国際化された契約は国の有する国有化の権利を制限するとした。国がかかる条項によって契約を改廃するために主権的権利を行使しないことを約束した場合に，それによって国際法上彼に属する主権的権利を行使することを差し控える『国際』義務を負うとするならば，かかる義務が国際法上存在していることを立証しなければならない。『領域主権の表現』としての国有化の権利それ自体を制限するためにはその法的基礎が確立していなければならず，したがって，かかる国際義務は諸国の『不変且つ一様の慣行』によって立証されなければならない。しかるに，リビア国有化事件ではかかる立証を全く行っていない。そこでは，契約は法の一般原則を準拠法として指定していること，及び安定化条項を含んでいることによって国際化され，かかる契約は国際法上，国の有する国有化の権利を制限するとされる」[3]。この論述においては，Texaco事件仲裁判断がリビア政府の国有化の権利を制限する際に「契約は法の一般原則を準拠法として指定していること，及び安定化条項を含んでいること」のみを援用するだけで，慣習法規則の存在という観点からの「立証を全く行っていない」，と考えられているのである。安藤勝美教授の次のような叙述も基本的には同じような考えを背景とするものであろう。「開発協定が国際化される要件として，R.デュピュイは，リビア対トプコ事件の判断のなかで次の要件をあげる。第一に法の一般原則を適用法と指定する場合，第二に仲裁条項が存在する場合，第三に協定が開発協定である場合，とする」[4]。「A.ファトウロスは，三つの要件は協定の国際化を促す要件としては，不完全なものである事を指摘する」[5]。

　これらの論述はいずれももっともな側面を有しているが，必ずしも正確ではないように思われる[6]。そのことを示すのが本章の目的である。まず，Texaco事件仲裁判断に影響を与えたと思われるWeilの議論を検討し，ついでそれを

ふまえて Texaco 事件仲裁判断における単独仲裁人 Dupuy の議論を検討する。

2 Weil における「契約の国際法」

「契約の国際法」なるものの存在を初めて主張したのは，おそらく Weil であろう。1977 年の Texaco 事件仲裁判断において Dupuy が提示した「契約の国際法」の理論も，Weil の見解によって強く影響されているように思われる。そこで，まず，その仲裁判断に影響を与えたと思われる Weil の 1969 年の論文[7]と 1974 年の論文[8]を検討してみよう。

1　1969 年の論文

①　Weil は「契約関係の厳密な意味での国際化という解決」が「実定法の現在の傾向を説明するため及び進行中の進展の潜在能力を保護するために」最もよいとする[9]。そして，契約関係を国際法に結びつくものとみなす「国際化」に対して，当事者の一方のみが国際法主体であるので当該契約関係を「国際法によって支配される」ものとはみなせない，という批判があるとして，彼は次のように反論する。つまり，国際法秩序との関係での個人の地位については，現実に進行中の進展を想起するまでもなく，「契約の相手方と交渉する際に国家は，締結する契約のために，相手方を国際法主体として承認した，ということで十分であろう」[10]。「国家と外国人との間で締結された契約は国際経済関係のなかに組み込まれるのであり，その重心は国際的軌道のなかに見出される。この契約の経済的現実は，確実に国際的性格を帯びている。何故に法的現実がそれに重なるようになってはならないのか」[11]，と。彼によると，当事者間の関係のこの「国際化」はすべての契約にあてはまるのではなく，主として経済開発協定にのみあてはまる。また，その「国際化」は契約関係のすべての部分を覆うのではなく，契約の有効性，従業員との関係等々といった若干の部分については依然として契約当事者たる国家の国内法に服するということはありうる。そして彼は，「国際化された契約」は条約と同一視されるべきではなく，

「新たなタイプの国際的行為」にすぎないのであり，それに適用されるべき国際法は，国家間の関係，特に国際条約を支配するそれと同じではないとみなす[12]。このように論じた後に，Weil は，「契約の国際法」という「国際法の新たな分野」の生成が進行中であることを確認する[13]。そして次にその具体的内容にとりかかるのである。

　ここで上記の Weil の議論について一言しておこう。彼は上述のように，国家が契約の締結の際に契約のために外国私企業を「国際法主体」として承認したとか，「国際化された契約」は条約とは異なる「新たなタイプの国際的行為」であるとか，「国際法の新たな分野」としての「契約の国際法」の存在を認めるとか，述べるのであるが，そこからすると，「契約の国際法」は国際法のなかにその実体を有する，契約そのものを規律対象とする独自の準則ということになろう。もっとも彼は上記のような議論を展開する過程において「国際化」の障害の一つに言及するにあたり，「国際化」という言葉のもとに準拠法として国際法を適用することを考えているかのような論述もしている。例えば，「意思自治の原則」に基づいて当事者は準拠法を自由に選択できるのであるが，その選択は『事件との合理的な関係』を持つ法に限定されるならば，国家と外国人との契約は国際秩序と十分な結びつきを持つといえるのかが問題となる，と彼は述べるのである。更に彼は，当事者が国際法を有効に選択できるとしても，しばしば当事者の意思の解釈に関して困難が生ずるのであり，例えば法の一般原則への言及がどの程度国際法への付託を意味するのかなどが問題となる，と述べる。彼はまた，「契約を国際化する当事者の意思」の手掛りとして最も頻繁に取り上げられるものは仲裁条項の挿入であり，多数の著述家にとっては，仲裁条項は契約に国際法を適用する当事者の意思を推定させるものとなっている，と述べるのである[14]。そこに契約の国際化という言葉に関するWeil の議論の不明瞭さが見出されうるが，その点は後の Texaco 事件仲裁判断においてもそのまま継承されている。

　② Weil は「契約の国際法」を「国家と外国人との間で締結された契約に関する国際法規則の総体」として捉える。そして，この法の存在は「国際法が

契約に関する規則を含んでいること」及び「その規則が国際法の他の分野との関係で十分な程度の特殊性を有していること」を前提とするとしつつ[15]，次のように論じる。つまり，契約を支配する国際法規則の，他の国際法規範に対する特殊性は，今日では疑われない。契約に関する規則は条約を支配するそれとは異なる内容を有すべきであり，既得権尊重の原則や pacta sunt servanda の格言のような一般原則は，問題なのが条約か契約かによって異なる彩色を受け異なる態様を持つべきである。かくして，「契約の国際法」は国際関係の特定の分野に関する規則の総体を構成する。今日では国際法において，条約，国際河川及び海洋の法という章のほかに新たに契約の法という章を付加することは十分に考えられることである。現在においては「契約の国際法」は欠陥，不明瞭，矛盾を含んでいるが，そのことは「契約の国際法」の存在自身の否定に導くものではない[16]，と。このように述べた後に Weil は，「契約の国際法」の完全な表を作成しようと試みることは現時点では早計であるので，「国際法のこの新しい章」の極めて重要な一例を取り上げるにとどめるとして，一方的に相手方の権利義務を侵害する国家の権限の問題にとりかかる[17]。そして次のように述べる。つまり，国家が契約の相手方の契約上の権利にもたらしうる侵害は，基本的には二つに分けられうる。第一に，国家が通常の契約当事者がするように振る舞い，主権的特権に訴えることがない場合である。第二に，国家が主権的特権を行使し，契約的枠の外に身を置く場合である。例えば，国家が外国人と締結した契約を一方的に修正したり解除したりする場合である[18]。後者の場合における「実定法」の指導方針と条件は以下のごとくである。a) 契約の拘束力の原則 (pacta sunt servanda の原則や既得権尊重の原則) は認められる。b) 国家はその主権的権限を行使して契約を解除したり修正したりすることができるが，そのような措置は適当な補償を伴うときにのみ適法である。c) 更に国家のそのような措置は一般的利益の目的でなされたものでなければならない。なお，契約の財政的構造を直接に表現する財政条項や，仲裁条項や，国家が契約締結後の措置により契約を修正したり解除したりしないという保証を契約の相手方に与える安定化条項や不可侵性条項，のような本質的な条項は変更

できない[19]，と。

　このようなWeilの論述からは，「契約の国際法」は条約法や海洋法などと並ぶ国際法の新しい章を構成するものであり，欠陥などを含みつつも現実に存在するものであること，及び「契約の国際法」の具体的な内容の一部は抵触規則からではなく実質規則から成り立っていることが，読み取られうる[20]。

　③　Weilの「契約の国際法」の具体的内容は上記のごとくであるとしても，それはいかなる根拠に基づいて説かれているのであろうか。この点は必ずしも明確ではないが，彼は「一般国際法の法源」が同様に「契約の国際法のそれ」であるとしたうえで，法の一般原則を貴重で豊かな法源とみなす。そして，国際法の原則並びに様々な国内法の原則から汲み取ることによって「契約の国際法」が統一のある自治的な準則の総体を形成するとみなしたうえで，彼は法の一般原則の側面から「契約の国際法」の実質的法源の問題に取組む。そして次のように論じる。つまり，この新たな分野の実質的法源は本質的には，一方では国際法であり，他方では契約法である。「契約の国際法」はそれに国際法的彩りを与える原則や指令を一般国際法から借用する。第一に，pacta sunt servandaの原則である。この原則は契約にも条約にも適用されることは確実であるが，適用される事態に従ってその具体的内容は同一ではない。pacta sunt servandaの原則は国内法上の契約の総体をも支配しているが，その具体化は適用されるのが私的契約か公法人の契約かによって異なる。例えば，フランス法では行政契約と民事契約はいずれも契約の拘束力の原則に服するが，そのことは異なる仕方で適用されることを妨げない。そうとすると同様に，国家と外国人との契約の場合と国家間の条約の場合とではpacta sunt servandaの原則の内容が同じではないということになろう。「契約の国際法」の問題はまさにその原則の具体的内容を決定することである。既得権尊重の原則についても同様である。また，同様な指摘は天然資源の永久的主権に関する国連総会決議8項の「誠実の原則」についてもなされうる。この原則は国家と外国人との契約の問題に適応した仕方でのみ利用されうるのであり，その内容は国際条約の場合と必ずしも同じではない。国際法とは別に国内法も，「契約の国際法」にとっ

て貴重な源泉をなす。世界の主要な法体系によって認められている法の一般原則が重要な役割を演ずる。契約の解釈に関して諸国の国内法において一般に認められている準則は，国際法において条約の解釈を支配するそれとは異なりうる。国内法上の原則の国際法への移行は内容的な変更を必要としうる。また，国内法の「契約の国際法」への貢献は，私法のみならず公法にも関わる。特に契約に関しては，公法の貢献は過少評価されてはならない。確かにあらゆる法体系がフランスの行政契約の理論を採用しているのではないが，多くの法体系，特にアメリカ法はそれに近い準則を形成している。この分野におけるフランスの行政契約の理論の重要性は多くの学者によって指摘されてきた。フランスの行政契約の理論においても「契約の国際法」においても課題は極めて似ている。一方では契約の相手方の保護を保証する必要性があるが，他方では一般的利益を保護するために不可欠な国家の権限を無視することができないのである。したがって，「契約の国際法」は，フランスの判例が形成してきた極めて適合的なニュアンスのある解決を有効に利用すべきである。例えば，若干の国家契約のみが多少の不安定さを必要とし，他のものは絶対的安定性という私法上の原則に服するという考え，つまり公的性格の契約については一定の条件のもとに国家に一方的な改廃の権限が認められるが，契約の『財政的均衡』の維持のために財政条項への攻撃は排除されるべきであり，また適法な改廃についても補償がなされるべきであるという考え，などである。そのことはフランスの解決がそのまま国際法にあてはまるということを意味するのではなく，単に，「契約の国際法」がフランスの行政契約の理論における一定の基本的均衡という考えに着想を得るということを意味するにすぎない[21]，と。

　Weil のこのような叙述からは——更に，経済開発協定は実際には国際経済関係のなかに組み込まれているという経済的現実を法的平面に反映させるべきである，という上記の叙述[22]をも視野に入れると——次のような考えが推測できる。つまり，経済開発協定はその経済的現実からすると国際法の規律対象となるべきであるが，その法的規律についてはまだ明確な条約も慣習も存しないので，主として法の一般原則によるべきことになる，と。そして彼においては，

「一般国際法の法源」としての法の一般原則を利用して「契約の国際法」の内容を具体化する——その際にフランスの行政契約の理論を参考にする——ことが意図されているように思われる。実際にも先にみたように，彼が「契約の国際法」の内容の一部の具体化として提示したところのものは，彼の紹介するフランスの行政契約の理論に大筋において対応するものであった。もっとも彼は法の一般原則のもとに国内法の原則のみならず国際法の原則をも理解して，天然資源の永久的主権に関する国連総会決議の8項における「誠実の原則」やpacta sunt servanda の原則のニュアンスのある適用を説いていた。そして彼はその「誠実の原則」を援用して不可侵性条項又は安定化条項の効力を認めていた。彼がいわく，当事者は安定化条項を有効なものと考えてしばしば契約のなかに挿入するが，国家はこの条項が国家主権の行使に何ら影響を及ぼさないと確信しつつそれに署名するときには，明らかに「誠実の基本的義務」に反するであろう[23]，と。

2 1974年の論文

この論文において Weil は，かつて主張した「契約の国際法」の理論を更に補充しようとする。つまり，国家は一定の条件において且つ一定の留保のもとに外国投資家の契約上の権利を侵害できるが，この権限は安定化条項又は不可侵性条項によって影響されうるのか，という問題に取組むのである。

彼によると，上記の問題の答えは「国内法秩序に結びつく契約」の場合と「国際法秩序に結びつく契約」の場合とでは異なりうる。ここで問題なのは「契約の準拠法」なのではなく，「契約がそのなかに組み込まれ，そこから有効性を引き出すところの法秩序」であり，「その法秩序は適用されるべき実体規則を決定する」。「契約当事国の国内法に結びつく契約」はその側面のあるものについて他の法体系の規則に服せしめられうるのであり，それについては，契約当事国の国内法が当事者に準拠法の選択を認め，この選択が全体的又は部分的に国際法又は法の一般原則に向けられる，ということを仮定することで十分であろう。逆に，「『国際化された』——つまり国際法秩序に結びつく——契約」

の若干の部分は契約当事国の国内法規則によって支配されるということも考えられうる。それについては,「契約の国際法」が当事者に彼らの関係を支配する規則を決定することを認め,当事者が若干の点に関して国内法規則を選択した,ということを仮定することで十分であろう[24]。そしてWeilは後者の点を更に敷衍する。「国際化」は単に「契約は国際秩序のなかに根づいている」ということを意味するにすぎず,国内法の若干の規則を排斥しない。「国際化」は実際に,契約を支配する法規則を自由に決定することを当事者に認める。即ち「契約の国際法はこの分野に関して意思自治の原則を認める。契約当事者が彼らの関係の全部又は一部につき国内法の規則を参照することはしばしばあるが,そのことは,国際法が契約に関してまだ相当に初歩的な規則しか含まない……以上,よく理解できる」。その場合には国内法はそれ自身の力で適用されるのではなく「付託された法」として適用されるのである[25]。

　このような論述については次のことが指摘されうる。まず,そこで示された「契約の準拠法」と「契約がそのなかに組み込まれ,そこから有効性を引き出すところの法秩序」の区別は,後のTexaco事件仲裁判断において「契約を支配する法」と「契約の拘束性の由来する法秩序」の区別という形で継承されたところのものである。次に,「『国際化された』……契約」の場合には「契約の国際法」が当事者に準拠法の選択を認めるという考えが示されているが,それは後にTexaco事件仲裁判断において国際法が当事者に準拠法の選択を認めるという立場として継承されたところのものである。更に,「契約の国際法」が当事者に準拠法の選択を認めるという叙述は,1969年の論文において示された「契約の国際法」の具体的内容が実質規則の形態をとっていたことと調和するのかが問題となるが,この点も後のTexaco事件仲裁判断によってそのまま継承されている。

　さて,Weilは上記の「国際化された契約」の場合において,国家が準拠法を凍結する義務を負う安定化条項と,国家が契約に関して公権力の特権を放棄する不可侵性条項を区別して,それぞれの法的意義を検討する。

　① 安定化条項について彼は次のように論ずる。つまり,「国際化された契

約」の場合には「国内法の適用はその源泉を，国際法秩序が許す当事者の選択のなかに見出す」ので，当事者は国内法の一部の法律や，特定の日時の法律を選択することが許される。「そのときにはすべてが，あたかも契約当事者が意思自治の枠内において受入国の国内法から借用した一定数の規則を彼らの合意のなかに編入したかのように行われる。この編入が国内法への付託という方法によって行われたかそれとも対象となる規則の再生産という方法によって行われたかは問題ではない」。かかる規則の適用の直接の基礎は「当事者の意思」のなかに見出される。当事者は，過去の法律から借用される規則や他のすべての法規則を自らの都合に合わせて選択することができるように，契約締結時点の国内法規則を自由に選択できるのである。国家の立法管轄への影響の問題はここでは生じない。契約は，定義上，当該国家の国内法秩序の支配を脱しているからである[26]，と。

② 不可侵性条項については彼は次のように論ずる。つまり，「契約の国際法」は少なくとも一定の場合に契約の相手方の同意なしにその権利義務を侵害することを国家に認めている——この特権は「契約の国際法の実質規則の一つ」を構成する[27]——ということを前提とすると，この同じ「契約の国際法」は国家にそのような特権を放棄することを認めるのか，という問題が生ずる。これが，「国際化された契約」における不可侵性条項に関する問題である[28]。不可侵性条項は一つの契約条項であるので，他の契約条項と同様に国家の一方的改廃の権限に服せしめられるべきであるという考えもあるが，それは説得力を欠く。例えば，かつて仲裁条項は他の契約条項と同じ資格で国家によって一方的に改廃されうると説かれたことがあったが，今日では一般に，仲裁条項は契約の他の部分の変動に左右されない絶対的に不可侵の条項であることが認められている。不可侵性条項は仲裁条項と同じ資格で独自性を有している。即ち，不可侵性条項は特定の権利義務を定めるのではなく，その適用範囲の点で契約の全体をカヴァーする。これら二つの条項に意味を持たせるためには，これらを契約の残部の運命から解放することが不可欠となる。不可侵性条項に完全な効力を認めることに導く「真に決定的な理由」は，「誠実の原則，この事項にお

けるその特別な重要性が特に天然資源に対する永久的主権に関する国連総会決議 1803（XVII）によって証明されているところの原則」に集中する。というのは，その決議によると『主権国家によって……自由に締結された外国投資協定は，誠実に遵守されるものとする』とされているからである。投資家は不可侵性条項が効力を持つという確信においてのみ契約に署名し，ときとして大きな投資負担やリスクを引き受けたのである。投資家は特に，国家による契約の一方的改廃権限の行使のコロラリーたる補償では十分でないとみなし，国家がそのような権限の行使を放棄することに固執した，ということはありうる。かくして，資本受入国の政府は不可侵性条項に署名することにより，契約の相手方に正当な期待をもたせるに至ったのであり，後になってそれを裏切ることは「誠実の原則」を侵害するものである。不可侵性条項が価値を持たないと考えつつその条項に署名し，時機がきたらそれを尊重しない国家は，「誠実の義務」に反する。かくして不可侵性条項を含む契約はそれを含まない契約とは異なる効果を有する[29]。不可侵性条項は「国際化された契約」においては完全な効果を有すべきである[30]，と。

　このような Weil の論述に関しては次の点が注目される。まず，そこにおいては「契約の国際法」は「意思自治の原則」を認めるので，当事者は契約につき国内法を選択することがあるが，その場合には契約当事者が「意思自治」の枠内において国内法から借用した一定数の規則を彼らの「合意のなかに編入した」のであり，「この編入が国内法への付託という方法によって行われたかそれとも対象となる規則の再生産という方法によって行われたかは問題ではない」とされている。つまり，契約における国内法への「付託」（法選択）と国内法規則の「再生産」が基本的には同じようなものとみなされ，当事者の契約のなかへの「編入」として捉えられているのである。そうとすると，「付託された法」とは必ずしも抵触法上の意味での準拠法そのものとはいえない――抵触法的指定と実質法的指定の区別が明確には意識されていない――，したがって「契約の国際法」の認める「意思自治の原則」も純然たる抵触規則として捉えることができないということになろう[31]。この点は後の Texaco 事件仲裁判断

においてもそのまま継承されているように思われる。それから,「国際化された契約」において不可侵性条項に完全な効力を認めるための根拠が,「誠実の原則, この事項におけるその特別な重要性が特に天然資源に対する永久的主権に関する国連総会決議 1803 (XVII) によって証明されているところの原則」,「その決議によると『主権国家によって……自由に締結された外国投資協定は, 誠実に遵守されるものとする』」ことになること, に求められている。この点は, 後の Texaco 事件仲裁判断における議論に強く影響を及ぼしたものとみられうる。

3 Texaco 事件仲裁判断における「契約の国際法」

(1) Texaco 事件仲裁判断において単独仲裁人たる Dupuy は, 従来の仲裁判断にはみられない「契約の国際法」なる新しい理論を展開した。しかし, 冒頭にも述べたように, 彼がその理論をいかなる法的根拠に基づいていかなる内容のものとして提示したのかという問題になると, 必ずしも明確ではないのである。そこで, Texaco 事件仲裁判断における Dupuy の議論を——先にみた Weil の議論を意識しつつ——少し詳しくながめてみることにする。Texaco 事件との関連で展開された「契約の国際法」に関する彼の議論の順序はこうである。まず, 本件コンセッション契約が拘束力を有するのかどうかを検討し, ついで, リビア政府の国有化措置が契約義務違反を構成するのかどうかを検討し, 最後に, リビア政府はコンセッション契約を履行しなければならないのかどうかを検討した。そして, それらのいずれにも肯定的な答えを与えたのである。以下には, その順序に従って彼の議論——但し上における最後の検討事項は除く——を最初に述べた問題との関連で重要と思われる点に限定して紹介し検討してみよう。

(2) Dupuy は本件コンセッション契約を「国際契約」として捉えたうえで,「この契約に適用されるべき法」は何であるのかが契約条項の 28 条において定

められているとする。そして彼は，その契約条項においては，国際法上の原則と共通点を持つ限りにおいてリビア法を適用すべきであるが，そのような共通点のない場合には補充的に法の一般原則によるべきである，という二段階の「準拠法指定又は『法選択』に関する複雑な体系」がまとめられている，と解する[32]。このように彼は契約条項の 28 条のなかに当事者による二段階の複雑な準拠法指定又は法選択を見出すのである。

　① そのうえで彼は，当事者はそのように「契約を支配する法又は法体系」を選択する権利を有していたのか，を問う。その点につき彼は，あらゆる法体系は国際契約に「意思自治の原則」を適用している旨を指摘しつつ，「いかなる資格において，及びいかなる理由によって意思自治の原則が本件において実際に適用されるべきなのか」を明らかにしようとする。その際に彼は van Hecke の言葉に従い，「『契約を支配する法と契約の拘束性の由来する法秩序』の区別」を行うべきであるとして，「準拠法を指定する条項がそのなかに位置し，そして当該条項がそこから拘束力を引き出すところの法秩序」が何であるのかを決定しなければならないと考える。その点につき彼は「即座に」立場を示す。つまり，本件では「『契約の拘束性の由来する法秩序』は国際法自身であるが，『契約を支配する法』は 28 条において当事者によってまとめられた二段階の法体系である」[33]，と。そして Dupuy は，1929 年の常設国際司法裁判所のセルビア公債事件判決とブラジル公債事件判決及びそれ以後の動向に言及しつつ，「さしあたり」常設国際司法裁判所の古い判例に比べて新しい進展が生じていることを指摘することで十分である，とする。つまり，常設国際司法裁判所にとっては契約は国家間の条約と同一視されないが故に国際法の管轄に属しなかったが，新しい考えにおいては条約は国際法によって支配される唯一のタイプの合意ではない，と。そして彼がいわく，「国家と私人との間の契約は，条約と混同されてはならないのだが，一定の条件のもとでは国際法の新たな特別な分野，即ち契約の国際法の管轄に属する」[34]，と。つまり，「国際法の新たな特別の分野」たる「契約の国際法」なるものの存在が認められ，国家契約は一定の条件のもとでその「管轄に属する」とみなされているのである。

そして，国際経済関係の進展によって国家が単なる私人の利益とみえるようなものの規律にも次第に関心を持つようになり，また，国際法がときとして国際私法と同じように私人の利益にも関わるようになった旨の指摘を紹介しつつ，「直ちに」，「係争のコンセッション契約が国際法の領域に位置するということ，及び国際法が当事者に契約関係を支配する法を選択する権利を与えるということ」を「確実」であるとみなす[35]。

そのような論述だけからすると，Dupuy は，「係争のコンセッション契約」が「国際法の新たな特別の分野」たる「契約の国際法」の規律対象となっており，その国際法が当事者に準拠法を選択する権利を与えている——そのことは「契約の国際法」が抵触法上の当事者自治の原則を内容とすることを意味するようにみえるが——，と考えていることになろう。もっとも，それは「即座に」，「さしあたり」，「直ちに」提示されたものであり，その法的根拠にはまだ言及されていない。

② 次に Dupuy は，「法選択条項と契約の国際化」という項目で以下のように論じる。つまり，国家契約の「国際化」は様々な方法によってなされうる。まず，準拠法条項における「法の一般原則への付託」がこの効果を有することが認められている。この一般原則は ICJ 規程 38 条に現れるそれであり，国際法の法源の一つを構成する。本件では，28 条において主として国際法の諸原則に，そして補充的に法の一般原則になされる付託は，当事者間の法律関係への国際法の適用という効果をもたらす。「国際仲裁判例は，法の一般原則への参照がつねに契約の国際化の十分な基準とみなされているということを確認する」。この点については Lena Goldfields 事件，Abu Dhabi 事件，Quatar 事件及び Sapphire 事件に関する仲裁判断が援用されるのであり，それらの事件においては仲裁人は「法の一般原則への参照」の存在を指摘して，そこから「契約の国際化」の結論を引き出した[36]，と。

このような Dupuy の論述について指摘されるべきは，そこであげられている仲裁判断は実はすべて「契約の国際法」なるものを認めていないということである。また，これまで国家契約について「法の一般原則への参照」がしばし

第6章 契約の国際法の理論 *141*

ば語られてきたが，それが「契約の国際法」による規律を認めるという意味での「契約の国際化」の「十分な基準」であるとは誰も説いたことがないのである。また，Dupuyは『契約の拘束性の由来する法秩序』と『契約を支配する法』(準拠法)を峻別していたが，そこからしても，当事者が準拠法として法の一般原則を選択することが必ずしも直ちに『契約の拘束性の由来する法秩序』が国際法となるということを意味しないはずである。そのようなことをふまえると，上記の論述における「契約の国際化」という言葉は，契約の準拠法が国内法ではなく「国際法の法源の一つ」としての法の一般原則となる，というほどの意味であると解するときにのみ，Dupuyの論述もそれとして納得できることになるのではなかろうか[37]。

　他方，彼は「契約の国際化のもう一つの方法」として，契約のなかに仲裁条項を挿入することをあげる。そして，仲裁条項は紛争の実体の「準拠法」それ自身を国際法規則とすることに導くという効果を持つとして，Sapphire事件仲裁判断を例に出す。当該仲裁判断が準拠法への明示的な言及のない場合において，イラン法の排他的適用を拒絶するという意味での「消極的な手掛り」を仲裁条項のなかに見出したことを強調しつつ，彼は，「それ故に，国際仲裁への付託は契約を国際化する，即ち契約を契約の国際法たる特別の法秩序に位置づけるのに十分である，ということは明白である」とする[38]。

　ここでも，確かに「契約の国際法」という言葉が使われてはいるが，Sapphire事件仲裁判断を用いた説明の全体の趣旨からすると，「契約の国際化」という言葉のもとに，国家契約が国際法の直接の規律対象になっていることを示すことではなく，国内法を準拠法としない，又は国際法を準拠法とするということが理解されている，と考えるときにのみDupuyの論述もそれなりに筋が通っていることになろう[39]。

　Dupuyは更に，本件契約の「国際化」の第三の要素を，契約が新たなカテゴリーの国家契約たる「経済開発協定」であることに見出す。彼は当該協定の特徴を指摘しつつ，「契約の国際化」の利益を強調したSapphire事件仲裁判断の叙述を援用する。つまり，大きなリスクを引き受けつつ発展途上国に財政的

技術的な貢献をもたらす外国会社には安定性が保証されるべきであり，国家法の特殊性から解放され，普遍的に承認された一般原則に従って紛争を解決することが当事者の利益になる[40]，と。

この論述との関連では，経済開発協定の特質や，外国私人の法的地位の安定化の必要性はこれまでにも多くの人によって指摘されてきたところであるが，それだけもって国家契約が国際法の直接の規律対象となっているとは誰も主張しなかった，ということに注意すべきであろう。

このように「法選択条項と契約の国際化」という項目のもとでのDupuyの論述を分析してくると，彼は「契約の国際化」という言葉のもとに準拠法が国際法であるということを理解しているとみなしたときにのみ，彼の論述にもそれなりの説得力があるということになろう。しかし，彼は次にみるようにそのような用語法で一貫しているのではないのである。

③　Dupuyは，上記の論述に続いて今度は，係争の「契約の国際化」の意味と効力という項目のもとに次のように論じる。つまり，国際法が国家と外国私人の契約関係を支配するということは，外国私人が国家と同一視されるとか，外国私人が国家と締結した契約が条約と同一視されるとかを意味しない。「国家と私人の契約が国際法秩序に位置づけられると宣言することは，契約の解釈と履行の目的で私人たる契約の相手方に特定の国際的能力を認めるべきである，ということを意味する。しかし，国家と異なり私人は制限された能力しか有せず，その国際法主体たる資格はそれに，国際法の分野において契約に基づく権利を主張することを許すにすぎない」[41]。「国家と私人の間に締結される一定の契約の国際化は，私人に国家の能力に匹敵しうるそれを付与するのではなく，国際化された契約に基づく権利を主張するために国際的平面で行動することを許す一定の能力を付与するにすぎないのである」[42]，と。

この論述においては，単なる準拠法のレヴェルでの国際化ではなく，国家契約が国際法の直接の規律対象となっていることの意味と効力が述べられている。つまり，契約の相手方たる外国私人に「契約の解釈と履行の目的」での「特定の国際的能力」・「制限された能力」・「国際法主体たる資格」が認められ

第6章　契約の国際法の理論　143

ているのである。因みに，Dupuy はその際に，「法選択条項と契約の国際化」の項目のもとに述べていたのとは多少異なる論述をしている。つまり，係争の契約においてリビア法の諸原則が参照されていることは，「契約の国際化の効果」——それは既にその経済開発協定という性質からも紛争解決のために国際仲裁に訴えることからも生ずる——を無に帰するという効果を持つものではない[43]，と。そこからすると，「契約の国際化」の効果の発生に際しては，準拠法条項よりも経済開発協定たる性質や仲裁条項のほうが重視されていることになろう。

④　このように「契約の国際法」なるものが存在して，国際法が当事者に準拠法の選択を認めているという趣旨を説いた後に，Dupuy は，準拠法条項として位置づけた 28 条に従って，本件コンセッション契約の拘束性の問題をリビア法の諸原則と国際法の諸原則に準拠しつつ検討する。そして，リビア法が契約の拘束性の原則を承認していること，また，『pacta sunt servanda の原則』の格言のなかに国際法の基本原則が見出されることを確認する。彼は，その点でリビア法の諸原則が国際法の諸原則に合致するということを指摘して，本件のコンセッション契約の拘束力を認めた[44]。因みに，彼は，『国際法の諸原則』という言葉の意味は一般的慣行によると国家間で妥当しているような国際法にほかならない，という常設国際司法裁判所判決を引用している[45]。

(3)　そのように本件コンセッション契約が拘束力を有することを確認した後に，Dupuy はリビア政府の国有化措置が当該契約から生ずる義務に反するか否かを検討する。リビア政府の行動を正当化するために提示された論拠の一つに，主権の観念及び国有化措置の性質があるとして，Dupuy はその点について次のように論じる。つまり，国有化の決定は国家にとって主権の表明であるが，その行使は国際秩序においていかなる制限にも服しないのであろうか[46]。国有化措置の効力を評価するためには，国家が国際的平面において一定の期間国有化しない義務に署名したのかどうか，国有化によるこの義務の無視は国有化の主権的性格によって正当化されないのかどうか，を探究しなけれ

ばならない。そのような探究は本件においては「両当事者の合意及びそれに適用されるべき法」に照らしてのみ有効になされうる。(a)国家はその主権の行使の際に国際的に義務を負う資格を有するが、一般法上確立されているこの準則は本件契約の「準拠法」──「リビア法並びに国際法」──によって確認されるであろうか。リビア法に関しては、リビアが外国の法主体に対して有効に義務を負うことができることは否定しえない。国際法に関しては、国家は他国と条約を締結する権利を有する。主権は条約の締結によって無視されるのではなく、逆に条約の締結は主権の表明なのである。この考察は、国家が外国私企業と締結した合意にもあてはまる。確かにそれは条約そのものではないが、国家が少なくとも部分的に国際法又は法の一般原則の準則に服する旨を承諾したからには、「国際法秩序に位置する合意」なのである。国家のみが条約の当事者となりうるが、そのことは、国家が国際組織や外国私人のような非国家的相手方との関係で他の性質の行為において国際的に義務を負うことができない、ということを意味しない。それ故に、この点で条約と国際化された契約との間に区別を設けることができない。いずれの場合にも、国家は相手方と国際的合意を締結することにより、主権的権限を行使するのである。国家にとってコンセッションを付与するということと、主権を譲渡しないという配慮は、両立するのである。最後に、国連総会決議の法的価値については後述するとして、国連総会は天然資源に対する永久的主権に関する1962年12月14日の決議1803において、『主権国家によって又は主権国家の間に自由に締結された外国投資協定は、誠実に遵守されるものとする』と確認した。かくして、この条文によって国家間の合意と、国家と外国私企業によって締結された合意が同等におかれた。その結果、国家はその主権の行使によって自由に引き受けた義務を無視するためにその主権を利用できない、及びそれ自身の国内秩序的措置により契約の相手方の権利を消滅させることができない、ということになった。国家がその主権の枠内において平等に義務を負った双方的行為を主権の名において無効にすることができないことは、学説によっても認められている。「これが実定国際法の現状である」。それ故に、これらの諸原則に照らして、リビア政府の国有化

措置が，政府自ら署名した，当該措置から原告を保護すべき義務に違反するか否かが検討されるべきである。本件コンセッション契約のなかにはリビア政府に国有化を禁止する条項は存在しないが，契約上の権利の一方的な変更を禁ずる 16 条は安定化条項を構成する。それはリビア国家の主権を侵害するものではない。リビアが期間中当事者の共通の法である国際的合意において主権的に義務を負ったにすぎない。国際法が国有化の権利を認めているということは，国家にその約束を無視する資格を与えない。というのは，「国際法はまた国家に国際的に義務を負う——特に外国私人と締結した契約における安定化条項の挿入を受け入れることによって——資格を認めているからである」[47]。「契約の国際法の見地からは，国有化は，国家と外国私企業の間で締結され，且つ安定化条項を含む，国際化された契約に優越しえないであろう」[48]。(b)国有化の権利は一般国際法の jus cogens であるので，国際裁判官又は仲裁人は国有化の有効性の検討を拒否しなければならない，というのがリビア政府の見解であるように思われる。その際に，天然資源に対する永久的主権が国有化を正当化する最高の原則として援用されている。この原則は jus cogens であるとしても，それはすべての国有化を正当化するのに十分であるのではない。政府が「その主権の実効的譲渡」を取り消すために国有化の手続を使用する場合にのみ，そうである。石油コンセッションの効果はそのようなものではない。特に本件のように，国家が外国私人に「その量と期間において制限された権利」しか認めないときにである。永久的主権概念は，国家が相手方の活動をコントロールしうる契約を締結することと完全に両立しうる。永久的主権については，「享有」と「行使」の区別がなされなければならない。国家は，主権的権利の「享有」を永久に保持しているのである。国家が外国私企業と締結した契約は，この主権の譲渡ではなく，「主権の行使の，部分的で且つ期間において限られた制限」とみなされる。本件においては，外国会社とコンセッション契約を締結することによって，リビアは，その主権を譲渡したのではなく，それを行使し，それへの原則的侵害がないように注意したにすぎないように思われる。若干の国家の特権の行使に関して国家が自ら認めた制限は，「特定の分野と限ら

れた期間についてのみ」認められているのである[49]，と。

　このようなDupuyの論述に関しては次のような点が指摘されうる。まず，国家契約は，国家が少なくとも部分的に国際法又は法の一般原則の準則に服する旨を承諾したときには，「国際法秩序に位置する合意」となる旨が述べられている。そして，国家が国際組織に対するのと同様に外国私人に対して国際的に義務を負う，とされている。そこからすると，準拠法条項において少なくとも部分的に国際法又は法の一般原則を指定している限り，それだけでもって国家契約は国際法上の契約として国際法上の義務を課す，という考えが述べられていることになるが，その点については具体的な論拠が示されていない。そのような指定はこれまでしばしば準拠法の国際化と呼ばれ，それだけでは国家契約を「国際法秩序に位置する合意」とするには十分ではないと一般に考えられてきたからである。次に，天然資源の永久的主権との関連で，国家が外国私人に「量と期間において制限された権利」しか認めないとき，即ち「主権の行使の，部分的で且つ期間において限られた制限」のみを認めるとき，国有化は正当化されない，とされていることが注目される。つまり，本件では国家がコンセッション契約によって「特定の分野と限られた期間についてのみ」自らに制限を認める場合であることが強調されているのである。最近において中川淳司教授が1982年のアミノイル事件仲裁判断のなかに国家の主権的権能の行使に対する制限への「時間的しぼり」を見出され，「対象及び時間的効力に合理的なしぼりをかけるという方向」[50]を「将来の規則の目指すべき方向」とされたが，Texaco事件仲裁判断において既に「量と期間」・「分野」と「期間」に制限を設けるという思考が示されているのである。もっとも，その「しぼり」をどの程度にすれば合理的であるのかについては，右の二つの仲裁判断の間にはかなりの相違が見出される。更に，Dupuyは「実定国際法の現状」においては，「契約の国際法の見地からは，国有化は，国家と外国私企業の間で締結され，且つ安定化条項を含む，国際化された契約に優越しえないであろう」と述べているが，そこに「契約の国際法」の具体的内容の一部が示されているのではなかろうか。つまり，国家契約を国有化との関係において——「安定化条項

を含む」という条件のもとに——pacta sunt servanda の原則によって保護する，という内容である。それは抵触規則ではなく実質規則を内容とするものであろう。そうとすると，先にみたような，国際法が当事者に準拠法選択の権利を与えているという命題と両立するのであろうか，という問題が生じよう。

(4) この Texaco 事件仲裁判断において注目されるべきは，リビア政府の国有化措置がその契約義務に違反したかどうかを「実定法」に基づいて判定するために，実定法の「内容」を明らかにする必要があるとして，それとの関連で実定法における国連総会決議の位置づけを検討したことである。先にもみたとおり，Dupuy は，国連総会決議 1803 によって国家間の合意と国家と外国私企業によって締結された合意が同等におかれ，後者が国家主権や国内措置によって一方的に消滅させられないことになっている，と論ずる際に，その国連総会決議の法的価値については後述するとしていたのである。その点につき，彼は次のように論じる。つまり，リビア政府はその覚書において，国有化に関する紛争を国有化する国の国内法によって判断すべき旨を説く際に，国連総会決議 3171 と 3201 を援用している。国連総会決議の法的価値を評価するにあたっては，「票決状況」と「表明された諸規定の分析」を考慮に入れるべきである[51]。票決状況からすると，国連総会決議 1803 のみが有資格グループの全体をなす加盟国の大多数によって支持されたのであり，他の諸決議，とりわけリビア政府がその覚書において言及したものは国際経済貿易の重要な部分を担う市場経済の発展大国によって支持されなかった[52]。「前述の票決状況に関連して，『共通の法的確信』を示すことにより，国連総会決議 1803 (XVII) は当裁判所にはこの分野に存する慣習法の状態を反映しているように思われる」。「慣習規則の存在を確認する決議」の票決により，国家はその見解を明確に表明したのである。国連総会決議 1803 (XVII) は相当な程度「真の一般的意思の表明」であるように思われるが，他の決議はそうではない[53]。

このような Dupuy の論述からすると，国連総会決議 1803 (XVII) は「この分野に存する慣習法の状態」を反映しており，「慣習規則の存在」を確認する

という意味を有していることになろう。そして，前の箇所において——国連総会決議の法的価値は後述するという留保のもとで——Dupuy は国連総会決議 1803 の 8 項（『主権国家によって又は主権国家の間に自由に締結された外国投資協定は，誠実に遵守されるものとする』）のなかに国家間の合意と国家と外国私企業の合意の同等な扱いを見出し，国家がその主権の行使により自由に引き受けた義務を無視するためにその主権を利用できないと説いていたが，そのことをここで考慮に入れると，彼は，その規定において示されているところのものが「この分野に存する慣習法の状態」・「実定法」の「内容」として捉えていることになろう。因みに，彼によると，国連総会決議 1803（XVII）において言及された「誠実の原則」は諸国家の経済権利義務憲章たる国連総会決議 3281（XXIX）においても重要な位置を占めており，そこからは「国有化する主権国家は契約当事者として引き受けた義務を無視することができない」という帰結が引き出される[54]）。

4　おわりに

　以上，Texaco 事件仲裁判断における Dupuy の議論の一部を検討してみた。彼の議論には多少の曖昧さや不明瞭さが見出されたが，以下にはその点を意識しつつ要約的検討を試みる。

　まず，「契約の国際法」の具体的内容である。確かに一方では Dupuy は，本件コンセッション契約の 28 条における法選択条項に効力を認めるにあたり，意思自治の原則を引き合いに出しつつ，国際法が当事者に準拠法選択の権利を認めると述べる。その際には，コンセッション契約に関して準拠法とは別個のものとしての「契約の拘束性の由来する法秩序」を国際法そのものとみなす。そこだけからすると，国際法のなかに当事者自治の原則という抵触規則が存在する，ということになろう。しかし他方では Dupuy は，国連総会決議 1803（XVII）——その 8 項は『主権国家によって……自由に締結された外国投資協定は，誠実に遵守されるものとする』と定める——を「この分野に存する慣習法

の状態」を反映するもの即ち「実定法」の「内容」として捉えつつ，「契約の国際法の見地からは，国有化は，国家と外国私企業の間で締結され，且つ安定化条項を含む，国際化された契約に優越しえないであろう」と述べる。そして彼は，「国際法の分野において契約に基づく権利を主張する」ことを許す「制限された能力」・制限された「国際法主体たる資格」が外国私人に認められる，とみなす。そこからすると，「契約の国際法」は抵触規則を内容とするのではなく，基本的には pacta sunt servanda の原則という実質規則を内容とする，ということになろう。そうとすると，Dupuy は「契約の国際法」の具体的内容に関して，一見すると矛盾したようなことを述べていること——それはこれまであまり意識されることはなかったように思われるが——になろう。その点はおそらく次のように解することによって矛盾なく統一的に説明されうるように思われる。つまり，第一に，Dupuy は国際法が当事者に準拠法選択の権利を認めると述べて，本件コンセッション契約の 28 条における法選択を有効とする際に，意思自治の原則という言葉のもとに純然たる抵触規則としての当事者自治の原則を理解していない，それ故に準拠法という言葉を純然たる抵触法上のそれとして使用していないと解すること，第二に，彼の「契約の国際法」は基本的には pacta sunt servanda の原則という実質規則を内容としていると解すること，によってである。特定の法における pacta sunt servanda の原則のもとでは当事者は自由に契約内容を定めることができるが，その際に自ら契約の細目的取決めをする代わりに他の法の指定というやり方でもって簡略的に契約内容の細目を定めることができるのであり，そしてその場合における他の法の指定は pacta sunt servanda の原則を含む特定の法の適用を前提としているので抵触法上の指定ではなく実質法上の指定である[55]。この抵触法上の基礎知識をふまえて Dupuy の論述を統一的に説明すると次のようになろう。つまり，基本的に pacta sunt servanda の原則を含む「契約の国際法」は内容的にまだ未成熟であるので，当事者は細目的取決めの代わりに特定の法を指定すること——実質法上の指定——が十分にありうるが，本件コンセッション契約の 28 条がそれに該当する，と。因みに，Dupuy は契約当事者たる国家の国内法が準拠

法として選択されたときに、それを「単なる参照された法」[56]とみなし、また「当事者の共通の意思」に基づき「編入によって『lex contractus』とみなされる」[57]ものと考えるが、そこでは抵触法上の指定と実質法上の指定の区別があまり意識されていないのではなかろうか[58]。その点との関連では、Texaco 事件仲裁判断に強い影響を与えていると思われる Weil の議論が、上述のように、その区別をあまり意識しないで展開されていた、ということが想起されるべきであろう。そのような立場に立脚しているが故に、Dupuy は上記の論述の際に何ら矛盾も感じなかったのであろう。なお、Weil は Texaco 事件仲裁判断に対して、フランスの行政契約の理論を参考にしないことによって国家契約に柔軟性を認めず、一定の仕方で絶対的な不可侵性を認めたと批判するが[59]、実際には Weil の見解と Dupuy のそれはあまり異ならないように思われる。確かに Weil はフランスの行政契約の理論を参考にして国家が公益のために一定の条件のもとに国家契約を一方的に解消することを認めるが、他方では彼はそのような国家の特権を行使しない旨の条項たる不可侵性条項の効力を認めることによって、結局において国家契約に不可侵性を与える可能性を肯定しているのである。そしてまた、確かに Texaco 事件仲裁判断はフランスの行政契約の理論を法の一般原則とみなさないのであるが、他方では、リビアの国有化措置を違法とみなすときに「契約の国際法の見地からは、国有化は、国家と外国私企業の間で締結され、且つ安定化条項を含む、国際化された契約に優越しえないであろう」と述べることによって、当該契約における「安定化条項」（Weil のいう不可侵性条項）の存在を強調しているのである。いずれの見解も、国有化しない旨の条項がある場合における国有化を違法とみなすという点で一致している。その意味で、究極的には pacta sunt servanda の原則が貫徹されているといえよう[60]。

次に、「契約の国際法」の法的根拠である。これについては、Dupuy の論述の仕方にも起因するのであるが、多くの人は、彼が「契約の国際化」——彼においてはその言葉が単なる準拠法の国際化と同じ意味で使用されることもあるのだが——を生ぜしめる方法としてあげた三点、即ち法の一般原則を指定する

条項，仲裁条項及び経済開発協定たる性質にのみ注目する。この三点はコンセッション契約について「契約の国際法」なるものを認めない立場の人によってもこれまでしばしば指摘されてきたのであり，格別に目新しいものではない。したがって，Dupuy の論述におけるそこの箇所だけに焦点を合わせると，彼は従来の仲裁判断にみられない「契約の国際法」という新しい見解を提示するにあたって何も新しい根拠を示していないということになろう。例えば Rigaux は「契約の国際法」を「仲裁人は論証なしに確認する」[61]と批判する。そしてそのような理解は多くの人によって共有されているといってよい。しかし，そのような批判は必ずしも正しくないように思われる。というのは，Dupuy が「契約の国際法の見地からは，国有化は，国家と外国私企業の間で締結され，且つ安定化条項を含む，国際化された契約には優越しえないであろう」という法命題を述べるに際して，実定法において国連総会決議の占める位置を検討するのであるが，その箇所で彼は一定の論証を行っているように思われるからである。つまり，その検討の後に彼は，国家と外国私企業の合意を国家間の合意と同様に誠実に遵守すべき旨を定める国連総会決議1803（XVII）はその「票決状況」からして「共通の法的確信」を示しており，「この分野に存する慣習法の状態を反映」し，「慣習規則の存在を確認する決議」たる意義を有する，と論じているからである。そこに，「契約の国際法」の法的根拠が明確に示されているのではなかろうか。もっとも，そのような根拠づけが説得的であるかどうかは別問題である。国連総会決議1803（XVII）の関係規定たる「8項が当時においても右の理論を支持しうるほどの意義を有していたかどうかは疑わしいのみならず，その後の1974年12月12日の国連総会決議3281（XXIX）は，その成立過程を通じて，……仲裁判断の考えるような『共通の法的確信』・『慣習法の状態』が存しないことを示しているものと思われる」[62]からである。因みに，Weil は Dupuy とは異なり「契約の国際法」を慣習法規則の存在を認めるという観点から根拠づけているのではないが，国有化措置との関連で最も重要な意義を有しうる不可侵性条項（Dupuy のいう安定化条項）の効力を認めるにあたり，手掛りを最終的には国連総会決議1803（XVII）の8項に

おける「誠実の原則」に求めていた。この点は Dupuy の議論との関連で興味深い。

このようにみてくると，冒頭で紹介した諸見解――Texaco 事件仲裁判断は国際法の法源たる法の一般原則としての pacta sunt servanda の原則の適用によってリビア政府の一方的破棄と国有化を違法・無効としたとみなす見解，Texaco 事件仲裁判断はリビア政府の国有化の権利を制限する際に慣習法規則の存在という観点からの立証をまったく行っていないとみなす見解など――には賛成できないということになるのではなかろうか。

1) 山本草二『国際法』(1985 年) 42 頁。
2) 同・41 頁。
3) 森川俊孝「仲裁と法の一般原則」皆川洸先生還暦記念 (1981 年) 207 頁。
4) 安藤勝美「経済開発協定と国内化の法原則」国際法外交雑誌 84 巻 1 号 (1985 年) 42 頁。
5) 同・43 頁。
6) 筆者はかつて特に Texaco 事件仲裁判断における契約の国際法の理論について分析を試みたことがある。拙稿「石油コンセッション契約の国際化―リビア国有化事件仲裁判断―」法学 43 巻 4 号 (1980 年) 107 頁以下，拙稿「国家と私人との国際契約」民商法雑誌 85 巻 3 号 (1981 年) 462 頁以下を参照。しかし，そこでの分析が比較的に簡単なものにとどまっていた。そこで本章では，多少の重複をもかえりみず，今度はより詳細な仕方で契約の国際法の理論を再吟味し，それにより，わが国におけるその後の文献で示された見解の当否を検討することを試みる。
7) Weil, Problèmes relatifs aux contrats passés entre un Etat et un particulier, RdC, 1969-III, p. 97 et seq
8) Weil, Les clauses des stabilisation ou d'intangibilité insérées dans les accords de développment économique, in : Mélanges offerts à Ch. Rousseau, 1974, p. 301 et seq.
9) Weil, op. cit., RdC, 1969-III, p. 181.
10) Ibid., pp. 184-185.
11) Ibid., p. 186.
12) Ibid., pp. 187-188.
13) Ibid., p. 188.
14) Ibid., pp. 174-175.
15) Ibid., p. 189.

16) Ibid., pp. 190-193.
17) Ibid., p. 195.
18) Ibid., pp. 205-206.
19) Ibid., p. 216 et seq.
20) Weil は 1981 年の論文において「国家と外国人との間で締結された契約に関する国際法規則の総体」として定義される「契約の国際法」の存在について次のように述べている。確かに，国家契約を実質的に支配する国際法規則はまだ条約法に匹敵しうるほどの発展をとげていない。しかし，国際法の他の分野の多くはまだかなり未発達の段階にあるが，その存在は争われていない。また，契約に関する国際法の規則はしばしばいわれるほどには簡略なものではないのであり，一群の実質規則が既に「実定法」によって形成されているのである。特に，国家がその契約の相手方の権利義務を一方的に侵害する権限についてそうである。Weil, Droit international et contrats d'État, in : Mélanges offerts à P. Reuter, 1981, p. 568.「契約の国際法」は通常の契約のモデルよりも行政契約のモデルの影響を受けているのであり，それによると，行政契約にならって「国際化された契約」は pacta sunt servanda の原則によって支配されつつも，公益の目的のために一定の条件のもとで期限前の終了の対象となりうる。Ibid., p. 570.
21) Weil, op. cit., RdC, 1969-III, pp. 198-203.
22) Weil は 1981 年の論文において更に次のように敷衍している。「客観的資料」を考慮に入れると一定の国家契約が国際法秩序のなかに根づくという考えが「事物の性質」に合致することがわかる。まず，「法的資料」である。今日では投資契約はたいていの場合に，当事者の権利義務のすべてを定める単独の証書としてではなく，様々な性質の法的行為を含む複雑な投資事業の一環として現れるのであり，契約当事者の権利義務は契約証書のなかにおいてのみならずそれを支える様々な性質の法的行為のなかにおいても定められている。そのように契約と不可分に結びついている行為のなかには，契約それ自身がその単なる構成要素にしかすぎないところの国際関係の土台を構成する真の国際条約がある。かかる事態については変形が多い。最も単純で最も知られている場合は，投資保護に関する二国間条約のそれである。国連総会決議も「投資契約と国際法秩序の間の関係の存在」を感知している。例えば国連総会決議 1803（XVII）は『主権国家によって……自由に締結された外国投資協定は，誠実に遵守されるものとする』という原則を表明している。即ち，そこでは「この協定の拘束力が由来するのは国際法秩序である」という趣旨が極めて明確に述べられているのである。しかし，そのことは国家の経済権利義務憲章にもあてはまるのである。当該憲章の諸規定の相互依存，及び国際関係の基本原理のなかでの『国際義務の誠実な履行』への言及を理由にして，当該憲章は国際法が外国人の利益に影響を与える国家の自由を制限する要因として作用することを——たとえ

2条がそれを明示的に表明していなくても——認めている，と考察するものもいる。Texaco 事件仲裁判断もその解釈に基づいている。かくして，投資契約は適用されるべき実質法とは無関係に，国際法によって支配されるグローバルな事態のなかに統合されているのである。Weil, op. cit., 1981, pp. 573-576.「政治・経済的資料」も同じ方向を示す。一定の契約は，問題となる二つの国家の間の政治的経済的関係の一般的な枠組みのなかに組み込まれている。大きな投資契約は法的には受入国と外国私企業を対峙させるが，実際にはしばしば受入国と投資家の本国とのグローバルな政治的関係を巻き込むのである。国家が自国民の内外での経済活動に介入し責任を負うという現象はしばしばみられるところであり，また強くなってきているので，個人の利益と国家の利益を分けることはもはや現実にあわなくなってきている。私的投資はもはや孤立した取引なのではなく，国民経済の発展という政策の一要素なのである。かかる指摘は何よりもまず投資家の本国に関してあてはまる。投資家の本国は，自国の労働者の完全雇用及び国民経済の発展を保証するために，自国の企業のための市場を探す。又は，受入国のなかに経済的影響力によって一定の政治的影響を確立するように試みる。国家が外国に投資する自国民の被るリスクをカヴァーする様々な信用保険の体系は，国家の繁栄には一定の輸出が必要であるという理念に基づく連帯責任を，国民共同体の財政的努力によって引き受けるということに導く。工業化した国が私的投資の保護を目的とする国際条約を発展途上国と締結するという事実は，私的投資家の背後に国民経済が存することを示す。上記の指摘は受入国にもあてはまる。受入国の政府は対外政策的考慮や経済的理由から特定の国家の会社を選んで，それと契約を締結するのである。資本が投下される貧しい又は弱い国家は，強大な金融グループの干渉や投資家の本国の政府の不当な外交的圧力から保護される必要がある。Ibid., pp. 577-578. このように論じた後に Weil は更に，契約の締結に政府間の交渉が先行したり，契約が政府のひそかな支援でもって締結されるということがほとんど日常茶飯事であるということを示そうとする。Ibid., pp. 578-579. そして次のような帰結に至る。「契約が国際的な政治的・経済的領域において展開している」以上，現実主義は，そこから法的平面への帰結を引き出すこと，及び契約を国際法秩序のなかに根を張るものとみなすこと，を命ずる。それ故に，国内秩序のなかに契約が根を張るとみなす立場は，契約関係をその「国家間的な政治的・経済的環境」から人為的に切り離すことにより，現実を無視するものである。Ibid., p. 580. そして，そのように「国際法秩序の管轄に属する」とみなされるのは，実際に国家間の関係に組み込まれている国家契約，本質的には「経済開発協定又は投資契約」のみであるので，他の国家契約はたとえ契約の準拠法として国際法に「付託」していても依然として国内法秩序のなかに根を張っている，と指摘する。Ibid., pp. 580-581.

23) Weil, op. cit., RdC, 1969-III, pp. 232-233.

24) Weil. op. cit., 1974, pp. 315-316.
25) Ibid., pp. 319-320.
26) Ibid., pp. 320-321.
27) Ibid., p. 321.
28) Ibid., p. 322.
29) Ibid., pp. 325-326.
30) Ibid., p. 327.
31) Cf. Kischel, State Contracts, 1992, p. 108.
32) Clunet 1977, p. 353.
33) Ibid., p. 353.
34) Ibid., p. 356.
35) Ibid., p. 357.
36) Ibid., pp. 358-359.
37) Weil も Texaco 事件仲裁判断に関して次のように述べている。契約がどこに根を張っているのかは当事者の意思とは無関係な客観的ファクターの作用によって定まるので、法の一般原則への参照のなかに「契約が国際法秩序のなかに根を張っていること」の兆候をみることは誤りである。法の一般原則を参照する条項が指示するのは「契約の準拠法としての国際法の適用」である。Weil, op. cit., 1981, p. 566.
38) Clunet 1977, pp. 359-360.
39) Weil も，Texaco 事件仲裁判断が仲裁条項を契約の国際化の一つの方法とみることに対して，そこで問題になっているのは「契約の準拠法としての国際法の適用」であり「国際法秩序のなかに根を張ること」ではない，と批判する。Weil. op. cit., 1981, p. 566.
40) Clunet 1977, p. 360.
41) Ibid., p. 361.
42) Ibid., p. 362.
43) Ibid., p. 362.
44) Ibid., p. 363.
45) Ibid., p. 358.
46) Ibid., p. 367.
47) Ibid., pp. 368-371.
48) Ibid., p. 372.
49) Ibid., pp. 373-374.
50) 中川淳司「国家責任と契約責任の交錯―資源開発契約を素材に―」国際法外交雑誌 90 巻 5 号（1991 年）49，59 頁。
51) Clunet 1977, p. 376.

52) Ibid., p. 378.
53) Ibid., p. 379.
54) Ibid., p. 380.
55) 例えば折茂豊『国際私法（各論）［新版］』（1972年）121-122頁を参照。
56) Clunet, 1977, p. 368.
57) Ibid., p. 362.
58) 本書の第8章の174頁を参照。
59) Weil, op. cit., 1981, pp. 570-571.
60) 　したがって，そのような立場に対しては，国家の一般的利益をある程度外国私企業の私的利益に優越させる立場からは，批判がなされることになろう。前掲拙稿民商法雑誌85巻3号470，471頁を参照。
　　　なお，中川・前掲53頁も，「安定化条項や不可変条項を有する契約の一方的改廃」を「厳しく制限」する主張では「一方的改廃をめぐる利害のバランスを保つことは困難になる」とする。
61) Rigaux, Des dieux et des héros, Rev. crit., 1978, p. 449.
62) 前掲拙稿民商法雑誌85巻3号471頁。
　　　なお，中川・前掲47頁も，国連総会「決議1803号の規定の規範としての重みが，その後の総会決議によって減少させられたことは否定できない」とする。

第 7 章
制限的に国際法的な契約の理論

1 はじめに

　国家契約（経済開発協定）に国際法上の保護を与えようとする試みはこれまでにもいくつか存するが[1]，本章では，Böckstiegel の「制限的に国際法的な契約」(der beschränkt völkerrechtliche Vertrag) の理論[2]が検討される。彼の理論は上記のような試みのなかの有力な一つの方向を代表するものであること，並びに彼の見解全体についてはまだ十分な論評がなされていないことによる[3]。

2 Böckstiegel の見解

　Böckstiegel によると，「国際法主体の範囲の拡張の際に特に国際組織に関して発展させられた基準の適用」は，「契約当事者として対等な形で登場する国から導出され，そして契約関係に制限された当該私企業の国際法主体性」の想定に導く[4]。そして，「国際慣習法的に重要な発展傾向」[5]は，現時点においては，次の五つのメルクマールを満たす国家と外国私企業の契約に関して契約による国家の国際法的拘束を肯定する。そのメルクマールとは，第一に，国家の側では条約締結権限のある機関が契約を締結又は承認すること，第二に，契約が法律変更のような一方的な高権的措置をしない義務を国家の側に課すこと，第三に，国家の側における契約締結の形式が条約締結のそれに対応していること，第四に，契約に関する紛争の解決が国際仲裁裁判所に委ねられていること，第五に，契約が法選択条項により又は推定的に契約当事国の国内法の支配を免

れていること，である[6]。更に彼によると，国家が外国私企業との契約によって国際法的に拘束されるためには第一のメルクマールは放棄されえないが，その他の四つのメルクマールは，第一のメルクマールに対応する国家機関が「国家はこの契約によって国際法的に拘束されるとみなしたい」と契約において又はその他の仕方で「明示的に」宣言するときには，放棄されうる[7]。

そのような論述からすると，Böckstiegel は，第一のメルクマールに対応する国家機関が「国家はこの契約によって国際法的に拘束されるとみなしたい」と「明示的に」宣言する場合（以下(A)の場合と略記）と，「五つのメルクマールが一つの契約に累積的に存する場合」[8]（以下(B)の場合と略記）に，国家の側の国際法的拘束を認めていることになろう[9]。それでは，何故に彼はこの二つの場合にそのような国際法的拘束を認めるのであろうか。この点については，彼の次のような論述が示唆的である。彼は，(A)の場合には第一のメルクマール以外の他の四つのメルクマールを不要とみなす際に，いわく，

「それらから引き出される法的帰結は，国家によって明示的に受け入れられているので」[10]。

つまり，「国家はこの契約によって国際法的に拘束されるとみなしたい」という「明示的」な宣言が国家の側でなされる(A)の場合には，第一のメルクマール以外の四つのメルクマールから引き出される法的帰結（即ち国際法的拘束）を「明示的に」受け入れられている，というのである。そうすると，彼は，(A)の場合には契約当事国が国際法的拘束を「明示的に」承認しており，(B)の場合には国際法的拘束を黙示的に承認している，と考えているのではないのかという推測が成り立ちうる。彼は，国家と私人の国際契約に関して契約当事国の国際法的拘束を認めるための前提たる私人の国際法主体性を，「契約当事国の承認」[11]から導出するのであるが，その際に，「契約当事国の黙示的承認」[12]から導出される私人の国際法主体性についても語る。このことは，上記の推測を裏づけるものであろう。

このようにみてくると，Böckstiegel は，契約当事国による国際法的拘束の明示的又は黙示的承認，それ故に契約当事国による私人への明示的又は黙示的な一方的法律行為という観点から，国家の側の国際法的拘束を基礎づけようとしていることになろう[13]。これが，「契約当事国の承認から導出され，契約関係の領域に制限された国際法主体性」[14]を私人に認める彼の「制限的に国際法的な契約」の理論の骨子である。

ところで，ここで注意されるべきは，彼が(A)の場合において私人の本国に対する契約当事国の国際法上の義務をも認めるということ——このことは多くの人によって看過されてきた——である。彼は，第一のメルクマールに対応する国家機関が「国家はこの契約によって国際法的に拘束されるとみなしたい」と「明示的に」宣言する場合について，注において簡単ながらも次のように付言している。

「そのような宣言の国際法的拘束性は，おそらく伝統的国際法からも難なく導出されうる。というのは，伝統的国際法と共に，私企業を国際法上の合意の可能な当事者とみなさないにしても，ともかく約束という形式での国際法主体たる国家の一方的宣言が存するのであり，それは一方的な国際法上の法律行為として法創設的意義を有するであろうからである」[15]。

つまり，彼は，(A)の場合に関連して，私人の国際法主体性を認めない伝統的国際法の立場からも，国家の側による私人の本国に対する一方的な法律行為という観点から，国家の側の国際法的拘束を基礎づけることができる，と考えているのである。そうとすると，彼の「制限的に国際法的な契約」の理論とパラレルに，(B)の場合にも，伝統的国際法の立場から私人の本国に対する国家の推定的な一方的法律行為を認めうる，ということになるのではなかろうか。

上述したように，Böckstiegel は，私人との国際契約により契約当事国が国際法的拘束を受けることになる可能性を二つ示している。第一は，私人それ自体に対する契約当事国の一方的法律行為という観点から，私人それ自体に対す

る契約当事国の国際法上の義務を基礎づけるという可能性であり，第二は，私人の本国に対する契約当事国の一方的法律行為という観点から，私人の本国に対する契約当事国の国際法上の義務を基礎づけるという可能性である。そして，彼が重視したのは上記の第一の可能性であり，彼の「制限的に国際法的な契約」の理論はまさにその第一の可能性を追求するものであった。上記の第二の可能性については，彼は，注において簡単に言及するのみであった。しかしながら，彼のこのような態度は，実定法上国家が私人に対する一方的法律行為により私人に国際法主体性を付与できるのかという問題は別として，法政策的な観点からして疑問なしとしない。彼の問題関心は私人の側の法的地位の強化にあるが，私人の側にとって重要なのは，契約当事国による契約違反それ自体が国際法違反とみなされるのみならず，私人の本国による即座の外交的保護の行使が可能とされることではなかろうか。それ故に，私人にとって必要なのは，私人それ自体に対する契約当事国の国際法的義務を想定することではなく，私人の本国に対する契約当事国の国際法的義務を認めることではなかろうか[16]。彼は，彼の理論における私人の国際法主体性を「一国のみとの関係に制限された相対的な法主体性」[17]とみなすようであるが，そうとすれば，契約当事国の契約違反があってもそれは私人にとってのみ国際法違反を構成するのであり，第三者たる私人の本国にとってはまだ国際法違反を構成しないことになろう。彼は，契約当事国に対する私人の権利の貫徹については最終的には「本国による外交的保護の可能性」が残されている旨を述べている[18]が，上に指摘したところからすると，彼の考える外交的保護は，しばしばひどく遅滞した保護と評されるところの，一般国際法上の所有権保護の枠内での外交的保護にすぎないことになろう[19]。このようにして，「制限的に国際法的な契約」の理論に対しては，私人に制限的な国際法主体性を認めることが私人の法的地位を従来の理論に比していかなる点で強化することになるのであろうか，という問題が提出されうる[20]。

3 おわりに

　以上，Böckstiegel の「制限的に国際法的な契約」の理論を簡単ながらも検討してみた。以下には，その要約を試みる。

　彼の理論の問題提起はこうである。つまり，国家は外国私企業との契約の締結の際に国際法上の一方的法律行為により当該企業に制限的な国際法主体性を付与し，契約の履行に関する国際法上の義務を当該企業に対して負担することができるのか，できるとすればいかなる条件のもとにおいてか，である。彼の理論は右の問題に対して肯定の答えを与え，それに関連する一定の条件を提示するのであるが，そのような方向は，実定国際法の解釈として認められうるか否かという点は別として，私人の法的地位の強化という彼の問題関心に適合的であるかどうか，疑わしい。むしろ，上記の問題提起を彼の実践的意図により適合的に修正すると次のようになろう。つまり，国家は外国私企業との契約の締結の際に国際法上の一方的法律行為により当該企業の本国に対して契約の履行に関する国際法上の義務を負担することができるのか，できるとすればいかなる条件のもとにおいて[21]か，と。このように修正された形の問題提起は，実は，彼によっても簡単にではあるが示唆されていたところでもあった[22]。ただ，彼はそのような観点にほとんど関心を示さなかったのである。

1)　その試みの一つたる「契約の国際法」の理論については，本書の第6章を参照。
2)　Böckstiegel, Der Staat als Vertragspartner ausländischer Privatunternehmen, 1971.
3)　彼の理論については，Wengler, Les accords entre Etats et entreprises étrangères sont-ils des traités de droit international?, RGDIP, 1972, p. 313 et seq.; Stoll, Vereinbarungen zwischen Staat und ausländischem Investor, 1982, p. 51 et seq. が詳細な検討を試みている。
4)　Böckstiegel, a. a. O., S. 304. 更に ibid., p. 186 et seq. を参照。
5)　Ibid., p. 377. 更に ibid., p. 304 et seq. を参照。
6)　Ibid., p. 310.
7)　Ibid., pp. 310-311.

8) Ibid., p. 310.
9) 因みに，彼は，国家の国際法的拘束について，「契約に本質的な」制限，「国家に本質的な」制限，「私人に本質的な」制限を語るが（Cf. ibid., p. 314 et seq.），ここではそれに立ち入る余裕がない。
10) Ibid., p. 311.
11) Ibid., p. 377.
12) Ibid., p. 309.
13) 本文で述べた理由からして，本著者は次のような Stoll の結論に賛成である。いわく，「制限的に国際法的な契約」の理論では，私人の国際法主体性は，「一方的な承認行為」・「国際法上の一方的法律行為」によって基礎づけられる。Stoll, op. cit., p. 57. 因みに，彼女は，国家の側が外国私企業に国際法人格を付与した後にも自由にそれを除去できることになる旨を，指摘する。Ibid., p. 61. そのような帰結が不可避かどうかはここでは立ち入らない。
14) Böckstiegel, op. cit., p. 377.
15) Ibid., p. 311, note 660.
16) 因みに，「契約の国際法」の理論の提唱者たる Weil は，私人の国際法主体性について語りつつも，「国際化された契約の不履行はそれ自体によって国際法違反を構成してその資格で契約の相手方の本国に対する国家の国際責任を生ぜしめる」と述べている。Cf. Weil, Problemes relatifs aux contrats passés entre un Etat et un particulier, RdC, 1969-Ⅲ, pp. 157, 185. つまり，彼は，私人の本国に対する国家の側の国際法的義務を基礎づけようとしていたのである。もっとも，Texaco 事件仲裁判断は，彼の見解に強く影響されつつも，右の点に関しては明確ではないようである。Cf. Clunet, 1977, p. 361.
17) Böckstiegel, op. cit., p. 194.
18) Ibid., p. 369.
19) なお，Stoll によると，私人の国際法人格の「相対性は……首尾一貫すると本国による外交的保護をも排斥することになる」。Stoll, op. cit., p. 65. 更に，彼女によると，「契約の利害」に制限された私人の国際法主体性の観念は「報復措置」の排斥に導く。Ibid., p. 62.
20) Stoll によると，導出され制限された相対的な国際法人格は，論理一貫する限り，「私企業に何らの利益ももたらさない」。Stoll, op. cit., p. 65.

　なお，Böckstiegel は私人の保護として仲裁裁判所による紛争解決を強調する。Cf. Böckstiegel, op. cit., p. 365 et seq. 更に，Vischer も，私人による「国家に対するサンクション」のもとに仲裁手続を含める。Cf. Vischer, NJW, 1983, p. 1960. しかし，仲裁手続による紛争解決の試みはこれまでにもしばしばなされてきたのであって，そのためには必ずしも私人それ自体に対する契約当事国の国際法上の義務を

想定する必要はない。
21) この意味で，Stoll の作業（Cf. Stoll, op. cit., p. 110 et seq.）は注目されてよい。彼女は，1974 年 12 月 20 日の国際司法裁判所判決が一方的な行為による自己拘束の可能性を明確に肯定しているのみならず，第三者のための契約が一方的な約束に類似するので 1969 年のヴィーン条約法条約 36 条と 37 条が類推適用されうることを理由に，国家の一方的な自己拘束を認める。そして，彼女によると，契約当事国が契約関係を一方的に変更しない旨の安定化条項は，国際法上の一方的約束の要件を満たしている。国家が国際法的拘束の意思を正式に私人の本国に向けて表示していなくても，その意思が安定化条項という形で契約のなかで示されておれば十分である。その一方的意思表示が諸般の事情からして私人の本国に向けられていることがわかり，しかも私人の本国がその内容を知る可能性を有しているからである。このような考えを前提にして，彼女は，安定化条項の存するときには私人の本国は高権的な干渉をしない旨を契約当事国に要求することができ，安定化条項違反の場合には原状回復を要求できるとみなす。このような彼女の見解について詳論する余裕がないので，ここでは，次の点のみを指摘するにとどめる。つまり，国家が私人と安定化条項を約束することのなかに，国家による私人の本国への一方的意思表示を見出すことは，擬制にすぎるのではなかろうか，と。
22) この点は Stoll をはじめ多くの人によって看過されてきたように思われる。

第8章
「根本法秩序」（又は Grundlegung）の理論

1　はじめに

　国家が外国私企業と締結する契約たる国家契約のなかでも，その国の石油などの天然資源を開発するために締結されるものは，ときとして経済開発協定と呼ばれる。それは国家の重要な経済部門の開発という公益に関係する点において特色を有するが故に，これまで外国私企業の法的地位の安定との関連で困難な問題を提出してきた。特に石油開発協定はこれまで最も激しい論議の対象となってきたのであり，それについては多種多様な理論が展開された。この問題は一方では国際私法に関わると同時に，他方では国際法とも深い関わりを示すので，議論がある種の錯綜を提示しているともいえる。

　このような状況のもとで，国家契約（経済開発協定）の法的規律を考察するにあたり，準拠法とは区別されるべき「根本法秩序（ordre juridique de base)」又は Grundlegung なるものを探究すべきであるのか，という問題が最近ヨーロッパ大陸において論議の対象となっている。まず，Böckstiegel は1971年の著書において一定の条件のもとで国家契約について国際法の規律を認めるという立場からこの問題を提起した[1]。彼は「契約の準拠法を決定する資格をも含めて当事者自治がいかなる法――契約の拘束力がそこから生ずる――のなかに一般に根を張っている（wurzeln）のか」を確定する「Grundlegung の問題」と，「当事者の契約関係がその意思又は抵触規則によりいかなる法秩序に従って解釈され判断されるべきなのか」を確定する「準拠法の問題」を区別して，後者を二次的なものであるとみなした[2]。また，Weil が1974年の論文において，

「契約の準拠法」とは区別されるべき，「契約がそのなかに組み込まれ，そこから有効性を引き出すところの法秩序」という観念を提示して，「その法秩序は適用されるべき実質規則を決定する」とした[3]。しかし，多くの人に上記の問題を印象づけたのは，1977年の国際法学会（オスロ会期）での報告者たるvan Heckeの次のような問題提起である。即ち，「契約を支配する法と契約の拘束性の由来する法秩序を区別しなければならないのか」[4]，と。この問題提起に対して若干の会員は賛否両論の態度を示した。そして，1977年1月19日のTexaco事件仲裁判断は，一定の国家契約について国際法の規律を認めるという立場から，van Heckeのいう「契約を支配する法」と「契約の拘束性の由来する法秩序」を明確に区別したこともあって，そのような区別をめぐって最近かなり活発な議論が生じているのである。本章はその議論を紹介したうえで，それに若干の検討を加えることを目的とする。国家契約（経済開発協定）の法的規律に関心を持つものにとってはその議論を避けて通るわけにはいかないからである。わが国においても，論議の整理の際に上記の区別を前提にして，「契約が国際法秩序に法的拘束力の基礎をおくという意味での契約の国際化」と「準拠法の国際化」を区別する立場が存するのである[5]。

2 Grundlegungの理論に対する批判

議論の都合からして，まず，「契約を支配する法」と「契約の拘束性の由来する法秩序」の区別を説くGrundlegungの理論に批判的態度を示す代表的な見解をみてみよう。

1 Mayerの見解

彼は次のような国際私法の一般的な理解から出発する。つまり，契約条項に「拘束力」を与えるpacta sunt servandaの準則は準拠法のなかに含まれている。準拠法の指定は抵触規則によって行われる。契約の有効性が依存する規則が見出されるのは，抵触規則が属する法秩序のなかにではない。抵触規則は，裁判

官がそこから契約の有効性に関する規則を汲み取る法秩序を指定するだけである[6]，と。このような見地からすると，「国際契約を支配する法」と「当該関係が『根を張る』法」を区別できない，前者は後者の機能を引き受けている，ということになる[7]。そして Weil の根本法秩序の観念に対して次のように批判する。つまり，それは「契約準拠法と抵触規則の混合物」であるが，妄想である。「契約の拘束力を基礎づける pacta sunt servanda」の準則は唯一の法秩序のなかにのみ見出されうるのであり，二つのなかにではない。Grundlegung のなかにか，それとも準拠法のなかにかである。もし当該準則が Grundlegung のなかに見出されるのであるならば，準拠法の諸規則は契約を支配しないことになる。そしてそれら自身の拘束力は契約条項のそれと同じ源泉を持っていることになり，結局において当事者の合意のなかに編入されたにすぎないことになる。しかし Grundlegung の概念の支持者は，Grundlegung に契約を『支配する』法を指定する役割を与える[8]，と。このようにして，Mayer は根本法秩序のなかに契約の拘束力の基礎を認めるときには，準拠法の指定は問題とならず，いわゆる実質法上の指定のみが問題となるにすぎない旨を指摘する。更に，Mayer は次のように論ずる。つまり，Weil が「国際法秩序のなかに根を張っている契約」を『真の国際法律行為』とみなすが，そうとすればそれは『契約の国際法』の規則によって支配されることになるはずである。契約が上記のように根を張っているとみなすことが経済開発協定という性質それ自体及び『国家間的な政治・経済的環境』に基づくのであれば，なおさらそうである。ところが Weil は，契約の国際法は当事者が準拠法としてそれを選択したときにのみ適用されうる旨を明言する。しかし，当事者の意思に基づいてのみ国際法に服せしめられる国際法律行為とは，また，当事者によって明示的又は黙示的に選択されているときにのみ本質的・客観的に国際的な契約に適用される契約の国際法とは，奇妙ではなかろうか。そのように指定規則しか与えない法秩序のなかに契約が根を張っていると考えることはおろかなことである。（フランスの裁判官によって適用される）フランスの抵触規則によってイギリス法に服せしめられる契約は『フランスの契約』であると主張されるこ

とはなかったのであり，それは『イギリスの契約』である。抵触規則は客観的・主観的要素の総体を考慮に入れつつ契約がどこに根を張っているのか——Batiffol 以後の私法学者はそれを契約の『位置づけ』と呼ぶ——を示すことを目的としているのである[9]。

以上からすると，Mayer は契約を根拠づける（契約の拘束力を基礎づける）のは pacta sunt servanda の原則であるという理解に立脚していることがわかる。つまり，抵触法的アプローチを前提とする場合には契約の拘束力は準拠法によって認められるという伝統的な用語法に基づき，準拠法のほかに Grundlegung を認めることはできないと考えるのである。反面，契約が抵触法的アプローチを前提としないで直接に国際法の pacta sunt servanda の原則の適用対象となるときには，準拠法は問題とならないのであり，当事者による特定の法の指定も実質法的指定としてのみ理解されるということになる。

Mayer によると，契約の拘束力の直接の源泉を Grundlegung のなかに固定する見解の「起源」は，この拘束力が当事者の選択した準拠法によって全面的に付与されるということを認めることへのためらいのなかにある。その例として，彼は Schnitzer の次のような叙述をあげる。つまり，「契約の締結の有効性は当事者によって選択された法に依存することはできない。というのは，その有効性が問題であるときには，まさしく法選択の有効性についても同様に検討すべきだからである。そして，この検討を当事者の意思，その有効性がまさしく点検されるべきであるところの意思によって選択された法に託することは，途方もなく非論理的だからである」，と。これに対して，Mayer は次のように反論する。つまり，確かに，選択された法にそれが正しく選択されたかどうかの処置を託することには躊躇しうるが，しかし，選択された法に実際に服せしめられる問題は，契約の有効性の問題である。それは法の選択の問題を含まない[10]，と。

2 Kischel の見解

Kischel はまず，Grundlegung の理論を次のように要約する。つまり，その

理論は，契約にいかなる法が適用されるべきかという問題がいかなる法秩序に提出されるべきかという理論的に第一次的な問題と，実際にいかなる法が適用されるのかという第二次的な問題を峻別する。そして，準拠法決定のための準則を提供する法秩序を Grundlegung と呼び，それを原則として客観的な基準によって決定する。その Grundlegung は，第一に，契約当事者に準拠法を自ら決定する可能性たる当事者自治を認め，第二に，自ら契約に拘束力を与える[11]，と。それに対して彼は，いかなる基礎づけによって国家契約が国際私法の古典的メカニズムからはずされるのかという問題，何故に抵触規則のみならず契約の拘束力をも提供するところの，客観的に与えられる Grundlegung が探究されるのかという問題を提出する。彼によると，Grundlegung の理論の提唱者はこの問題にほとんど取組んでおらず，むしろ批判者が自分の分析に基づいて答えを探そうと努力している。そして彼は，批判者がこれまで提出してきた答えを次のように二つの点に要約する。つまり，第一点は，何故に Grundlegung の理論は一般に契約に拘束力を付与する別個の法秩序を探究するのか，契約が準拠法としてのフランス法に服するときにはその有効性はこの法に負うているといえるのではないか，という問題に関するものである。契約の有効性がまさにこの契約において選択された法に服せしめられるときには，この選択の有効性がこの選択により指定される法に依存せしめられることになり，論理的な問題が生ずる。選択された法によると契約が無効になる場合には，契約による法選択もまた無効ということになるが，それはまた無効の効果を表明する法の資格を奪うことに導き，その結果，契約は再び有効となり，それとともに法選択条項もまた有効となる，しかし，そこで選択された法は契約を無効とする，という循環論法となる[12]。第二点は，何故に Grundlegung の理論は準拠法を自由に決定する可能性を当事者に与える特別の法秩序を探究するのか，という問題に関するものである。国家の裁判官の場合には，当事者に法選択が認められるかどうかについては法廷地の国際私法によればよいが，国家契約の紛争解決の場合には国家の裁判官が裁定するのではないので，そうはいかない。仲裁人は国家裁判官とは異なり強制的に服すべき抵触規則を持たないの

である。Grundlegung の理論はこの問題を抵触規則の由来如何という特殊な観点から取り扱うものである。国家裁判官の類推からすると，仲裁地国の法が登場することになろうが，仲裁地国は当事者又は仲裁人によってまったく偶然的に選択される。そこで，Grundlegung の理論はこの問題を，当事者の契約関係を客観的に一つの法秩序のなかに位置づけることにより，解決しようと努めたのである[13]，と。そして Kischel は，選択された法秩序としての準拠法のなかに契約の拘束力を見出すことは循環論法であるというテーゼに対して，次のように批判する。つまり，この循環論法は，主たる契約と法選択を不当にも同一視するときにのみ，生ずる。それは，法選択を主たる契約とは別個の準拠法指定契約として捉える今日の学説においては，存在しないことになる。今日の学説によれば，法選択条項は，契約の残りの部分から独立した特別の契約であるので，選択された法が主たる契約を無効と宣言しているときでも，存続し続けることになる。もっとも準拠法指定契約の有効性が改正ドイツ民法施行法におけるように lex causae によって判断されるときには，問題が生ずる。準拠法指定の有効性がその指定自身によって定まる法によって規定されることになるからである。上記の循環論法が実際に現れ出ることになる。Grundlegung の理論がそのために国際私法を放棄しようとしたのであるならば，なぜ国家契約についてのみそうしようとしたのか，明らかではない。循環論法の解決策は，準拠法指定契約を法廷地法に服させるというドイツ以外で広まっている見解のなかに見出されるべきであり，まったく新しい理論をつくることのなかにではない[14]，と。次に彼は，Grundlegung の理論が Grundlegung に法廷地法の機能を認めているのではないのかと推定して，その見解の歴史的な先駆者を，まず契約を何らかの連結点を通して一つの法秩序のなかに客観的に位置づけ，その法秩序の枠内において当事者自治を認めるという古い学説のなかに見出す。彼によると，その学説においては当事者自治は当該法秩序の強行法の枠内での実質法的指定という意味しか持たず，今日の意味における当事者自治ではない。Grundlegung の理論も，Grundlegung を客観的基準によって決定するので，当事者自治を結果的に否定するものである。それは，多くの国と関係する契約

の場合に客観的連結は非常に困難であるので，国際私法における上記の古い学説は今日ではもはや支持されていない，ということを考慮に入れなければならない[15]。最後に彼は，Grundlegung の理論においては，Grundlegung がどこの法秩序であるのかを決定する仕方が明確ではない，と指摘する[16]。

3　Grundlegung の理論の内容

　上記の批判は，Grundlegung の理論が何故に「契約を支配する法」と「契約の拘束性の由来する法秩序」を区別するのか，という点についての一定の推測を前提としている。そこで次には，その点を意識しつつ，当該理論の主たる支持者の議論を検討してみよう。

1　Texaco 事件仲裁判断

　仲裁判断は，まず，当事者が契約を支配すべき法を指定する権利を有したのかという問題に取組む。そして，あらゆる法体系が国際契約に意思自治の原則を適用することを指摘したうえで，意思自治の原則がいかなる資格と理由で本件に適用されるのかを明確にすべきであるとして，その点に関して，van Hecke の言葉における「契約を支配する法」と「契約の拘束性の由来する法秩序」を区別するのが適切であるとみなす。そして仲裁判断はその区別を本件に関して次のように適用する。つまり，「準拠法条項の拘束力の由来する法秩序」・「契約の拘束性の由来する法秩序」は国際法自身であるが，「契約を支配する法」はコンセッション契約の 28 条において定められた二段階の法体系——そこにおいて当事者は「準拠法の指定又は『法の選択』」に関する複雑な体系をまとめた——である[17]。「新しい考え」によれば，国家と外国私人の契約は一定の条件のもとに「国際法の新たな特別な分野，即ち契約の国際法」の管轄に属しうる[18]。それ故に，「係争の契約が国際法の領域に位置し，国際法が当事者に契約関係を支配する法を選択する権利を与える」，ということを確実であるとみなす[19]。「国家と私人の契約が国際法秩序に位置づけられると宣

言することは，契約の解釈と履行のために私人たる契約の相手方に特定の国際的能力を認めるべきである，ということを意味する」。その場合には，私人は「制限された能力」しか有せず，「その国際法主体たる資格」は「国際法の分野において契約に基づく権利を主張する」ことを許すにすぎない[20]，と。

　そこにおいては，私人が「国際法の分野において契約に基づく権利を主張する」「制限された能力」・制限された「国際法主体たる資格」を持つとされている。これは，国際法（「契約の国際法」）が一定の国家契約を規律しているということを意味する。そして，それは契約の準拠法の選択を当事者に認めるという仕方によってである，ということになろう。そこからすると，「契約を支配する法」（準拠法）とは区別されるべきものとしての「契約の拘束性の由来する法秩序」という観念を持ち出して，しかもそれが国際法であると主張したのは，国際法は一定の国家契約を――準拠法の選択を当事者に認めるという仕方でもって――規律しているということを説明するためである，ということになろう。これまで国家契約は国際法の規律対象ではないという前提のもとで，非国際法的な当事者自治の原則のもとに国際法を準拠法として選択することが認められてきたが，そのように国際法の外において準拠法として国際法が適用されるのとはまったく異なる事態を，わかりやすく説明するために，上記の区別が用いられているのではなかろうか。

　仲裁判断は，本件契約の 28 条が国際法の諸原則と共通する限りでのリビア法の諸原則を第一次的な準拠法としていること，及びリビア法が「契約の拘束力の原則」を認めているのみならず pacta sunt servanda の格言が国際法の基本原則であることからして，「係争のコンセッション契約の拘束力」を肯定した[21]。そこにおいて国際法の諸原則として適用されているのは，「契約の国際法」の原則そのものではなく，国際法一般の原則であるように思われる。そうとすると，一定の国家契約を規律する「契約の国際法」は当事者に法選択を認めており，それに基づいて当事者は契約の準拠法として本来的に国家間の関係に関する国際法を選択しうる，という考えが前提とされているのではなかろうか。

ところで，仲裁判断は，国家がその主権の行使により引き受けた国際義務をその主権の表明たる国有化措置によって無視することができるのか，という問題に答えるにあたり，本件契約に適用される国際法規則の内容を示す注目すべき論述を行っている。仲裁判断は，まず，リビア法によるとリビア国家は外国の法主体に対して有効に義務を負うことができる旨を確認する。ついで，国家は「国際法秩序に位置する合意」においては条約の場合と同様に主権の行使により国際的に義務を負うことができる旨を示す[22]。その際に，「票決状況」に関連して「共通の法的確信」を示すことにより「この分野に存する慣習法の状態を反映しているように思われる」[23]国連総会決議 1803（XVII）——「慣習規則の存在を確認する決議」の票決により，国家はその見解を明確に表明したのであり，上記の決議は相当程度「真の一般的意思の表明」である[24]——の8項が，国家間の外国投資協定と，国家と外国私企業のそれを同等において，共に「誠実に遵守されるものとする」としている，ということを援用している。そして，その結果において国家は，その主権の行使によって自由に引き受けた義務を無視するためにその主権を利用できない，及びそれ自身の国内秩序の措置により契約の相手方の権利を消滅できないことになったと述べて，「これが実定国際法の現状である」とする。そして更に仲裁判断は，リビアは本契約16条の安定化条項により一定期間国有化しない義務を国際合意において主権的に負ったとみなし，「契約の国際法の見地からは，国有化は，国家と外国私企業の間で締結され，且つ安定化条項を含む，国際化された契約に優越しえないであろう」と論ずる[25]。

そこにおいては，「契約の国際法」は国家と外国私人の投資協定の誠実な遵守を内容としていること，且つ一定期間国有化しない旨の合意にも効力を認めるものであること，が示されているといえよう。そして，そのような「契約の国際法」は慣習法——それは国連総会決議 1803（XVII）において反映されている——という形で存在するとされている。もっとも，仲裁判断は準拠法の一部たる国際法の諸原則として，ここでは——「係争のコンセッション契約の拘束性」の場合と異なり——「契約の国際法」を適用している。その点は別として，

仲裁判断が示した「契約の国際法」の具体的内容は基本的には pacta sunt servanda の原則といえるであろう。そうとすると，それは，仲裁判断が上述のように準拠法の選択を当事者に認めて本件の契約 28 条における法選択を有効としたことと調和するのか，という問題が生ずる。その問題は，仲裁判断が意思自治の原則という言葉のもとに純然たる抵触規則としての当事者自治の原則を理解していない，それ故に準拠法という言葉を純然たる抵触法上のそれとして使用していない，とみることにより解消するように思われる[26]。つまり，pacta sunt servanda の原則のもとでは当事者は自由に契約内容を定めることができるが，その場合に自ら契約の細目的取決めをするという通常のやり方をとらないで，熟知している特定の法を指定するという簡略的な仕方によって契約内容を定めることができるのであり，それは一般に実質法上の指定として抵触法上の指定とは区別される[27]。その考えによると，国家契約に関する「契約の国際法」は基本的に pacta sunt servanda の原則を内容とするので，当事者はあらゆる事項について細目的に取り決める代わりに特定の法を指定するという仕方でもって契約内容を定めうるのであり，本件の契約 28 条がそれである，ということになろう。実際にも，仲裁判断のなかにそのような見地を示唆する論述が見出される。つまり，当事者が受入国の国内法を選択したときには，それは「単なる付託された法」[28]——Kischel によるとその言葉は編入された法秩序にのみふさわしい[29]——として適用されるのであり，「当事者の共通の意思」に基づき「編入によって『lex contractus』とみなされる」[30]，と。そこからは，仲裁判断は抵触法的指定と実質法的指定の区別を明確に意識することなく，契約の自由の原則に基づく特定の法の契約への編入をも，準拠法の指定として捉えているということになろう。この点において仲裁判断は，国家契約が国際法の直接の規律対象となっていないという理解のもとに，当事者に準拠法として国際法を選択することを認めるにあたり，「真の法選択の意味において国際法を参照すること」と「単なる編入（実質法上の指定）」を区別していた Mann[31] とは大きく異なるのである[32]。それは，単独仲裁人たる Dupuy が国際法学者であり国際私法学者ではないという事情と関係するかもしれない。

2 Weil の見解

彼は,「契約を支配する法」と「契約の拘束性の由来する法秩序」の区別を基本的に重要とみなすにあたり, 国家契約に関して国際法が二つの機能を果たしうることを指摘する。彼によると, 国際法は当事者の法選択の『対象』となりうるが, またこの選択にとって『基礎』をなすものとして役立ちうる[33]。この「国際法の二重機能」は,「国家契約がそこに根を張り, そしてそこから有効性を引き出すところの法秩序」・「契約の基礎としての国際法」という機能と,「契約関係を直接的に支配すべき規則を提供しうる付託又は参照された体系」・「契約の準拠法としての国際法」という機能, として説明される。このように「国際法の異なる二つの機能」を区別するのは, 国際法と国家契約の関係が位置する様々な次元を明確にすることにより,「国際化の観念自身を洗練する」ためである[34]。彼はこれによって「議論が相当に明確にされる」[35]と考える。

そして彼は上記の二つの機能の区別を更に以下のように詳しく説明する。つまり, 国家契約の準拠法の決定にあたっては, まず, 国家と外国私人の意思の合致に法律行為たる性格を付与し, 当事者に彼らの関係を支配すべき法規則を選択する資格を与え, そして選択のない場合にいかにして法規則を決定すべきかを定める法秩序は何であるのか,「そこに契約が組み込まれ, そこから契約が有効性を汲み取り, そしてそこに契約が根を張るところの法秩序」は何であるのか, という問題を解決しなければならない。そのような「契約の基礎として役立つ法秩序」の問題が解決したら,「根本法秩序の付託に基づいて契約を実質的に支配するよう要請される実質規則の決定」の問題, 即ち準拠法の決定の問題が発生する[36]。「根本法秩序」は必然的に唯一であるが,「準拠法」は複数でありうる。「自治の原則」により「参照される法」として複数の法の適用を定めることを禁ずる理由はない。かくして Texaco 事件仲裁判断においては, 係争の契約が「国際法秩序のなかに根を張っているもの」とみなされつつ, 他方では「契約を支配する法」は法選択条項で述べられた国内法の規則, 国際

法の規則及び法の一般原則の複雑な組合せとみなされた[37]。Texaco 事件仲裁判断においては,「根本法秩序」と「契約の準拠法」は,「国際秩序のなかに根を張る契約ではあるが,様々な法秩序から借用される法規則によって支配される契約」というように分裂した[38]。「国際法秩序のなかに根を張る契約」は「真の国際法律行為」とみなされるべきである。かくして「国際法秩序のなかに基礎づけられる契約」は条約などとは別の「国際法律行為の特殊なカテゴリー」を構成する。これとは逆に,国際法秩序のなかに基礎づけられず「単に国際法の実体規則に服するにすぎない契約」は「国際法律行為」ではない[39],と。

そして Weil は,「根本法秩序」が国際法である場合と,そうでなく単に「準拠法」が国際法であるにすぎない場合とでは実際の効果も異なる旨を次のように説明する。つまり,国家が契約を一方的に改廃することができるのか,できるとすればいかなる条件においてかという問題は,第一段階では「準拠法」によって決定されるが,最終的には「根本法秩序」による。「契約を支配する実質規則」が何であれ,それは「付託又は参照された規則」にすぎないのであり,そしてこの「付託」はつねに「根本法秩序」の強行規則によって無効とされ又は改変されうる。かくして,契約が「国際法への付託」の条項を含んでいても,そのことは,契約が同様に「国際法秩序のなかに根を張っているとき」にのみ,国内法が上記の条項の効力を減じたり否定したりすることを阻止するであろう。逆の場合には,「国際法への付託を基礎づけた国内秩序」が最終的にはこの「付託」を支配し続ける。同様に,準拠法凍結条項や不可侵性条項が完全な効果を持つのは,「当該契約が国際秩序のなかに根を張っているとき」にのみである。というのは,もし「契約が国内秩序のなかに根を張っているとき」には,この国内秩序は例えばその公序に反すると宣言することにより上記の条項を無力化することができるからである[40],と。

このようにみてくると,Weil が「契約を支配する法」と「契約の拘束性の由来する法秩序」の区別を強調したのは,国家契約が国際法の規律対象になっている場合と,そうでなく単に準拠法が国際法であるにすぎない場合の間には

根本的な相違が存する旨を明確に示すためであった，ということになろう。彼が「国際化の観念を洗練する」ことにより議論を明確ならしめることをめざしたのもそのことと関連する。彼によると，「契約の国際化」などという言葉が「契約の国際的基礎」を示すために用いられたり，「国際法の実質規則の契約への適用」を示すために用いられたりしてきたが，用語法の厳密さが望ましい。そこで，「その性質及び対象により国際秩序のなかに根を張る契約」については「国際法上の契約」という言葉を，「当事者の意思により少なくとも部分的に国際法の実質規則の支配に服せしめられる契約」については「国際化された契約」という言葉を使用できる。かくして，「その性質自身により国際的な法律行為，契約」と「当事者の意思により国際法に服せしめられる契約」の「相違」が用語法上も示されることになる[41]。

　因みに Weil は，一定の国家契約――「経済開発協定又は投資契約」――が国際法秩序のなかに根を張るということは「事物の性質」に合致するとして，その契約が「国家間的な政治・経済的環境」・「国家間の関係」に組み込まれていることを強調する。つまり，投資協定と国際法秩序との関連は国連総会決議 1803（XVII）――『主権国家によって……自由に締結された外国投資協定は，誠実に遵守されるものとする』（8項）――によって明確に示されており，また，諸国家の経済権利義務憲章も国際経済関係の基本原理の一つとして「国際義務の誠実な履行」に言及していること，大きな投資契約は法的には受入国と外国私企業を対峙させるが，実際にはしばしば受入国と投資家の本国のグローバルな政治的関係を巻き込むこと，多くの契約の締結は，政府間の交渉に先行され，又は政府のひそかな支援でもってなされること，などを詳論する。そのうえで，そのような現実を重視してそれを法的平面に反映させるべきであるとする立場から，上記の契約を国際法秩序のなかに根を張るものとみなすのである[42]。もっとも，Weil にあってはその際に上記の契約を基礎づける国際法上の準則の具体的内容が必ずしも明確ではない。そのことは，国際私法学者でない Weil が Texaco 事件仲裁判断の Dupuy と同様に抵触法上の指定と実質法上の指定の区別を明確に意識していないことに，起因するように思われる。彼は次

のように論ずる。つまり,「契約の国際法」はこの分野に関して「意思自治の原則」を認める。当事者が彼らの関係の全部又は一部につき国内法規則を参照することはしばしばあるが,そのことは,国際法が契約に関してまだ相当に初歩的な規則しか含まない以上,よく理解できる[43]。その場合に国内法の適用はその源泉を国際法秩序の認める当事者の選択のなかに見出すので,当事者はその法律のなかの適用してもらいたい部分(例えば鉱山法や労働法)又は特定の日時(例えば契約締結時)の法律を選択することが許される。そのときにはすべてがあたかも契約当事者が意思自治の枠内において受入国の国内法から借用した一定数の規則を彼らの合意のなかに編入したかのように行われる。「この編入が国内法への付託という方法によって行われたかそれとも対象となる規則の再生産という方法によって行われたかは問題ではない」[44],と。Weilのこの論述においては,契約における国内法への「付託」と契約における国内法規則の「再生産」の間に重要な相違が見出されておらず,いずれも当事者の合意のなかへの「編入」とみなされているのである。そうとすると,「付託された法」とは厳密にいえば抵触法上の意味での準拠法ではなく,それ故に「契約の国際法」の認める「意思自治の原則」も契約自由の原則と同じような意味で使用されていることになろう[45]。それとの関連では,Weilが『主権国家によって……自由に締結された外国投資協定は,誠実に遵守されるものとする』という国連総会決議1803(XVII)の8項のなかに,「この協定の拘束力が由来するのは国際法秩序である」という趣旨を見出している[46]——もっとも彼によると8項で宣言されている「誠実の原則」は「その内容が国家と外国人との間の契約の事項に適応した仕方で定義される限りにおいて」使用されうるのであり,「その内容は,それが国際条約に関するときと必ずしも同じではない」[47]——ことが,注目される。このような観点からすると,Weilにおける「契約の拘束性の由来する法」から区別される「契約を支配する法」は,必ずしも真の意味での準拠法に相応するものではないということになろう。

4　国際法学会（オスロ会期）での議論

　1977年の国際法学会（オスロ会期）において，「契約を支配する法」と「契約の拘束性の由来する法秩序」を区別すべきかというvan Heckeの質問に関して，若干の会員は反対の意見を表明した。しかし，その際には必ずしも詳しい理由が述べられたのではない。例えば，Seidl-Hohenveldernは「このかなり人為的な区別は実際には重要ではない」と述べるにすぎない[48]。他方，上記の区別に何らかの意義を見出す会員もいた。そこでの議論をみてみると，「契約を支配する法」と「契約の拘束性の由来する法秩序」の区別のもとに何を理解するのかということが問題となっているように思われる。以下には，その点に関して重要と思われる若干の会員の発言を取り上げてみよう。

　まず，Felicianoは「この区別は原則として大変に重要なものである」とみなす。そして，「詳細な規範の適切な源泉」と「契約上の義務の法的根拠」の間には必然的な一致はないとしたうえで，「例えば，準拠法として国際法を参照することが，当該契約を条約に変えるのでないならば，当該契約の拘束性の根拠はほとんど国際法ではありえない」と論ずる[49]。そこにおいては，契約の拘束性の根拠たる「契約の拘束性の由来する法秩序」が国際法であるということでもって，契約が条約と同じような国際法上の効果をもたらすということが，理解されているように思われる。つまり，準拠法が国際法である場合には，そこから取り出される準則により国家の行為が契約違反とみなされても，それは条約違反の場合のような国際法上の効果をもたらさない，という趣旨を説明するために，契約の「準拠法」が国際法であることと，「契約の拘束性の根拠」が国際法であること，それ故に「契約を支配する法」と「契約の拘束性の由来する法」が区別されているのである。

　上記の区別を「根本的に重要」とみなすWenglerも，同種の考えを示しているように思われる。彼がいわく，契約の拘束性が国際法に由来するといえるのは，国際法自身がそのサンクションの体系の利用を当事者に認めているとき

に限るが，現行の国際法によると，国家と外国私人の契約は，サンクションとして国際法の分野に属するそれを有しない[50]，と。そこでは，「契約の拘束性の由来する法秩序」が国際法であるということでもって，国際法上のサンクションの利用可能性が考えられているのである。

更に，Worthly が「契約の実体とそれを強制する管轄権の問題を区別すること」を提案したことに対して，van Hecke は「契約を支配する法」と「契約の拘束性の由来する法秩序」の区別をそのような趣旨のものとして理解することが「問題の解明への確かな寄与」となるとみなしたが[51]，それも同様な考えによるものであろう。

このようにみてくると，「契約を支配する法」と「契約の拘束性の由来する法秩序」の区別を説く論者にあっては，その区別が国際法の国家契約への関わり方の違いを説明するための道具として考えられているということになろう。つまり，国家契約との関係で等しく国際法の適用が語られても，国際法が国家契約を直接の規律対象としてそれに法的保護を与えている場合と，そうではなく国際法上のものではない抵触規則に基づいて国際法が単に準拠法とされるにすぎない場合とでは，法的効果がまったく異なるということを説明するためである。この点との関連では，van Hecke が上記の区別をなすべきかどうかという問題を「国際法への服従の可能性と効果」という標題で取り扱っている[52]ことが示唆的であろう。因みに，国際法との関連で Grundlegung の理論を最初に提唱した Böckstiegel も，抵触法上は「準拠法の問題」は「契約の拘束力の基礎（『Grundlegung』）の問題」から区別されなければならないとしたうえで，次のように論ずる。つまり，「当事者によって選択されたときには国際法が準拠法となりうることは，受け入れ困難ではない。このことは，契約違反が国際法違反であることを意味しない」。「いくつかの極めて特殊な事情のもとにあっては契約はその拘束力を国際法から引き出しうる」[53]，と。そこにおいては，国際法が準拠法であるにすぎない場合とは異なり，「契約の拘束力の基礎」である場合には，「契約違反が国際法違反であること」になる旨が考えられているのである。

5 おわりに

　以上,「契約を支配する法」と「契約の拘束性の由来する法秩序」の区別をめぐる議論を分析し検討してみた。以下には,その要約的検討を試みる。

　まず,何故にGrundlegungの理論の支持者が上記の区別を説くのか,換言すれば何故に彼らはGrundlegung又は「根本法秩序」を探究するのかという問題である。上記の区別に批判的な論者は,Grundlegungの理論の支持者がその点を明確にしていないとしつつも,その区別の理由を,当事者の選択した準拠法のなかに契約の拘束力の基礎を見出すことは循環論法になるという考えに求める。また,国家契約に関する紛争が持ち込まれる仲裁においては,仲裁人は国家裁判官とは異なり強制的に服せしめられる抵触規則を持たないので,その抵触規則を提供する法秩序を探す必要がある,という考えに上記の区別の理由が求められることもある[54]。そのような見解に立脚するならば,上記の区別を国家契約についてのみ強調することには理由がないことになろう。しかしながら,子細に検討してみると,Grundlegungの理論の支持者はそのような理由から上記の区別を説いていたのではないことが理解できる。彼らが上記の区別を説いていたのは,国家契約に関してはしばしば国際法の適用が語られるようになってきたが,その場合にあっても法的効果の点でまったく異なる二つの局面が考えられることをわかりやすく説明するためであったように思われる。つまり,国家契約に関する意思自治の原則が国際法上のものでない限り,準拠法として国際法が適用されることになっても,準拠法上の契約違反が国際法上の効果を生ぜしめることがない,そして意思自治の原則が国際法によって認められるときにのみ準拠法上の契約違反が国際法上の効果を生ぜしめる,ということである。これまで,国際法が国家契約を直接の規律対象としていないという理解のもとで,非国際法的な抵触規則に基づいて当事者が国際法を準拠法として選択できるという見解が,一般に認められる傾向にあった。これに対して最近,国際法自身が一定の国家契約を直接に規律してそれについて意思自

治の原則を認めているという見解が一部に主張されるに至っているが，特にそのような見解に立脚する論者が，上記の区別を強調していたように思われる。これらの二つの見解は，国際法が一定の国家契約を直接の規律対象としていることを認めるのか否かの点で態度を異にするので，法的効果の点で大きな相違を示す。このことについては，おそらく異論がないと思われる。それでは，何故に上記の区別に対して批判的な立場（無関心又は冷淡なそれをも含む）が依然として多いのであろうか[55]。それはおそらく「契約を支配する法」から区別されるべきものとしての「契約の拘束性の由来する法秩序」という言葉が曖昧で誤解を招きやすいからではなかろうか。Mayer も指摘するように，国際私法の平面においてはこれまで一般に「契約を支配する法」たる準拠法が当該契約の拘束性を含む諸問題を決定すると説かれてきたが，そのことを考慮に入れると，「契約を支配する法」から区別されるべきものとして更に「契約の拘束性の由来する法秩序」という概念をたてる必要性があるのかは疑わしいことになるからである。そのように誤解を招きやすい「契約の拘束性の由来する法秩序」という言葉が上記の点との関連での特別な注釈を付されることもなくWeil や Texaco 事件仲裁判断の単独仲裁人たる Dupuy によって積極的に使用された理由の一つは，上述のように彼らが抵触法上の指定と実質法上の指定の区別を明確に意識することなく準拠法について語っていた[56]ことにあったのではなかろうか[57]。そのような考えのもとでは，「契約を支配する法」たる「準拠法」——彼らにおいてはそれは抵触法上の意味での準拠法そのものではない——に契約の拘束力の基礎を見出すことができないからである。

　付言するに，Weil は「契約を支配する法」と「契約の拘束性の由来する法秩序」の峻別を説くにあたり，国際法に根を張る国家契約の場合には，「契約の準拠法としての国際法の適用」が推定される，又は少なくとも容易になる，と述べている[58]。しかし，これはかなり理解に苦しむ叙述ではなかろうか。彼は基本的には pacta sunt servanda の原則を内容とする「実質規則」から成り立っている「契約の国際法」の存在を「実定法」[59]として肯定していた——Texaco 事件仲裁判断も「契約の国際法」の存在を肯定する際に，文言からし

て pacta sunt servanda の原則を内容とする国連総会会議1803 (XVII) の8項が「この分野に存する慣習法の状態を反映している」とみなしていた——が，そのことからすると，前記のような契約に関して「国際法」が準拠法として選択される——前述のように Texaco 事件仲裁判断や Weil においては抵触法上の指定と実質法上の指定の区別が明確には意識されていないので，その場合には真の意味での準拠法が問題となっているといえるかどうかは疑わしいのであるが——とみなすことは，Mayer も指摘するように，奇妙なのではなかろうか[60]。その場合に選択される「国際法」なるものは，しいていえば「契約の国際法」そのもの——その場合には「契約の準拠法としての国際法の適用」が推定される，又は少なくとも容易になる，という前記の叙述との調和が問題となる——か，又はその部分を除いた国家間の関係に関する国際法であるということになるのではなかろうか。この点につき，前述のように Texaco 事件仲裁判断も多少曖昧である。それは，まず，リビア法の諸原則と共に準拠法の一部として考慮に入れられる国際法の諸原則の内容について，国際法の基本原則たる pacta sunt servanda の原則を指摘する。そして，それに基づいてコンセッション契約の拘束力を肯定する。ついで，リビアの国有化措置が契約義務違反を構成するか否かという問題を判定するにあたっては，国際法上リビアに国有化の権利が認められるとしつつも，経済開発協定に関して見出した慣習国際法（契約の国際法）——それは基本的には pacta sunt servanda の原則により構成される——のみを適用し，そしてリビアの契約違反を認定しているのである。むしろ，Weil や Texaco 事件仲裁判断のように「契約の国際法」——それは基本的には pacta sunt servanda の原則を内容とする——なるものの存在を認めるのであるならば，準拠法について語るべきではなく，次のように説明すべきではなかろうか。つまり，経済開発協定たる国家契約は「契約の国際法」の直接の規律対象なのであるが，「契約の国際法」が pacta sunt servanda の原則などの「まだ相当に初歩的な規則しか含まない」[61]ので，不明瞭な部分については当事者が自ら取り決める代わりにあえて別の法（例えば受入国の法や国家間の国際法規則）を契約のなかに編入することがありうる——その点は Weil も既に示唆してい

たように思われる――，と。これまで学説や実務において国家契約に関して抵触法アプローチに基づき国際法を準拠法として選択する可能性及び必要性が主張されるときには，当該契約が国際法の直接の規律対象となっていないという判断が前提とされていたように思われる。そのような前提に基づいて準拠法として国際法などを指定した条項（例えば Texaco 事件におけるコンセッション契約の 28 条）を，それとはまったく異なる前提，即ち当該契約が国際法の直接の規律対象となっているという考えに立脚しつつ，説明しようとしたところに，Weil や Dupuy における議論の不明確さの原因の一つがあるのではなかろうか。

1) Böckstiegel, Der Staat als Vertragspartner ausländischer Privatunternehmen, 1971 において示された「制限的に国際法的な契約の理論」については，本書の第 7 章を参照。
2) Böckstiegel, op. cit., p. 78.
   もっとも，つとに Kipp, Verträge zwischen staatlichen und nichtstaatlichen Partnern, BerDGV, 1964, p. 141 et seq. は，国際法の規律を認めない立場からであるが，Grundlegung と準拠法の問題を区別すべき旨を説いていた。
3) Weil, Les clauses de stabilisation ou d'instabilité insérées dans les accords de développement économique, in : Mélanges offerts à Ch. Rousseau, 1974, p. 315.
4) Van Hecke, Annuaire de l'Institut de Droit International, Vol. 57 t. 1, 1977, p. 207.
5) 中川淳司「国家責任と契約責任の交錯―資源開発契約を素材に―」国際法外交雑誌 90 巻 5 号（1991 年）39 頁以下，特に 43 頁。
   また，河野真理子「国有化と収用における補償原則の現代的展開」ジュリスト 1079 号（1995 年）127 頁が Grundlegung の理論に言及する。
6) Mayer, Le mythe de l'«ordre juridique de base» (ou Grundlegung), in : Étude offerts à B. Goldman, 1982, p. 205.
7) Ibid., p. 200.
8) Ibid., p. 209.
9) Ibid., pp. 210-211.
10) Ibid., p. 210.
11) Kischel, State Contracts, 1992, p. 91.
12) Ibid., p. 94.
13) Ibid., p. 95.

14) Ibid., pp. 105-107.
15) Ibid., pp. 108-110.
16) Ibid., p. 110.
17) Clunet, 1977, p. 353.
　　Texaco 事件仲裁判断については神戸学院法学 10 巻 1 号（1979 年）173 頁以下に川岸教授の邦訳がある。
18) Ibid., p. 356.
19) Ibid., p. 357.
20) Ibid., p. 361.
21) Ibid., p. 363.
22) Ibid., p. 368 et seq.
23) Ibid., p. 379.
24) Ibid., p. 379.
25) Ibid., p. 372.
26) 拙稿「国家と私人との国際契約―コンセッション契約を中心に―」民商法雑誌 85 巻 3 号（1981 年）97 頁。
27) 例えば折茂豊『国際私法（各論）〔新版〕』（1972 年）121-122 頁を参照。
28) Clunet, 1997, p. 368.
29) Kischel, op. cit., p. 108.
30) Clunet, 1977, p. 362.
31) Mann, The Proper Law of Contracts Concluded by International Persons, BYIL, 1959, p. 44.
32) Verhoeven, Arbitrage entre Etas et entreprises étrangères, Rev. arb., 1985, p. 622 は，Mann の見解のなかに，ドイツの学説の意味における「編入又は実質的付託」――それは契約が実質的に国際法秩序の規則に拘束されるということを意味しない――を推奨する立場を見出す。あえてドイツの学説の意味におけるという修飾語が入っているからには，そこでの「編入又は実質的付託」とは実質法上の指定を意味するのではなかろうか。そうとすると，ここでも Mann のような抵触法的アプローチが十分には理解されていないといえよう。
33) Weil, Droit international et contrats d'État, in : Mélanges offerts à P. Reuter, 1981, p. 567.
34) Ibid., p. 557.
35) Ibid., p. 565.
36) Ibid., pp. 558-559.
37) Ibid., pp. 561-562.
38) Ibid., p. 563.

39) Ibid., p. 562.
40) Ibid., pp. 564-565.
41) Ibid., p. 566.
42) Ibid., p. 573 et seq.
43) Weil, op. cit., 1974, p. 319.
44) Ibid., p. 320.
45) Cf. Kischel, op. cit., p. 108.
46) Weil, op. cit., 1981, p. 576.
47) Weil, Problèmes relatifs aux contrats passés entre un Etat et un particulier, RdC, 1969-III, p. 200.
48) Annuaire de l'Institut de droit international, 1977, vol. 57, t. l, p. 233.
49) Ibid., p. 221.
50) Ibid., pp. 234-235.
51) Ibid., p. 193.
52) Ibid., p. 192.
53) Böckstiegel, Revue belge de droit international, 1975, p. 586.
54) Verhoeven, op. cit., pp. 627-629は次のように論じる。つまり、根本法秩序（Grundlegung）と準拠法を区別する考えは、準拠法は国家契約がそこに根を張り、そこから拘束力を引き出すところの国際法秩序とは異なりうると説くが、Grundlegungと準拠法の区別を国家契約に限定することには、論理的な理由はない。他のすべての国際契約についても主張されうる。国家裁判官とは異なり、仲裁人は、強制的に従わねばならない抵触規則を含む法秩序を持たない、という事実に由来する困難——それは国家契約に特殊なものではない——を解決しようとしているのが、根本法秩序と準拠法の分離である。それは、契約の準拠法を指定する規則を含む本来的な法廷地法が根本法秩序たる国際法であると答えるものであるが、その答えは見かけ倒しのものである。国際法は、仲裁人が真に国際的な（国家間的な）仲裁人であるときにのみ、仲裁人にとって法廷地法なのである。『トランスナショナルな』仲裁人は国際法秩序の機関ではない、と。
55) Cf. Stern, Trois arbitrages, un même problème, trois solutions, Rev. arb., 1980, p. 23 et seq.; Jacquet, Principe d'autonomie et contrats internationaux, 1983, p. 157 et seq.; Leboulanger, Les contrats entre Etats et entreprieses étrangères, 1985, p. 231 et seq.
56) わが国でも、例えば川岸繁雄「コンセッションと国際法」国際法外交雑誌79巻1号（1980年）11頁は、Mannの見解を念頭において、「準拠法選択の自由の原則を含む、契約の自由を基礎として、国家と外国人の契約は狭義の国際法に服せしめられ」ると述べ、また、「国際法適用の理論的妥当性が契約自由の原則に基礎づけ

られる結果，当事者が明示的に国際法を選択する規定は，当事者が契約を国際法に付託する意思を示すものとみなされ，その意思は尊重されなければならない」と述べている。そこでは，準拠法選択の自由の原則という抵触法上の原則と契約自由の原則という実質法上の原則の区別，抵触法上の指定と実質法上の指定の区別がなされていないように思われる。

更に，田畑茂二郎『国際法Ⅰ（新版）』（1974年）452頁は，リビアのコンセッション契約などにおいてみられるように「コンセッションの中で……国際法の原則が援用される」ことを，「契約の中に国際法を受容し」たものとして捉えているが，それについても同様なことがいえるであろう。

57) Weil が何のためらいもなく二つの法の諸原則の選択を準拠法の指定と解したり，準拠法の凍結を認めたりしているが，Mayer, op. cit., pp. 203, 206 は伝統的抵触法理論の観点からそのような法選択の仕方を実質法上の指定としてのみ捉える。
58) Weil, op. cit., 1981, pp. 581-582.
59) Weil, op. cit., RdC, 1969-III, p. 216.
60) Cf. Mayer, op. cit., pp. 210-211.

そのような Weil の議論の不明確さは，彼の見解に関する中川教授の紹介からも知られうる。中川教授は，「契約が国際法秩序に法的拘束力の基礎を置くという意味での契約の国際化と準拠法の国際化は法的帰結が異なる点があるので，……これらを別の項目で扱う」（前掲43頁）とされつつ，一方では「契約の国際化」の項目のもとで Weil が「一定の要件を満たす国家契約は国際法秩序に法的拘束力の基礎を置くとする……理論」を唱えたとされ，他方では「準拠法の国際化」の項目のもとで「準拠法としての国際法の内容を最も詳細に検討したのは……Weil」であり「彼はこれを『契約の国際法……』と名付け」ているとされる（39-40頁）。

中川教授が「準拠法の国際化」の項目のもとで Weil や Texaco 事件仲裁判断をあげられるからには，教授は，両者が抵触法的アプローチのもとに国際法を準拠法として選択することを認めていると考えられているのではなかろうか。「受入国の契約責任を規律するのは契約の準拠法であり，そこでは抵触法に基づく処理がなされ……てきた」（32頁）とか，準拠法として国際法や法の一般原則を指定するという「準拠法の国際化が可能かどうか……は抵触法の領域に属する問題である」（38頁）とかという中川教授の叙述からも，そのように解される。そうとすると，中川教授は Weil や Texaco 事件仲裁判断の「契約の国際化」の理論のなかに「抵触法に基づく処理」――例えば国際法上の抵触規則――を見出しておられる，ということになろう。実際にも，中川教授は「契約の国際化」の場合にも準拠法の重要性を次のように説かれるのである。「国際化された契約」の「一方的改廃が常に国際法違反となるとは限らない。契約責任の存否を決定するのは準拠法である」。「準拠法に照らして違法な一方的改廃が実施されれば，それは契約違反であり，契約が国際

法上の契約……である結果として，条約違反が国際違法行為となるのと同様に，国際違法行為となる」(40頁)。

61) Weil, op. cit., 1974, p. 319.

第 9 章
最近の法理論について

1 はじめに

　国家と外国私人との間で様々な契約が結ばれるが，そのなかの一定のタイプの契約は国家契約又は経済開発協定と呼ばれて，通常の私人間の国際契約とは異なる特別な取扱いを要する旨がこれまで説かれてきた。そのような契約として現実に多くの問題を提出してきたのは，いうまでもなく石油開発協定（古くは石油コンセッション）である。それに関しては周知のように多種多様な法理論が展開されてきたのであり，特に1970年代におけるリビア国有化をめぐる三つの仲裁判断を契機に論議は一層活発になっていった[1]。しかし，問題の根本的な決着をみないままに，ここしばらく膠着状態が続いたようにみえたが，その後の二国間投資保護条約の増大という現象に伴って，最近，改めて活発な議論の対象となりつつあるように見受けられる[2]。本章は，そのような状況を背景にして，最近の新しい議論の一端を垣間見ることを目的とする。具体的には，最近の Leben と Kamto の論争を紹介したうえで，それを分析し検討することが試みられる。

2　Leben の議論

　国家契約の問題については，最近，Leben が精力的に発言しているように思われる[3]。そこで，彼の議論をながめてみよう。
　Leben は，1998年の論文において，伝統的な見解とは異なり，国家契約を

「新たな国際的法律行為」[4]とみなし，国家契約との関係で外国私人にも国際法主体性を認める旨を主張した。以下には，そのような結論に至る彼の論証過程を追ってみよう。

1

彼はまず，国家契約の定義について，Mayer の見解に従い，次のように述べる。つまり，国家は「国家－行政 (Etat-Administration)」として当該国家の法秩序において外国私人と契約を締結する場合と，「国際法主体」として当該国家の外にある法秩序において外国私人と契約を締結する場合があるが，後者の場合が厳格な意味での国家契約である[5]，と。そして，Leben は，国家契約において締結するのは国際法主体としての国家であるという事実からは，契約がそのなかにおいて締結される法秩序は国際法秩序であると推論することがより論理的である[6]，とみなす。彼はそのことを認めさせるような国際法の発展が見出されるとし，国家契約が「国際法秩序によって支配される契約」であるということを実証しようとする[7]。その目的のもとに彼が援用する三つの事象を紹介すると次のようである。

第一に，彼は国家と外国私人との間の契約における準拠法条項に着目し，それについておよそ次のように述べる。

　　国際法又は法の一般原則を参照することなく契約当事国の法を準拠法として定める準拠法条項の場合には，原則として「国内法によって支配される契約」が問題である。しかし投資契約を検討してみると，契約当事国の法がそのものとして選択されることはほとんどなく，安定化条項や不可侵性条項と組み合わされ，又は様々な仕方で法の一般原則や国際法の原則と組み合わされている，ということがわかる。選択された解決が何であれ，それはおそらく，国家契約を「国際法上の法律行為」として理解する理論の枠組みにおいて解釈されうる[8]。

そして，彼は，そこで言及された安定化条項について次のように敷衍する。

　ボーキサイトの領域においてヨーロッパの大きな鉱業会社が締結した契約をみると，まず，受入国との紛争の解決を仲裁に委ねていることにより，契約の非国家化（délocalisation）に至っている。それから，安定化された契約当事国の法を準拠法として選択することも，国家の規範定立権限を無力化することにより，非国家化に協力する。このような事情においては，契約の準拠法であるのは実際には契約当事国の法ではなく，所与の時点における契約当事国の法と一致する規則の総体であって契約のなかに編入されたものである。その場合には当該契約は仲裁人の立場である法的見地からすると契約当事国の政策の変更を免れる。国家がその法律を変更できないというわけではなく，国家がその法律変更を準拠法凍結条項を含む契約に適用するときには，仲裁裁判所の前でそれについて責任を負わされることになり，場合によっては相手方に賠償すべきことになるのである[9]。契約当事国の法秩序の外に契約があるというそのような事態は，狭義の国家契約の特徴である。しかし契約がそのなかにおいて締結される法秩序は何であるのか。人は，それは国際法の法秩序である，と主張することができる。実際にもし「契約の国際法」を仮定するならば，それは「第一次的な準則」として「当事者の意思の自治の原則」を含むであろう。しかし，この意思が『明確に契約を国際法秩序から免れさせることがない』，という留保が付けられる。明確に契約を国際法秩序から免れさせる場合とは，当事者がきっぱりと国内法を準拠法として選択している場合である。しかし，当事者が安定化された，それ故に契約のなかに編入された参照体系として国内法を選択しているときには，これは「契約の国際法の第一次的な準則」と矛盾しない[10]。

ついで，彼は，先に言及された法の一般原則又は国際法を準拠法とする条項について次のように敷衍する。

国内法と法の一般原則又は国際法の原則を組み合わせる条項が仲裁条項とも結びついているときには，それは，当事者間の契約を国家契約と呼ぶことを許す。実際にこの組合せの主たる結果は，同様に，国家の規範定立権限を無力化することである。この場合には，国家契約の法秩序は国際法の秩序——それは仲裁人によって漸次的に定式化されるような一般原則を含んでいる——である。国際法又は法の一般原則への言及は過去に属することではないのか，現在は契約の『再国家化』の傾向にあるのではないのか，という問いかけがなされている。国家によって締結された契約の全体についての知識を有していないので，現実の一部について見通すことができるにすぎないが，80年代末から90年代初頭にかけての石油契約の重要なコレクションに限定してみてみると，次のようなことが確認できる。若干の国は仲裁手続に同意はしているものの自分の国内法の適用の放棄を承諾しない。ラテンアメリカ諸国，インド，イエメン，北アフリカ及び西ヨーロッパ諸国（ノルウェー，連合王国）の場合がそうである。しかし，最近の石油契約のなかに国際法への参照を見出すことは困難ではない[11]。そのような準拠法条項はすべて，ICSIDや——かなりしばしば——UNCITRALの規則に従い構成されるアドホック仲裁を参照する仲裁条項によって伴われる[12]。

　第二に，彼はICSIDを創設する投資紛争解決条約の42条に注目し，それについておよそ次のように述べる。

　投資紛争解決条約によるICSIDの創設及び当該制度の成功は，「国家契約の問題すべてにおける真の革命的変化」である。初めて，国家が国際条約において，一定の条件のもとに国家の締結した契約が国際法の原則によって支配されることを受け入れたのである[13]。同条約の42条1項1文は，当事者に彼らの契約を支配するために国内法を選択するという可能性を与える。この場合には，人は国家契約と直面するのではなく，「国内法上の契約」——そして契約当事者はその契約のためにICSID仲裁を受け入れたこと——と

直面するということは，明らかである[14]。この場合と，当事者が安定化条項を伴う国内法を選択した場合は，区別されなければならない。というのは，後者の場合には凍結された国内法は「参照の体系の役割」のみを演ずるにすぎないからである。このような契約は，もはや「国内法上の契約」ではなく，国家契約であり，そしてその資格で仲裁人は「国際法の原則」に訴えることができる。42条1項1文の枠組みにおいても，当事者が国内法と適用可能な国際法の原則を組み合わせる仕方で選択している場合もある。そのときには，42条1項2文の場合と類似の事態となる。最も論議される問題は，42条1項2文における国内法と国際法の原則の組合せの問題である。その点については，国際法の原則は仲裁人によって国内法との関係において補充的又は矯正的役割を演じるとみなされたり，主たる役割を演じる——国内法はつねに国際法の要件に突き合わされるべきである——とみなされたりしている。投資受入国は42条1項1文のもとに直接的に又は2文のもとに間接的に国際法の介入を受け入れることにより，同時に一定の契約について特殊な制度を受け入れているのである。そのような契約については，国内法の規定は，ICSID仲裁人によって認められるような「投資の国際法の原則」と一致するという留保のもとでのみ，適用されることになる。実際にも，42条1項の2文は，受入国の行為が準拠国内法の名において国際法に反してなされる場合に当該国内法を排除することを仲裁人に認めるために，導入されたのである。それ故に，国家によって締結された契約であって42条1項2文の支配のもとに入るものにあっては，投資家に対する国家の約束は最終的には国際法の規則によって支配されている。それ故に，国家によってなされた約束は国際法秩序における国際法主体たる国家の約束であると考えるのが首尾一貫する[15]。

第三に，彼は，国際法によって支配されうる国家契約という観念の形成に向けての進展がEBRD（欧州復興開発銀行）の貸付契約に関する標準条項にも見出されるとみなし，それについておよそ次のように述べる。

まず，加盟国と他の加盟国の地方自治体や公企業との貸付契約に関する紛争について，S. T. C. の 8.04(a) は，UNCITRAL によって組織される仲裁を定める。ついで S. T. C. の 8.04(b)(v) は，加盟国と他の加盟国の地方自治体や公企業との貸付契約について仲裁人によって適用されるべき準拠法として「国際法」を定めている[16]。

以上のようにみてくると，Leben が国家契約を「新たな国際的法律行為」・「国際法秩序によって支配される契約」とみなす際に援用しているのは，契約当事国の立法による契約改廃を阻止する意図が契約の準拠法のレベルにおいて様々な仕方で——特定の時点に凍結された契約当事国の法を準拠法とすることや国際法や法の一般原則を準拠法とすることなどにより——表明されているという事象である，ということになろう。この点は，注意されるべきである。また，彼は国家契約が国際法秩序によって支配されると考える際に，「契約の国際法」を想定し，その「第一次的な準則」として「当事者の意思の自治の原則」を考えている，ということも知られうる。更に，彼が国家と外国私人の契約のなかで国家契約とそれ以外のものを区別する際に重視しているのは，契約の経済的意義や機能ではなく，上記のような契約当事国の立法による契約改廃を阻止する意図を示す準拠法条項と仲裁条項が結びついていることである，ということも知られうる。

2

Leben は上記のように国家契約を「新たな国際的法律行為」とみなすのであるが，それと同時に，そのような見解に対して多くの批判があることを認める。そこで，彼は重要と思われる批判を選んで，それへの反論を試みる。以下には，それをながめてみよう。

第一に，国際法秩序は国家間の関係を規律するものであるので，国家と外国私人との間の契約はそのなかに位置づけることができない，という批判である。そのような批判に対して Leben は，国家契約に関して私人にも国際法主体た

る資格が認められるようになっている旨を証明しようとする。まず，彼は国際法主体という観念を検討しつつ，個人にも国際法主体性が認められうる旨を説く。彼はおよそ次のように述べる。

　人は，Weilのように，国際法主体は国際法によって国際法規範を創設する権限が与えられているものである，と考えることができる。そのときには，国家のみが，そしてより少ない程度で政府間組織がこの定義に合致する。しかし，そのように考えると，人は，法秩序において法主体という観念が有する一般的意義を見失うことになる。法主体とは，それに法秩序が権利と義務を付与するところの人である。それは原則的に法創設機関ではない——Kelsenが説明するように，それが法的義務の不履行を裁判上の請求によって主張する，即ち裁判判決の創設に協力するという点は別として——。それ故に，法主体は個別規範の創設に関与しうるが，一般規範の創設者ではない。確かに，国際法においては，国家は規範の創設者であると同時に法秩序の主体，即ち自分自身で創設した義務と権利の所持人でありうる。しかし，そのことは，国際法秩序において国内法上の意味での法主体を考えることが可能ではない，ということを意味しない。それについては，若干の場合に国際法は一定の個人に直接に義務を課し，また，同様に個人に国際裁判所の前で直接に主張しうる権利を与えている，ということを示すことで十分である。前者の可能性については，それは国際刑事法における海賊の場合，特に一定の違反の禁圧を国際裁判所（ニュルンベルク裁判所及東京裁判所，旧ユーゴスラヴィア又はルワンダのための国際刑事裁判所）に委ねる国際的な協定や決議でもって実証されている。後者の可能性については，それは古くから知られている。というのは，ヴェルサイユ条約や第一次大戦後の他の平和条約においては，同盟国に属する者はドイツの異常な戦争措置により被った損害の賠償を請求できると定められているからである。そうするために混合仲裁裁判所が組織され，そのもとで私人はドイツに対して直接的に訴訟を起こすことができる。他方，国際条約に従って個人に権利を与え，そしてそれを国際裁判所

の前で国家に対して主張する手段を与えるという人権の国際的保護に関する1945年以後の発展については，長々と論じる必要はない[17]。

このようにして，Lebenは，他の国際法主体そのものと直接に紛争関係になることができ，必要があればそれを（何らかの形でそれによって与えられる同意のもとで）国際裁判所に召喚することができるすべての人を，国際法主体とみなすことができる，と結論する[18]。そして，このような国際法主体の観念に立脚しつつ，国家契約に関して私人が「国際法上の（制限された）主体」[19]たる地位を獲得しつつあることを証明しようとする。彼は，まず，トランスナショナルな又は混合的な仲裁についておよそ次のように述べる。

　国家と契約を締結することによって投資する企業はすべて，国家との紛争を直接に解決するために国家の外にある裁判機関の前に国家を召喚しうる法的手段を有する。このメカニズムはまず，純然たる契約的基礎に基づいてad hoc 仲裁とともに現れた。この契約的基礎に基づいて構成された仲裁裁判所が条約によって創設された裁判所と同じ資格で国際裁判所とみなすことに対しては，人がためらい，更には率直な敵意を示した，ということは理解される。けれども，国際法主体たる国家によって締結された契約が問題であるということを考えるならば，仲裁条項の準拠法が国内法ではなく「国際法」であると考えることは，非論理的ではない。Aramco事件，Texaco事件及びLiamco事件の仲裁判断において仲裁人が従ったのは，この論法である。Mayerとともに仲裁裁判所の国際性は仲裁条項の準拠法によると考えるならば，ad hoc 仲裁の場合においても，「国際裁判所に国家を召喚しうる私人」というシェーマを主張することが可能である。これに対して，Rigauxとともに唯一の国際仲裁裁判所はICSIDやイラン・アメリカ紛争の裁判所のように国家間の合意によって創設されたものであると考えるならば，ほとんどすべての法文化を代表する123の諸国によって批准されている投資紛争解決条約の成功は「投資家による投資受入国に対する直接訴権の可能性の真の確

立」に至っている，ということが指摘されるべきであろう。ICSID 仲裁条項が大規模な投資契約においてしばしば利用されるようになっているので，ますますそうである[20]。

ついで，彼は，投資保護に関する二国間・多数国間条約についておよそ次のように述べる。

「国家に対して直接に裁判上の請求を行う私人の能力」は現在著しい発展を知っている。それは，投資家の本国と投資受入国との間において締結された投資促進・保護の二国間条約のなかに，国家の義務違反を理由に ICSID に提訴することを投資家に許す条項が挿入されたためである。それ故に，ここで問題となるのは，投資家と投資受入国との間の契約ではなく，国家の国際義務の尊重につき仲裁裁判所によって判断させるという，私人に与えられた可能性である。この可能性は AAPL/Sri Lanka 事件において確認された。この事件においては，ICSID の仲裁手続が初めて，仲裁条項又は仲裁付託合意によってではなく，投資受入国と投資国との間の投資保護条約において引き受けられた約束に基づいて，開始された。香港の会社たる投資家によるスリランカ政府に対する請求の準拠法については，仲裁人は，当事者が二国間条約の規定が原則的法源であることについて一致しているとみなした。かくして，投資家が国家の国際的義務について国家に対して直接に訴えを提起するだけでなく，彼らの紛争が本質的には国際法に服せしめられているのである[21]。そして多くの二国間投資保護条約は，投資受入国による権利侵害の場合に同様に私人が保護条約（traité de couverture）のみに基づいて投資受入国との紛争を ICSID に付託するという可能性を認めている。更に，同じような能力を私人に認めるような多数国間条約も現れ始めている。かくして，NAFTA は，その 11 章 B 節において，私人に仲裁裁判所——投資紛争解決条約の庇護のもとでのものであれ，（加盟国でない国家の場合に ICSID によって提供される）追加的なメカニズムの庇護のもとのものであれ，UNCITRAL の

仲裁規則に準拠するものであれ——の構成を請求する可能性を与える手続を設置している。準拠法に関しては，NAFTA の 1131 条 1 項は同協定に含まれている諸規定，並びに——国家の国内法に付託することなく——関連する国際法規定を準拠とする[22]。

このようにして，Leben は，外国私人が次第に国家契約に基づいて，更に条約に基づいても，国際法主体たる国家に対して直接に裁判上の請求を行う能力を有するようになってきており，しかもいずれの場合においてもこのタイプの紛争に国際法を適用することが月並みなものになる傾向にある，と指摘する。そして，彼は，このような状況では，私人は国家契約の法的制度——より一般的には投資法の領域——において自己の権利の防衛のために国際裁判所の前で「国家に対して直接に裁判上の請求を行う能力」を有するので，「（制限された）国際的法人格」を獲得している，と結論する[23]。

以上のようにみてくると，Leben は，国家契約に関して私人にも国際法主体たる資格が認められるようになっているというときに，私人の国際法主体性という言葉のもとに，私人が国家契約に関する紛争を仲裁裁判所に付託することができるということを，念頭においていることがわかる。その際には主として，投資保護に関する二国間条約や多数国間条約のもとでの仲裁の場合が念頭におかれている。しかし，それだけではなく，ad hoc 仲裁の場合も——仲裁手続の準拠法[24]が国際法であるという理由から——視野に入れられているのであり，この点は注意を要する。というのは，仲裁手続の準拠法が国際法であるという理由だけからして，私人の国際法主体性を語るということは，これまであまり行われていないように思われるからである。ここでも，国家契約を国際法上の法律行為とみなすに際して，準拠法が国際法とされている事実を重視する，という Leben の基本姿勢が見出されるといえよう。いずれにせよ，ここではさしあたり，国家契約に関する紛争の仲裁付託との関連で外国私人の国際法主体性を語るときには，投資保護条約の拘束のもとでなされる仲裁の場合とそれ以外の仲裁の場合を区別して考察すべきである，ということのみを指摘してお

こう。

3

　最後に，Leben は，国家契約が国際法によって支配されるという可能性を拒絶する諸見解について，論評する。

　まず，彼は，国家契約を lex mercatoria によって支配されると説く見解に言及する。彼は lex mercatoria を国際商取引の慣行から生ずる準則や原則として理解したうえで，国家契約を lex mercatoria の法秩序において締結された契約ではないとみなす。その理由について，いわく，国家契約は『国際法主体としての』国家によって締結されたものであるので，それが societas mercatorum，即ち私人間の国際取引の法秩序によって支配されるということは考えられない[25]，と。そして彼は投資紛争解決条約の 42 条 1 項も lex mercatoria に言及していない旨，及び国家契約における準拠法条項でも lex mercatoria への明示的な言及がほとんど見出されない旨を指摘する[26]。更に彼は，国際法学会のアテネ会期（1979 年）及び Saint Jacques de Compostelle 会期（1989 年）の決議では，lex mercatoria などという表現が使用されていない旨をも指摘する[27]。そのような Leben の議論において最も重視されているのは，lex mercatoria は私人間の国際契約に関するものであるが，国家契約は国際法主体たる国家と私人との間の国際契約に関するものである，という点であろう。しかし，国家契約の場合には国家が国際法主体として登場するという命題は，後に分析するように，一定の価値判断を前提としたものであり，ここでは，それだけでは決定的な論拠とはなりえないという点のみを指摘しておこう。

　更に，彼は，国家契約に特有な法秩序としてトランスナショナルな法（国内秩序と国際秩序の間にある第三の法秩序のなかに位置する法の一般原則）を考える見解に言及する。その際には，McNair の見解が念頭におかれているようである[28]が，それについては，彼は，現実にはこのタイプの法の一般原則への付託は国際法自体への付託である，とみなす。そして更に，投資紛争解決条約が交渉されたときには，諸国家は国内法の支持者と国際法の支持者に分かれたが，

特殊なトランスナショナルな法は問題とならなかったし，同条約42条1項においても，投資保護の二国間条約においても，NAFTA又はエネルギー憲章においてもそのような法は問題となっていない，と彼は指摘する[29]。そのようなLebenの議論においては，抵触規則としての当事者自治の原則を前提としたうえで，準拠法たる資格を法の一般原則にも認めるというMcNairの見解の本質的な部分が正確に理解されているかどうか，疑わしい[30]。また，McNairがあえて国際法の指定という言葉を避けて法の一般原則の指定という言葉を使っていたということも，Lebenにおいては十分に考慮に入れられていないように思われる。

　最後に，彼は，Mayerの特殊な見解に言及する。Lebenによると，Mayerは法の一般原則から着想を得，それを国家契約の特殊性に適応させる。そしてMayerは，国家契約に固有な準則を発見することが仲裁人の役割であり，準則の発見を法秩序の名のもとで行うかどうかは重要ではない，と考える。このような見解に対して，Lebenは，およそ次のように批判する。

　　法秩序の名において準則を発見することは，裁判官又は仲裁人の行動及び契約関係の拘束性に根拠を与える。確かに国家契約に適用されるべき準則は大幅に仲裁判例によって引き出されるが，この契約及びこの判例を「当事者間の合意の表現に拘束的契約という性質を与えうる単独の法秩序」のなかに組み入れることは，より首尾一貫する。契約当事者たる国家と企業も，彼らの関係が「明確に識別できる法体系」に位置づけられることをより正当であると考え，より容易に受け入れるであろう。契約においていろいろな形式のもとで国際法への付託が多くなされていること，並びに，投資紛争解決条約42条1項2文の文面は，「非常に明確な法秩序」のなかに位置づけられるという契約当事者（国家と企業）のこの願望を表明している。これに対して，極めてしばしば，若干の曖昧な法の一般原則に要約される「契約の国際法」の内容的貧困さが持ち出される。それについては，二つの指摘がなされうる。一方では，Lauterpachtとともに，法の歴史の教えるところによると裁判所

第 9 章　最近の法理論について　201

は法典や詳細な法規の作成に先行した，ということを想起しうる。実際に，裁判官を導くための極めて一般的な若干の準則しか伴わない最低限の初歩的な法体系であっても，それは，共同体のメンバーが紛争を裁判官の判決に付託する義務によって拘束されているときには，完全なものである。例えば，投資紛争解決条約の体系を考察すると，人はまさしくそのような状況にある。同条約の 42 条 1 項が最後に命じているのはまさに国際法であることからして，「契約の国際法の準則を法務官的な仕方で作り上げることは ICSID の仲裁裁判所の役目である」。今からすでに，ICSID 仲裁裁判所の判例から様々な準則（pacta sunt servanda, 既得権の尊重，事情の変更を考慮に入れること，安定化条項や――一定の条件のもとで――国有化しない条項の有効性，国有化の場合における補償の総額や計算方法，契約の財政的均衡の尊重，誠実に交渉し協力する義務，他人の犠牲において矛盾したことをいうことの禁止など）が引き出されている。現実はもはやそれだけにとどまらない。実際に，仲裁裁判所はますます多数の国際条約の諸規定を考慮に入れるように導かれている。そのうえ，世界銀行は，二国間投資保護条約の広範な組織網並びに既存の仲裁判断の判例から生ずる諸原則の正式な法典化に従事している。その結果は 1992 年の『外国投資の取扱いのための指導原則』の刊行であり，その 4 章（収用，契約の一方的修正又は破棄）は「契約の国際慣習法」の重要な一部分とみなされうる。これに更に，多数国間条約（NAFTA，エネルギー憲章，今度の OECD の投資に関する多数国間合意，及び GATT の投資と取引に関する措置についての協定）から生ずる諸原則が付加されなければならない。「契約の国際法」は今日では，「法の一般原則からの準則の法務官的な発見」とは無関係に，強化の途中にある，ということは明らかである。確かに，人はまだ国際規範の完全な総体からは程遠いのであるが[31]。

　この論述において Leben がいわんとしていることは，次の二点に要約されうる。第一に，国家契約を何らかの法秩序又は法体系のなかに位置づけることが望ましいし，当事者もそれを期待しているという点である。第二に，契約の

国際法の内容も漸次充実しつつあるという点である。確かに，Mayer は国家契約を国際法に服させないが，Leben はそれを国際法に服させる。その意味で，両者はまったく異なる立場であるように思われるが，実質的にはあまり異ならないのではなかろうか。というのは，両者はいずれも，国家契約に関する準則の大半を仲裁人の法務官的な発見に委ねざるをえない，ということを認めているからである。換言すれば，Mayer は実質的には法の一般原則の名のもとでの準則の発見を説いているように思われるが，Leben も「法の一般原則からの準則の法務官的な発見」について語るのである。問題は，そのような準則発見の際に国際法という名を持ち出すことにどのような意味があるのか，という点であろう。Leben の次の言葉もそのような疑問を抱かせるように思われる。彼がいわく，要するに Mayer のような著述家にとって国家契約の国際法への連結のための主要な障害は「純然たる国家間の法としての国際法という観念」，換言すれば「国際法の制限された主体」たる可能性を個人に認めないということである[32]，と。結局において，Leben は両者の見解の相違を，国際法の観念に関する見解の相違という抽象的な問題に還元しているにすぎないからである。

4

ところで，Leben は 1998 年の論文において投資保護条約の増大という現象に注目し，それを援用しつつ上記のような議論を展開していたが，1999 年の論文においては更に進んで，次のような問題を提出した。つまり，二国間条約の大規模な組織網の構築及び多数国間条約の設置の開始は，極めて多数の条約によって反復される若干の点について「法として認められた一般慣行」(ICJ 規定 38 条 1 項 b 号) が存在するという結論に導きうるかどうか[33]，と。彼はまたいわく，

　　企業は仲裁裁判所の前で，二国間条約において極めて一般的に採用されている解決を慣習規則として利用することができるであろうか。例えば，企業

は『公正で衡平な待遇』，又は補償について一般的に定められている条件（迅速な，適切な，実効的な補償），又は差別の禁止などを享受する権利を援用できるのであろうか。条約の締結は国家実行の表明であるとするならば，少なくともすべての又はほとんどすべての条約において見出される条約規定については一般慣行の存在を確認することができる。けれども，それが「法として認められた」一般慣行，換言すれば法的確信を伴う慣行であるのか[34]。

その問題について，Leben は，50 年代から 70 年代までの時期に『迅速な，適切な，実効的な』補償という Hull の定式が実定法を反映していたかどうかは問題としうるが，歴史はそこで立ち止まらないとして，およそ次のように論じる。

　1997 年の末に 169 カ国によって締結された 1500 以上の二国間条約において表明されている慣行（pratique）を無視することはいかにして可能であろうか。これらの条約が途上国の弱さを示し，途上国の法的確信を示さないといわれることがあるが，それは，慣習の第二の要素の完全な定式が『opinio juris sive necessitatis』であることを忘れている。換言すれば『必要性が法を作る』のである[35]。1996 年 12 月 31 日に 126 の途上国，又は経済的過渡期の国家，更には共産主義国家（キューバ，ラオス，ベトナム）さえもが一定の条項を伴う条約の締結を彼らの利益になると考えたとするならば，そこでは，慣行に付け加わり且つ国際的慣習の存在を表明する opinio necessitatis が問題となっているのである。他方，途上国の opinio juris が発展国と締結された条約において表明されているそれではないとするならば，途上国同士がこのタイプの条約を締結するときに（そのような条約は 1997 年末には 249 以上存在している）根本的に異なる定式を採用していることになるはずであるが，現実はそうではないように思われる[36]。

このように論じた後に，Leben は，二国間条約や多数国間条約のすべてを検

討すると，若干の規定については今日では慣習規則が存在するに至っている，と結論する[37]。そして，彼は更にその点をおよそ次のように敷衍する。

　　二国間条約や多数国間条約のすべてを検討すると，若干の規定について，まさしく当該事項についての慣習規則が存在するという結論に到達せざるをえないであろう。国有化の補償に関する規則が問題となるときには，そうであるが，二国間又は多数国間条約はその問題のみを対象とするのではない。最も多い規定は，外国人の投資を公正で衡平に取り扱うという国家の義務，外国人の投資に完全な安全と保護を保証するという国家の義務，外国人の投資に内国民待遇又は最恵国待遇を与えるという国家の義務，国家における軍隊の対立によって生じた損害を補償するという国家の義務，投資家に補償した保険機関による投資家の権利の代位を受け入れるという国家の義務を述べている。これらの問題のすべてについては，ある体系的な研究が指摘するように，強調や起草の仕方の相違にもかかわらず二国間条約の大多数は共通の規準に同意している[38]。

かくして Leben は，「正確なところいかなる規則が慣習国際法に属するのか」という点について態度を表明することは差し控えつつも，投資に関する条約の巨大な組織網から一般国際法の規則を引き出すことは可能である，とみなす[39]。因みに，彼によると，「公正で衡平な待遇」は慣習国際法によって考えられているようなものとしての外国人の待遇の最低基準を指示する[40]。そうとすると，「公正で衡平な待遇」を定める条項それ自体は既存の慣習国際法の内容を確認するものにすぎず，その意義は大きくないということになろう。むしろ，上にあげられている国家の義務のなかでも，当事者にとって慣習国際法の形成という観点から重要なのは，国有化の補償に関するものであろう。これまで国家契約との関係で困難な問題を提起してきたのはリビア国有化事件でも示されたように国有化問題であったのであり，国家契約に関する欧米の学者の様々な見解も国家契約を国有化から保護することを念頭において展開されてき

たといっても過言ではない。

3　Kamto の議論

Kamto は 2003 年の論文において，Leben とは異なり，国家契約を国際的法律行為とはみなさず，トランスナショナルな法律行為とみなすという立場を示した。

1

Kamto は，まず，Leben などが国家契約を国際的法律行為とみなすことに対して様々な角度から批判を加える。以下にはそれらのなかから主なものを拾ってながめてみよう。

第一に，彼は国際的法律行為の定義から出発する。彼はおよそ次のように述べる。

　我々は，「国際的法律行為」という言葉のもとに，国際法秩序において部分的又は全面的に効果をもたらす一つ又は複数の国際法主体の意思表示を理解する。国家と外国の又は多国籍の私企業との間に締結された契約を「国際的法律行為」であると述べることは，言葉の濫用である。というのは，この場合には人は二つの Nation と直面していないからである。厳密にいえば，法的には国家又はその政府によって代表される一つの Nation と，本国の国境を越えて活動する単一の又は複数の国籍の私的な（それ故に非国家的な）実体を拘束する行為が問題となるにすぎない。そのような実体をその活動領域との関連で性格づけるならば，それを「トランスナショナルな実体（又は企業）」と呼んだ方がよいであろう。国家契約の特徴にかんがみると，それを「トランスナショナルな契約」と呼ぶ方が無難であろう[41]。

そこでは，要するに，国際的法律行為を国際法主体の意思表示として定義し

たうえで，国家契約の当事者の一方である外国企業は国際法主体ではないので，国家契約を国際的法律行為とみなすことができない，という趣旨が述べられているにすぎない。因みに，そこでは更に国際法主体の背後に Nation をみるという考えも示されているように思われる。

　第二に，彼は国家契約の当事者たる外国企業が国際法主体ではない旨を主張する。彼はおよそ次のように述べる。

　　国家契約の当事者の一方たる外国企業は，国際法主体ではない。国際法秩序の基礎となっている論理は，単一の国家がその相手方たる外国企業に国際法主体たる資格を付与することができるという考えに，有効な根拠を与えない。契約の相手方たる外国の私企業は国際法主体であるというテーゼを支持するために，最近新たな論拠が提示されている。本質的には Kelsen の法理論から引き出される当該論拠は，法主体は法秩序が権利義務を与える人であり，法創設機関ではない――法主体は個別規範の創設に関与しうるが一般規範の創設者ではない――，という定義から出発する。この議論は国家の国内秩序においては適切である。実際に Kelsen も国内法秩序における議論を展開している。国際法秩序は諸国家の国内法秩序とは異なる別のものである。国際法秩序は，国家及び国際組織のみが主体である法秩序である。そこでは，この法秩序の根本的な要請の一つが問題となる。確かに，人は，国内法の意味での法主体を国際法秩序において考えることが可能であると提案することはできる。しかし，この提案を認めることは，反対推論によると，国際法主体（外国，国際組織）が国内法主体でありうると考えることになる。それは，同じような考えでいけば，外国での国家免除（特に裁判権免除）の体系からその存在理由を剥奪することになろう。国家契約の相手方たる外国企業が国際法主体であると考えることは，結局，国際法と国内法，そのうえそれらと第三の法との間の境界を消すことになってしまう[42)]。

　　国際法主体の主な特性は，一方では，規範の創設者であると同時に法秩序の主体であることであり，他方では，その国際的約束のいくつかを，この場

合には「条約からの脱退」という手段により——その責任が問われるリスクを冒すことなく——，一方的に廃棄する権限を保持することである。私企業にはそのことがあてはまらない。私企業は国際法によって支配される契約関係そのものを——その責任が自動的に問われるということなく——廃棄することはできない。国際法主体を『他の国際法主体そのものと直接に係争関係に入り，必要があれば国際裁判所の前にこの主体を呼び出す』という能力によって定義することには，説得力がない。実際に，法はもっぱら制裁によって定義されえないのと同様に，人は法主体，特に国際法主体を訴訟の提起の能力に基づいて定義することはできない[43]。

そこでは，国際法秩序の基礎的論理からすると，単一の国家はその相手方たる外国企業に国際法主体たる資格を付与することができない，という考えが示されている。その際に，国家が外国企業に国際法主体たる資格を与えるという命題のもとに，何が理解されているのであろうか。もし国家が外国企業との関係においてその本国に対して一方的に国際法上の義務を負うということが理解されているとすれば，一定の限られた条件のもとにおいてではあるが，国家はその相手方たる外国企業に国際法主体たる資格を付与することができる[44]ということが指摘されるべきであろう。それから，法主体は法秩序が権利義務を与える人であり，法創設機関である必要がない，という定義から，契約の相手方たる外国の私企業は国際法主体であるというテーゼを引き出すという考えに対する Kamto の反論は，要するに，国際法秩序においてはそのような法主体の定義は採用できず，国家及び国際組織のみが法主体である，という論述にとどまっているように思われる。また，彼は，条約からの脱退のようなものが認められることを国際法主体の特性の一つと考えて，外国企業の国際法主体性を否定しようとしている。しかし，条約からの脱退のようなものが認められることが国際法主体性の特性の一つとみなされるべきであるという点について Kamto は十分な論証を行っているようにはみられない。

第三に，彼は，最近増加しつつある投資保護条約から国家契約の国際性や外

国企業の国際法主体性を引き出すことに反対する。彼はおよそ次のように述べる。

　国家契約の履行に関して紛争が発生した場合における仲裁条項又は当事国の一方の企業への仲裁の申込を定めるのみならず，国家契約の法選択の枠内における国際法への付託をも定めるような二国間投資条約が増加している，と指摘するものがいる。かくして，国家契約の資格におけるその国際約束を尊重しなかった契約当事国を仲裁裁判所の前に呼び出すという可能性が私人に与えられているということは，国家契約の国際性及び外国企業の国際法主体たる資格の決定的な要素である，と説かれるのである。しかし，確かに比較的最近のいくつかの多数国間及び二国間条約は上記の可能性を認めているが，そこからそのような法的結論を引き出すことはできない。問題はそのような条項を含む条約の数というよりもむしろこの条約の法的作用である。第一に，問題になっているのは関係企業が直接の当事者ではない国家間の合意なのである，ということが想起されるべきである。この企業は当該条約規定の受益者である。それは，個人が人権の国際条約の受益者である——だからといってそこから個人が法上当然に国際法主体になると推論することはできない——のと同じ資格で，受益者なのでる。国家は，いかなる事項についても自由に条約を締結でき，そして他人——特にこの他人が国際法秩序における法創設プロセスにアクセスできないときに——のために自由に規定することができる。当該条約はこの場合には問題の契約のための保護条約なのである。第二に，国家契約上の紛争の解決手段としての仲裁に訴えることが一般的傾向であっても，それだけでは国家契約の法的性質を国際的なものへと変えることができない[45]。

　そこでは，外国企業に契約当事国との紛争を仲裁裁判所に付託することを認める投資保護に関する二国間又は多数国間条約から直ちに外国企業の国際法主体性を引き出すことはできない，と主張されている。その際の理由としては，

当該条約の当事者はあくまでも契約当事国と外国企業の本国であり，外国企業は単なる受益者にすぎないということがあげられている。確かに，そのような条約の当事者はいずれも国家であり，そして外国企業はその国家間の合意のもとで契約当事国との紛争を仲裁裁判所に付託することができるにすぎない。しかし，Leben もそのような事実を知らないはずがないように思われるので，問題はやはり，外国企業が国際法主体であるという命題のもとに何を理解するのか，という点にあるように思われる。その点については，Kamto は，国際法秩序における法創設プロセスにアクセスできるもの，即ち国際法規範を創設できるもののみを国際法主体とみなすという前提に立っているのであり，その点において Leben と前提を異にしているのである。

2

Kamto は，国家契約を「トランスナショナルな法上の行為」[46]とみなす。彼がその理由としてあげるのは，およそ次の二つの事情である。一つは，国家契約に関する紛争を仲裁によって解決するということが実際には契約当事国の同意の推定のもとに外国企業の一方的意思に基づいて行われる傾向にある（例えば ICSID の Plateau des Pyramides 事件）という事情であり，他の一つは国家契約の多くには安定化条項と不可侵性条項が存在するという事情である。彼がいわく，この準強制的な仲裁及び安定化条項と不可侵性条項は「トランスナショナルな法」における特殊な要素を構成するのであり，それらは「論理的にはトランスナショナルな法秩序のみでありうる特殊な法秩序のしるし」であるように思われる[47]。その趣旨はこうである。つまり，まず，国内法においても国際法においても仲裁の本質的な基礎は合意であるので，契約当事国の同意を推定するという仕方で合意なしになされる国家契約の仲裁は，古典的な法秩序（国内法と国際法）のなかに位置づけられえない[48]。次に，安定化条項と不可侵性条項は契約当事国の立法作用（主権及び公権力の属性）を奪うものであるが，国内法においても古典的国際法においても公的権威は契約によって自己の立法作用を制限できない[49]，と。そのうえで，彼は，トランスナショナルな法は国

内法と国際法の間の『第三の法秩序』を構成するとみなし[50]，それをおよそ次のように敷衍する。

　法秩序は，ある社会又はある所与の集団を支配する体系を構成する現行の法規の総体として理解することができる。この定義に照らすと，トランスナショナルな法は国内法と国際法の間の『第三の法秩序』を構成する。Rigaux によると，社会体系が法秩序という形容に値するためには，それは受範者によって遵守される行動準則，裁判官によって適用される決定準則，体系の実効性を保証する強制のメカニズムという三つの要素から成っていなければならない。その要素をトランスナショナルな法との関係で検証すると，トランスナショナルな法は特殊な法秩序を構成するという結論になる。第一に，トランスナショナルな法は，受範者がその法律関係において遵守すべき行動準則を含む。この準則は，国内法の準則も国際法の準則も含むが，また，紛争解決機関によって生み出される法行為 (actes juridiques) をも含む。lex mercatoria の等質性を理由に，それがトランスナショナルな法の一部を成さないと主張するものがいる。しかし，商事関係であれ投資関係であれ，トランスナショナルな経済関係のすべてを支配する準則が問題であるときには，理論的にそのような分割や排除を正当化するものは何もない。このような考え方からすると，トランスナショナルな法秩序は lex mercatoria を包括するのであり，その若干の原則は国家契約の法に影響を与えうるであろう。ここで問題になっているのは，一部は，国際商取引の慣習や慣行によって自然発生的に形成され，一部は，国際商取引人や国際機関によって意識的に創設され，一部は，「法務官的そして特に仲裁的」に創設される法である。ついで，裁判官はこのようにして確認されるトランスナショナルな法準則を適用し，そうすることによって法主体による当該準則の遵守を保証する。最後に，トランスナショナルな法秩序は強制のメカニズムを有している。そのメカニズムは国内法秩序のそれと必ずしも同じ性質のものではないが，国際法秩序に存するものと少なくとも同程度に――更にはより多く――実効的であ

る。即ち、国家の財産の差押えである[51]。

このようにみてくると、Kamto は、国内法や国際法のもとでは仲裁条項の推定及び安定化条項や不可侵性条項の効力を認めることができないと考えて、安定化条項や不可侵性条項に効力を認めるべきであるという立場から、国家契約をトランスナショナルな法秩序のなかに位置づけるのが「論理的」であるとしていることがわかる。そして、彼は、トランスナショナルな法の内容として、慣習のほかに、仲裁人による法務官的な仕方で形成された準則、更には当事者によって指定された国内法の準則や国際法の準則（「国家契約が付託する国際法又は国内法の準則」）[52]にも言及している。そのことは、彼が考えるトランスナショナルな法の内容は未発達である、ということを示す。因みに、Kamto がいわく、トランスナショナルな法秩序の存在は pacta sunt servanda の原則を基礎に確立されうる。国家契約の法が各当事者に契約上の約束を尊重することを義務づける規範以外のものによって支配されるということは考えられないことである[53]、と。この論述は、いわゆる lex contractus の理論[54]を彷彿とさせるものであろう。そのような考えのもとでは、国家契約において当事者が国際法や国内法の準則を指定したときには、それらの準則は準拠法としてではなく、当事者の契約内容の一部として適用されることになろう。換言すれば、そのような指定は国際私法上の指定ではなく、実質法上の指定とみなされることになるのである。

3

ところで、Kamto は、多数の二国間条約において一定の条項が反復されていることから慣習規則を引き出そうとする見解に反対の立場を表明する。彼はおよそ次のように述べる。

まず、当該事項に関する多数国間条約に関しては、普遍的な法的文書たる 1965 年の投資紛争解決条約と地域的な条約たる NAFTA のみが数えられて

いる、ということが指摘されるべきである。二国間条約に関しては、条約における若干の条項の反復が創設するのは慣習規則ではなく、国家の慣行である。確かに、国家の慣行は慣習の形成に貢献するが、それは、反復が同じ国家の間で締結された二国間条約においてではなく、異なる国家の間で締結された二国間条約においてなされるときには、慣習と同一視されない。それ故に、この条約の当事者ではない国家にも適用可能な一般的性格の慣習規則を、そこから引き出すことができない[55]。

そこでは、投資保護に関する二国間条約の若干の条項において示されている準則が一般的な慣習規則となるためには、そのような条約が総体的に増大するだけでは十分ではなく、それが同じ国家によって反復して締結される必要がある、という考えが示されているように思われる。

4　若干の考察

以下には要約的な検討を試みてみる。

1

Leben は、国家と外国私人との契約のなかで特別扱いを要するものとしての国家契約を定義する際に、当該契約の経済的意義や機能ではなく、紛争解決を仲裁裁判所に付託する仲裁条項と、特別な準拠法条項（法の一般原則、国際法の原則、複数の法体系に共通の原則又は特定の時点に凍結された国家法を準拠法とする条項）を重視している[56]。そして、彼はそのような基準に基づき国家契約と判断されたものについては、それを「新たな国際的法律行為」として「国際法秩序によって支配される契約」とみなし、外国私人にも「国際法上の（制限された）主体」たる地位を認める。それでは、国家契約は「新たな国際的法律行為」であるという命題、国家契約は「国際法秩序によって支配される契約」であるという命題、更には国家契約における外国私人も「国際法上の（制限された）主

体」であるという命題のもとに，Leben は実際に何を念頭においていたのであろうか。そのような用語からすると，国家契約は国際法の直接的規律（直接的保護）の対象となっているというように理解するのが素直であろう。しかし，その際にあげられる論拠というのは，要するに，仲裁条項の存在と特別な準拠法条項の存在——それは彼によって国家契約の重要な要件とされているものである——であるにすぎない。したがって，彼は，何故に国家契約が「国際法秩序によって支配される契約」・「新たな国際的法律行為」といえるのか，という点については十分な論拠を提出していないといえよう。確かに，国家契約と呼ばれるものに一般に仲裁条項が含まれており，しかもときとして上記のような特別な準拠法条項も挿入される。しかし，そのことをふまえたうえでもなお多くの人は国家契約を「国際法秩序によって支配される契約」・「新たな国際的法律行為」とみなし外国私企業に国際法主体性を認めるということはしなかったのである。したがって，国家契約との関連で仲裁条項及び特別な準拠法条項の存在を強調するだけでは，従来の見解を覆すのに必要な新たな論拠を提出したことにはならないのである。まず，仲裁条項は「国際的法律行為」とは無縁の私人間の国際取引契約の場合にもしばしば挿入されるということに注意したい。次に，Leben は，国家契約を「新たな国際的法律行為」とみなす際に，準拠法条項に大きな重要性を認めているように思われるが，これは，彼が契約に関する根本法秩序（Grundlegung）と準拠法の区別に対して消極的な評価を下していることと無関係ではない。例えば，Weil によると，国際法は国家契約に関してその根本法秩序として登場する場合とその準拠法として登場する場合があり，前者の場合には国家契約は「国際法上の契約」（国際法秩序に根を張る契約・真の国際的法律行為）であるが，後者の場合には「国際化された契約」——それは国際法上の契約であることもあればそうでないこともある——である。これをふまえて，Leben は次のように述べる。つまり，Texaco コンセッション契約が国際法秩序に根を張っていることを確認する Dupuy の分析は激しい批判の対象となった。特にそこで前提とされている根本法秩序と準拠法の区別は Mayer の批判的検討によって打ち砕かれてしまったように思われる[57]，と。

しかし，そもそも契約に関する根本法秩序と準拠法の区別は，契約違反の場合において契約の準拠法が「国際法」であるというだけではまだ契約当事国の国家責任を生ぜしめるのに十分ではない，という当然のことを一定の角度から説明するために持ち出されたのである[58]。当事者が契約の準拠法として「国際法」を指定したときに，その準拠法に照らして契約違反とみなされる行為があっても，直ちに真の意味での国際法上の責任の問題が生ずることはないということは，既に共通の了解事項となっているといっても過言ではないであろう。例えば，契約が国際法の直接的規律（直接的保護）の対象となっていない場合においても，国際法秩序とは別個の法秩序（例えば日本の法秩序）の国際私法が当事者に契約の準拠法として「国際法」を選択することを認めることがありうるからである。このようにして，Lebenにおける「新たな国際的法律行為」という言葉を国際法上の効果を生ぜしめうるものとして理解する限り，契約の準拠法（あるいは仲裁手続の準拠法）が「国際法」であるということは，それだけではまだ，国家契約を「新たな国際的法律行為」とみなすための十分な根拠とならないのである。

確かに，Lebenは，他方では，国家契約の場合には私人が投資受入国を相手取って国際裁判所に訴えることができるということを理由に，私人に国際法主体たる地位を認めるという趣旨の論述を行っている。しかし，その点については，二つの場合に分けて考えるべきである。一つは，国家契約が私人の本国と投資受入国との間での条約（二国間条約や多数国間条約）の規律対象となっていて，私人がそれに基づいて投資受入国を相手取って仲裁裁判所に訴える場合である。もう一つは，国家契約がそのような条約の規律対象となっていないときに，私人が投資受入国との合意に基づいて仲裁裁判所に訴える場合である。それら二つの場合はまったく異なる局面であることに注意しなければならない。前者の場合には，私人の国家契約上の地位は条約の保護のもとにあり，契約当事国の契約違反はその国家責任の問題を生ぜしめる。Lebenはこのような場合に私人の国際法主体性を語ると思われるが，当該の場合をそのような用語によって説明することがはたして適切といえるのかどうか——それはある程度にお

いて言葉の定義の問題であるが——については慎重な検討を要する[59]。後者の場合には，私人の国家契約上の地位は条約の保護のもとにはなく，契約当事国の契約違反はそれ自体でもって国家責任の問題を生ぜしめるものではない。Leben は，後者の場合については仲裁手続の準拠法が国際法であることを強調するようである。しかし，先にも述べたように，準拠法が国際法であるとしても，そのことは，必ずしも，国家契約が国際法の直接の規律対象となっていること，したがって契約当事国の契約違反が直接に国家責任の問題を生ぜしめるということを意味しないので，私人の国際法主体性を語る余地はないように思われる。

ところで，Leben は，国家契約の場合には国家が「国際法主体」として当該国家の外にある法秩序において外国私人と契約を締結するということを理由に，国家契約を支配する法秩序を国際法秩序である——その意味は国家契約の準拠法が国際法であるということなのか，それとも国家契約が直接に国際法の規律対象になっていることなのかが問題となる——と推論するのが論理的であるとみなしていた。その点について言及しておこう。彼は，その後に 2003 年の論文において，国家が「国際法主体」として契約を締結する場合とそうでない場合の区別についておよそ次のような趣旨を述べている。つまり，国家が新たな法律又は命令により，あるいは憲法の改正により適法に契約を破棄するということができないようにする意思（仲裁条項や特別の準拠法条項）は，国内法秩序においては認められない。国家法秩序の内部で構成される国家機関，即ち憲法制定者や立法機関や行政権という国家の規範定立権限を使用する国家機関はすべて「国内法の意味での国家」又は「国家 - 行政」であり，取り消しえない約束をする法的能力を有しないからである[60]。これに対して，私人の相手方が「国内法の意味での国家」（国家 - 行政）ではなく「国際法の意味での国家」・国際法上の法主体たる国家であるときにはそのような約束をすることができる。それは，国家が他国と条約を締結したときに立法機関や統治者の変更の影響を受けることなく条約によって拘束されるのと同じである[61]，と。そして，Leben は，国家契約について上記の意思又は約束を有効とすることも無

効とすることも理論的には可能であると考えつつも，国家契約における安定化条項などの約束に意味を持たせないと国家が契約の相手方に保証を与えることができないという結果——投資を必要としている発展途上国から交渉時に用いることができる法的切札を奪い取るという結果——になってしまうと指摘する[62]。かくして，Leben は，国家と外国企業との間で締結された契約における外国企業に法的地位の安定を保証する約束に意味を持たせるべきである，という法政策的判断を前提にしているのである。そして彼は，そのような法政策を実現するために，国家契約を国際法主体たる国家又は「国際法の意味での国家」によって締結されたものとみなし，条約の場合を引き合いに出しつつ当該契約に国際法上の pacta sunt servanda の準則を適用しようとしているのである。そのことに関してここで考慮に入れられるべきことがある。即ち，Leben と同じような法政策的判断に立脚しつつも，しかも同じように「国際法の意味での国家」によって締結された契約と「国内法の意味での国家」によって締結された契約という区別を行いつつも，Mayer は，当該契約に国際法上の pacta sunt servanda の準則ではなくトランスナショナルな法上の pacta sunt servanda の準則を適用させようとしていたという点である[63]。そうとすると，「国際法の意味での国家」によって締結された契約と「国内法の意味での国家」によって締結された契約の区別は，一定の法政策的判断を説明するための道具にすぎないのであって，それ自体が一定の法政策的判断の根拠となるものではないし，更には国家契約への国際法の適用の直接的な根拠となるものでもないということになろう。要するに，Leben は，国家が契約の相手方たる外国企業に法的地位の安定を保証する約束に意味を持たせるべきであるという法政策的判断に立脚したうえで，それを，国家契約においては国家が国際法主体として登場するという言い回しでもって主張したにすぎないのである。それ故に，国家契約を締結するのは国際法主体としての国家であるということから，国家契約がそのなかにおいて締結される法秩序は国際法秩序であると推論する Leben の上記の論述は，必ずしも説得的ではないのである。また，上記の法政策的判断を実現するためには，仲裁による紛争解決を前提とする限り，あえて国際法と

いう言葉を持ち出す必要はないように思われる。その点との関連では，Kamto の立場も考慮に入れられるべきであろう。彼は，Leben と同様に安定化条項や不可侵性条項に効力を認めるべきであるという法政策的判断に立脚しつつも，それを実現しようとするにあたり，国際法という言葉ではなくトランスナショナルな法という言葉を援用していたのである。更に，その際に彼は国際法上の国家によって締結された契約という言葉を使用していなかった。

　また，Leben は，国家契約が国際法秩序によって支配されると考える際に，「契約の国際法」を想定し，その「第一次的な準則」として「当事者の意思の自治の原則」を考えていた。そして，この当事者の意思が契約を国際法秩序から免れさせることや準拠法を一定の時点に凍結することを認める，と考えていた。そのように契約を国際法秩序から免れさせることも「当事者の意思の自治の原則」から導き出すのであれば，国家と外国私人との契約であって国内法を指定するものであっても「契約の国際法」の規律対象となっているということになる──Leben 自身は国家と外国私人との契約であっても国内法を指定するものを国家契約ではなく国内法上の契約とみなしていた──のではなかろうか。そうとすると，「当事者の意思の自治の原則」を「第一次的な準則」とする「契約の国際法」が規律対象とする「契約」にはどのようなものが入ってくるのであろうか，という問題が提起されうることになろう[64]。その点は別として，Leben は「契約の国際法」の「第一次的な準則」として「当事者の意思の自治の原則」をあげていたが，更に国際法の適用を命じている投資紛争解決条約の規定との関連で「契約の国際法の準則を法務官的な仕方で作り上げることは ICSID の仲裁裁判所の役目である」と述べていた。そして既に，ICSID 仲裁裁判所の判例から pacta sunt servanda，既得権の尊重，事情の変更を考慮に入れること，安定化条項や──一定の条件のもとで──国有化しない条項の有効性などの様々な準則が引き出されているとみなしていた[65]。それとの関連では，Kamto の見解が注目されるべきである。Kamto は，Leben とは異なり「契約の国際法」を認めず，国家契約をトランスナショナルな法秩序──それは pacta sunt servande の原則に基づいて確立されうる──のなかに位置づ

ける。けれども，その基本的な狙いは，Leben と同様に，国家契約に関して安定化条項や不可侵性条項の効力を認めること——国家が契約の相手方たる外国企業に法的地位の安定を保証する約束に意味を持たせるべきであるという法政策的判断——にある。そして Kamto がそのような目的を達成するために具体的に提示しているのは，Leben と同様に，pacta sunt servanda の原則である。しかも，Kamto の考えるトランスナショナルな法の具体的な内容は，Leben の考える「契約の国際法」の場合と同様に，その大半において予め明確な準則として存在しているのではなく，仲裁人による法務官的な作業を予定している。

このようにみてくると，Leben の見解と Kamto の見解は，国家契約を「契約の国際法」のなかに位置づけるのか，それともトランスナショナルな法のなかにかという点においては顕著な相違を示す，ということになろう。しかし，契約の国際法もトランスナショナルな法も，論者によって pacta sunt servanda の原則を含むものとして考えられている。しかも，この二つの法におけるその他の多くの準則についてはひとしく大幅に仲裁人による具体化に委ねられている。更に国家契約違反の存否の問題は実際には仲裁裁判所によって決着がつけられるということをも考慮に入れると，両説の相違は一見するほどには大きいものではないといえよう。但し，Leben が「契約の国際法」という言葉のもとに，国家契約違反が直接に契約当事国の国家責任を発生させるということを念頭においているのであれば，その点では Kamto と立場を異にすることになろう。しかしながら，国家契約違反が直接に契約当事国の国家責任を生ぜしめるという点についての Leben の論証は，必ずしも十分ではなかったように思われる。他方，トランスナショナルな法についていえば，Kamto は，これまで国家と外国企業との契約関係について折々に使用されることのあった用語を当てたにすぎないのである[66]。彼の見解の特徴は，実質的には，国家契約について——彼の理解によれば——国際法にも国内法にも存しない独自の準則の形成を考えていこうとする点にあるといえよう。その点において，彼の見解はいわゆる lex contractus の理論と同じ方向にあるといえよう。

2

　Lebenは，近時において実質的に同じような内容の条項を含む二国間投資保護条約が増大してきているという現象からいくつかの慣習法規則を引き出すことができると考えていた。そして，その他の最近のフランスの有力な学説もそれに同調するかのような発言をしている[67]。これに対してKamtoは，そのような二国間条約がまだ同じ国家によって反復的に締結されていないことを理由に，慣習法規則を引き出すことに消極的な態度を表明していた。

　一般に，条約の締結は慣習法形成に向けての新たな国家実行の誕生の原因となりうるということは認められている。しかし，ここで述べられているLebenの見解は，それとは異なり，条約の締結はそれ自身の力によって慣習法規則を創設しうるという判断[68]を前提として，展開されているように思われる。確かに，条約の締結は一定の行動の約束にすぎず，当該行動そのものではないが，当該行動に関わる行為であることは否めない。そして，条約が大多数の国によって締結されるようになると，やがては一般的にそのように行動すべきであるという規範意識[69]が発生するに至る，ということはありえないことではない。そのときには慣習国際法の成立を語ることができるが，それは実際にはしばしば生ずるというものではないように思われる[70]。それでは，二国間投資保護条約の場合には現時点において一定の条項から慣習法規則を引き出すことができるのであろうか。この点についてAsanteは1991年に否定的な答えを与えている。その際に，彼は，二国間投資保護条約において定められている一定の条項（例えば国有化に関するもの）がこれまでのところまだ実際に適用されたことがないということ，及び途上国が純然たる二国間の関係において期待される利益と引き換えに外国会社に保証と特権を与えたのであり，国際法に関する途上国の立場を示す考えではなかったということを指摘する。そして更に，途上国が経済的事情のために二国間投資保護条約を強制されて締結したということもありえないわけではなく，また，そのような条約がときとして投資戦略問題の当局の責任者の知らない間に投資促進に熱狂的な人物によって署名されている

こともある，と述べる[71]。かくして，彼は，二国間投資保護条約において述べられている規範が当該途上国の確固たる opinio juris を表すと主張することは困難である，とみなす[72]。先にみた Leben の議論は，この Asante の見解をふまえて展開されたものである。その際に，Leben は，Asante がまだ 200 の条約と 65 カ国の調査資料に基づいて考えていたにすぎないが，1997 年末には 169 カ国によって 1,500 以上の二国間投資保護条約が締結されているという事実を強調していた[73]。確かに，その後の二国間投資保護条約の増大は注目に値するが，現時点でもまだ，たとえ二国間投資保護条約を締結していなくても一般に当該条約の条項で示されている準則に従って行動すべきであるという規範意識が，多くの国によって持たれているという段階には至っていないのではなかろうか[74]。先にみた Kamto の議論もそのような角度から捉えられるべきであろう。

5 おわりに

最近，国家契約（経済開発協定）に関して Leben が活発に発言している。その際に，彼は国家契約について外国私人にも「国際法上の（制限された）主体」たる地位を認め，当該契約を「新たな国際的法律行為」・「国際法秩序によって支配される契約」とみなして，「契約の国際法」の存在を肯定している。他方，このかなり大胆な見解に対して Kamto は批判を展開し，国家契約をむしろ「トランスナショナルな法上の行為」とみなして「トランスナショナルな法秩序」のなかに位置づける。本章では彼らの議論を紹介しつつ，それを分析し検討するという作業が試みられた。彼らの議論について特に注目されるのは，同じような内容の条項を含む二国間投資保護条約が多数の国によって締結されているという現象から，当該条項に対応する慣習法規則を引き出すことができるかどうかが一つの争点になっているという点であろう。

1) 私人間の国際契約についての伝統的な考えは，抵触規則によりいずれかの特定の国家の法を準拠法として適用するということであった。これに対して，国家契約については，準拠法たる資格を法の一般原則，更には国際法にも認めるという考えや，lex contractus の理論，制限的に国際法的な契約の理論，契約の国際法の理論などが提唱されたりしている。
2) 例えば，Rev. arb., 2003, No. 3 が主として国家契約に関する論稿で埋められている。
3) Leben, Retour sur la notion de contrat d'Etat et sur le droit applicable à celui-ci, in : Mélanges offerts à H. Thierry, 1998（以下には Retour sur la notion de contrat d'Etat として引用）. Leben, L'évolution du droit international des investissement, dans SFDI, Un accord multilatéral sur l'investissement ; d'un forum de négociation à l'autre?, 1999（以下には L'évolution du droit international des investissements として引用）. Leben, L'évolution de la notion de contrat d'Etat, Rev. arb., 2003（以下には L'évolution de la notion de contrat d'Etat として引用）. Leben, La théorie du contrat d'Etat et l'évolution du droit international des investissements, RdC, 2003（以下には La théorie du contrat d'Etat として引用）.
4) Leben, Retour sur la notion de contrat d'Etat, p. 248.
5) Ibid., p. 251.
6) Ibid., p. 251.
7) Ibid., p. 251.
8) Ibid., pp. 252-253.
9) Ibid., p. 253.
10) Ibid., p. 254.
11) Ibid., pp. 254-255.
12) Ibid., pp. 256-257.
13) Ibid., p. 257.
14) Ibid., p. 258.
15) Ibid., pp. 258-260.
16) Ibid., p. 263.
17) Ibid., pp. 264-266.
18) Ibid., p. 266.
19) Ibid., p. 266.
20) Ibid., pp. 267-268.
21) Ibid., p. 269.
22) Ibid., pp. 269-270.
23) Ibid., p. 272.

24) Leben は，仲裁条項の準拠法という言葉のもとに仲裁手続の準拠法のことを考えているようである。Cf. ibid., pp. 267-268.
25) Ibid., pp. 272-273.
26) Ibid., p. 273.
27) Ibid., p. 273.
28) Cf. ibid., pp. 275-276.
29) Ibid., p. 276.
30) McNair の見解については本書の 11 頁以下を参照。
31) Leben, Retour sur la notion de contrat d'Etat, pp. 277-279.
32) Ibid., p. 279.
33) Leben, L'évolution du droit international des investissements, p. 22.
34) Ibid., p. 23.
35) Ibid., p. 24.
36) Ibid., p. 25.
37) Ibid., p. 26.
38) Ibid., p. 27.
39) Ibid., pp. 27-28.
40) Ibid., p. 13.
   外国投資の促進・保護のための二国間条約にあっては，外国投資に「公正且つ衡平な待遇」を付与する義務が他の内国民待遇や最恵国待遇などの規準と組み合わされている場合が多いようである。その点については，櫻井雅夫監訳『外国投資の待遇のための法的枠組み』(1995 年) 68 頁以下を参照。
41) Kamto, La notion de contrat d'État : Une contribution au débat, Rev. arb., 2003, pp. 733-734.
42) Ibid., pp. 734-736.
43) Ibid., p. 736.
44) 本書の 161, 163 頁を参照。
45) Kamto, op. cit., pp. 739-740.
46) Ibid., p. 741.
47) Ibid., p. 747.
48) Ibid., p. 747.
   因みに，Kamto は国家契約を国際法秩序のなかに位置づける見解に対しておよそ次のようにも述べる。つまり，国家契約の国際性を主張するために，ときとして，外国への私的投資の多数の重心が国家と国家の関係のなかにあることが指摘される。例えば，多くの国家元首又は大臣が外国への出張の際に，利益になる契約の締結を旅行に期待する実業家の集団によって伴われている。そして，多くの『大きな

契約』が受入国と契約の相手方の本国との間の目下の政治的関係の関数である，というのである。しかし，契約当事者間の取引関係を成立させる手段が契約の性質を決定する又はそれに影響を与えうる，ということは法的には考えられない。例えば契約当事者の一方が大統領の又は大臣の代表団に属するか，それとも実業家（私人）の代表団に属するかに従って，国家元首の公用の飛行機で到着したか，それとも裕福な同業者の私的なジェット機で到着したかに従って，あるいは，受入国と外国企業の本国との間の目下の政治的関係が良好であるか，それとも冷ややかであるかに従って同じ当事者間の同じ契約がその性質を変える，ということは考えられない，と。Ibid., pp. 737-738.

49) Ibid., p. 745.
50) Ibid., p. 748.
51) Ibid., pp. 748-749.
52) Ibid., p. 750.
53) Ibid., p. 751.
54) それについては本書の第4章を参照。
55) Kamto, op. cit., p. 738.
56) Leben は，その後に2003年の論文においても，経済開発協定という観念により国家契約を特徴づけることはできないとみなし，およそ次のように述べる。

　経済開発協定という曖昧な観念を元にして『国家契約』という法的カテゴリーを構成することは不可能である。単なる投資契約がいつから経済開発協定になるのであろうか。投資契約はすべて一国の経済開発に関与しうるのである。経済開発に多く関与するという理由で一定の契約を目立たせようとするならば，経済的平面における恣意的でない基準，そして使用するのに容易で明確な法的区別に相当する基準をいかにして見出すのか。現実に，『経済開発協定』という言葉は国家契約の性質を理解するにあたりいかなる助けももたらさない。国家契約を理解するためには，一定の国際投資協定によって示される法的特色を重視すべきである。学説や仲裁判断がそれについて契約の特殊な制度の存在を援用してきた投資契約を検討すると，それは以下のような条項を含んでいる。(1)国家と外国投資家との間の紛争の解決を契約当事国の裁判所の管轄から逃れさせ，それを仲裁裁判所に付託する仲裁条項。(2)契約を国家の法秩序から免れさせる条項。それは，稀には，契約の準拠法を外国法にすることによって，しばしば，契約当事国の法と若干の外国法に共通な原則，又は契約当事国の法と国際法に共通な原則，又は国際法の原則，又は法の一般原則とすることによって，行われる。これらのいずれの場合にも国家は準拠法を盾にとってその契約上の義務を免れることができない。更に契約締結時の契約当事国の法の適用が契約において定められることがある。このような安定化条項（凍結条項）のほかに，契約当事国が相手方の同意な

しに契約を修正できない旨を定める不可侵性条項が契約において定められることもある。裁判管轄と準拠法に関するこれら二つのタイプの条項の組合せは，契約関係において国家の特権が無力化されることに導くのであり，「国家とその相手方たる私人の条件の一定の平等化」がなされることになる。かくして，国家契約は行政契約とは異なり，「契約当事者間の平等を求める契約」である。「国家契約と通常の投資契約との間の法的区別をなすのは，これらの条項（紛争を国家の裁判所と国家の法から免れさせる条項）である」。Leben, La théorie du contrat d'Etat, pp. 247-251.

このようにして Leben は国家契約と行政契約又は通常の投資契約の区別について語るのであるが，その際には区別の基準を「国家契約に特有な条項（安定化条項，国際法又は法の一般原則への付託，仲裁条項）」（Leben, L'évolution de la notion de contrat d'Etat, p. 632）に求めている。そして彼は国家契約を国家と外国私人との間の通常の商事契約（例えば商品の売買契約）から区別する際にも，その基準を使用する。彼は次のように述べる。つまり，国家によって締結される通常の商事契約は仲裁条項を含んでいるが，しかし，国家契約特有の他の諸要素，特に，安定化条項や，あれこれの形式のもとで国際法に付託する又は法の一般原則に付託する準拠法条項を欠いている。そのために，多数説は国家契約のカテゴリーから国家によって締結される通常の商事契約を除く。国家によって締結される通常の商事契約は，多かれ少なかれ私人間の商事契約と同じ準則に服する，と。Ibid., p. 632. しかし，このような定義からすると，外国企業が投資受入国の経済開発に参加する趣旨の長期にわたる大規模な契約であっても，仲裁条項を含んでいないとか，当該国家の法を準拠法とする旨の条項を含んでいるときには，国家契約とみなされない，それ故に国際的法律行為ではない，又は国際法の支配に服さない，ということになろう。逆に，国家と外国私企業との間でのある製品（例えば制服）の単なる一時的な売買契約であっても，それが仲裁条項と安定化条項又は国際法などの適用を命ずる特殊な準拠条項を含んでいるときには，国家契約とみなされ，国際的法律行為として国際法の支配を受けることになる。それでよいのであろうか。

因みに，Leben は，国家契約であるための不可欠の要件として仲裁条項を考えている。そしてその際に彼は，国家契約であるといえるためには仲裁裁判所が条約に基づいて設置されたものである必要はないと考える。そして彼がいわく，仲裁手続の準拠法が国際法であり，仲裁人がそれに準拠するということで十分である。Leben, L'évolution de la notion de contrat d'Etat, pp. 636-637. しかし，問題なのは，当該準拠法を定める準則は国際法秩序に属するものであるのか否かであろう。国際法秩序の準則に基づいて仲裁手続の準拠法が国際法と定められているときに初めて，国家契約をめぐる諸問題について契約当事国の国家責任の問題を生ぜしめうるのである。もっとも，彼のように契約の国際法――それは実質規則を内容とする

――の存在を認める立場にあっては，はたして準拠法如何という抵触法的アプローチが必要となるであろうか，という問題は残る。

57) Leben, La théorie du contrat d'Etat, p. 257.
58) 本書の第8章を参照。
59) Leben は――後に見るように Mayer と同様に――当事国に相手国の国民との協定の遵守を義務づける保護条約が契約当事者の契約上の義務に与える効果について，Weil と Mayer の見解を対比させる。まず，Leben によると，Weil は保護条約が契約当事者の契約上の義務を国際法の意味における真の国際義務に変えると考える。Leben, La théorie du contrat d'Etat, p. 372. しかし，Leben のそのような理解は適切ではないように思われる。というのは，Weil は次のように述べているからである。つまり，契約当事国と相手方の本国との間の条約は，各当事国は他の当事国の国民と締結した契約を尊重すべきであるということを定めることができる。そのことは，契約を尊重すべき義務を「厳密な意味における国際義務」に変え，その結果において契約違反のすべてを国際法違反の行為にする，という効果を持つ。条約は同様に，特に損害賠償の平面において国有化又は収用の措置がもたらす結果が何であるのかを定めることができる。これらの約定を守らないことはすべて事実自体によって「当該国家の他国に対する国際責任」を生じさせるであろう，と。Weil, Problèmes relatifs aux contrats passés entre un Etat et un particulier, RdC, 1969-III, pp. 123-124. 確かに，Weil は保護条約が「契約上の義務を国際義務に変える」(Ibid., p. 130) と述べているが，それはあくまでも，契約当事国と相手方の本国との間の保護条約が「契約を履行すべき義務を契約当事国の相手方の本国に対する責任としての国際義務にする」(Ibid., p. 130) ということである。彼は次のように述べる。つまり，保護条約の介入は「契約上の義務を国際義務に変える」のであり，かくして人がいうように『違反すれば条約違反になるものとしての契約の不可侵性』を保証する。したがって，契約違反はすべて，たとえそれが契約当事国の国内法上適法であっても，「契約当事国の相手方の本国に対する国際責任」を生じさせる，と。Ibid., p. 130. したがって，Weil は「契約上の義務を国際義務に変える」というときに主として念頭においているのは，契約当事国と外国私人の関係ではない。保護条約と呼ばれるところのものによる契約の保護は，「間接的にのみ契約問題の国際化に導く」ものであり，形式上は「国家間の関係の枠組み」にとどまる (Ibid., p. 124), という Weil の論述もそのことを示す。そうとすると，Weil の見解は Mayer の見解と根本的に異なるものではないように思われる。Mayer によると，当事者間の関係はもとのままで，lex contractus に服するのであり，国家間の関係のみが国際法に服するからである。実際に彼がいわく，保護条約は国家にその契約上の義務を無視することを――違反すれば条約違反となるという条件で――阻止する。若干の人は保護条約によりラディカルな結果を結びつけ，保護条約が「契約上

の義務を国際義務に変える」と説く。この立場は，二つの異なる平行な関係（即ち lex contractus に服する国家契約の当事者間の関係と国際法の管轄に属する国家間の関係）が存在することを正しく認識していない。国家がその契約上の義務に違反することは同時に条約の違反を構成するということは，いずれかの性質を変えるのに十分ではない，と。Mayer, La neutralisation du pouvoir normatif de l'Etat en matière de contrats d'Etat, Clunet, 1986, pp. 36-37. Mayer がそこで「契約上の義務を国際義務に変える」とみなす見解として Weil の見解をあげているが(Ibid., p. 37)，それは適切ではないように思われる。というのは，Weil は上述のように保護条約によって当事者間の契約上の義務そのものが国際義務に変わる——その命題を文字通りに捉えると契約当事国は契約の相手方に対する国際法上の義務と相手方の本国に対する国際法上の義務という二つの国際法上の義務を同時に負うということになろう——とは考えていなかったからである。因みに，Leben は保護条約が契約上の義務を国際義務に変えると考える見解に好意的であるように思われる。Cf. Leben, La théorie du contrat d'Etat, p. 372.

　保護条約のもとで契約当事国が契約の相手方の本国に対して負う義務——例えば相手方に対する契約上の義務を履行すべき義務——は，いうまでもなく，国際法（条約）上の義務である。それでは，契約当事国と契約の相手方との関係（契約当事者間の関係）は保護条約によって変質するのであろうか。その問題をより具体的な形でいえば，仲裁裁判所は契約違反の存否の問題につきいかなる法の準則によって判断すべきことになるのであろうか，ということになろう。仲裁裁判所が国際法上の機関であったならば，必然的に国際法に拘束されるので，国際法（例えば保護条約）が当事者間の関係について定めるところに従うべきことになろう。仲裁裁判所が国際法上の機関ではないときには，国際法に必然的に拘束されることはないので，国際法又は保護条約の定めに従わなければならないということはない。また，それが特定の国家機関でもない限り，特定の国家の法に従う必然性もない。それではいかなる法に従うべきであろうか。そこに第三の法秩序——それをトランスナショナルな法秩序と呼ぶか lex mercatoria と呼ぶかは用語の問題である——という考えが登場してくる背景があるように思われる。その第三の法秩序は，仲裁による紛争解決が当事者間の合意に基づく自治的解決であるということを考慮に入れると，その妥当根拠を当事者の意思，より正確には pacta sunt servanda の原則，に有するものと解することになろう。そうとするならば，当事者が具体的な紛争解決規準を示しているときには，仲裁裁判所はそれに従って紛争を解決すべきことになろう。そして，もし当事者が具体的な紛争解決規準を示していなかったならば，仲裁裁判所は最も適切と思われる準則を示して，それによって紛争を解決せざるをえない。その場合に，仲裁人は国際法，特に保護条約の内容に対応する仕方で紛争を解決するのが妥当と考えるときには，それを適用するという表現のもとで紛争を処理すること

になろう。もっとも，仲裁判断の効力が特定の国家の裁判所の前で問題になるときには，いうまでもなく，当該国家の法秩序の観点から規制されることになる。その点については本書の第10章を参照。

60) Leben, La théorie du contrat d'Etat, pp. 258-259.
61) Ibid., p. 260.
62) Ibid., p. 261.
63) Mayer の見解については本書の第4章を参照。
64) この点との関連では，契約の国際法を唱える Weil の次のような論述に留意すべきである。彼がいわく，「国際法は国家が外国人と締結した契約の履行に関する準則を含んでいる，そしてたとえ国内法によって支配される契約が問題であるときでもそうである」(Weil, op. cit., p. 145)。因みに，Weil は，当事者間の関係の国際化はすべての契約にあてはまるのではないとしたうえで，その特権的な適用範囲を構成し続けるのが——ほとんど独占的であるとはいえないとしても——「経済開発協定」である，とみなす。Ibid., p. 187. 彼は国家と外国私人との間の契約についてはその「経済的事実」を重視するようである。Cf. ibid., p. 186. 更に，本書の154頁も参照。
65) そこからすると，「当事者の意思の自治の原則」は抵触規則ではなく実質規則であるということになろう。そうとすると，そのもとでの当事者による「準拠法」の指定はいわゆる実質法上の指定ということにならざるをえない。
66) Cf. Kamto, op. cit., pp. 742-743.
因みに，Kamto は，先にもみたように，国内法秩序でもなく国際法秩序でもない第三の法秩序としてトランスナショナルな法秩序を提示する際に，その強制手段として国家の財産の差押えをあげる。しかし，差押えは国内法秩序の強制手段にほかならないということを意識すると，トランスナショナルな法の実効性は最終的には国内法秩序の強制手段によって担保されるということになるのではなかろうか。
67) Stern は，国家契約の国際化の方法として，「投資保護の二国間・多数国間条約の増加に基づく，国家契約を支配する国際慣習規則の誕生」という現象を無視できないとみなす。Lankarani, Les contrats d'État à l'épreuve du droit international, 2001, p. XIV. 彼によると，投資保護に関する二国間条約は 1800 以上に及ぶ。Ibid., p. XII. 更に，Weil によると，大多数の投資保護条約における一定の条項の反復はそこではしばしば「保護条約がなくても適用できる慣習的性質の規則」が問題になっていると考えさせうる。Ibid., p. XXI.
68) この問題についてはさしあたり Mendelson, The Formation of Customary International Law, RdC, 1998, t. 272, p. 322 et seq. を参照。
69) 因みに，ここではあえて法的確信という言葉の使用は避けられている。その点に

ついては，拙稿「慣習国際法の要件としての法的確信」法学新報110巻11・12号（2004年）42頁以下を参照。
70) Mendelson, op. cit., p. 334.
71) Asante, Droit international et investissement, in Bedjaoui (éd.), Droit international. Bilan et perspectives, t. 2, 1991, p. 721.
72) Ibid. p. 722.
73) Leben, L'évolution du droit international des investissements, p. 24.
74) Guzman, Why LDCs Sign Treaties That Hurt Them : Explaining the Popularity of Bilateral Investment Treaties, Virginia J. of Int. L., 1998, p. 687 もいわく，二国間条約は法的義務の意識を示すものではなく，むしろ国家が自己の経済的利益を追求するために国際的手段を自由に使用した結果である。

更に，Juillard, L'évolution des sources du droit des investissements, RdC, 1994-VI. pp. 130-131 は次のように述べる。つまり，投資保護に関して一般慣習が存在したという主張は少なくとも疑わしい。この一般慣習は，それが存在していたと仮定しても，1970年代と1980年代の20年間無傷のまま生きていたという主張は，発展国と途上国との間の厳しい対立によって反駁されている。しかし，そのことは決して，投資の促進と保護の二国間条約の規定を基礎として新たに一般慣習が構築されることはない，ということを意味しない。投資保護に関する二国間条約が発展国の側からも途上国の側からも多数の同意を見出すならば，それらの条約は一般慣習を生み出すであろう。しかし，投資条約の中核をなす公正で衡平な待遇や完全な保護と安全という観念は，極めて一般的な性質を有するものであって，不明確なものであり，仲裁裁判所の法務官的な作業によって漸次的にのみ形をなしてくる。それ故に，現在，二国間条約の条項に関して一般的な国際慣習が構成されると主張することは，極めて危険であるように思われる，と。しかし，その点については，Leben は，仲裁裁判所などが曖昧な観念に基づいて決定を下さなければならず，不明確な慣習規則の意義を明確にするように導かれるのは，初めてのことではない，と反論する。Leben, L'évolution du droit international des investissements, p. 28.

わが国においては，中川淳司「国際投資の保護と日本」国際法学会編『日本と国際法の100年 第7巻 国際取引』（2001年）206頁がいわく，「現在のところ，二国間投資条約の内容にばらつきが大きく，また，締約国の範囲も限られているため，そこから新たな一般国際法の原則を引き出すことは困難である」。

二国間投資保護条約における国有化又は収用に関する条項については，1991年当時の Mohammed I. Khalil の分析がある。それによると，検討の対象となった 355 の二国間投資保護条約の半分以上が「迅速，十分，且つ実効的な」というハル定式を採用している。そして，他の 47 の二国間投資保護条約は「正当な」，「完全な」，「合理的な」又は「公正且つ衡平な」補償を定めている。櫻井雅夫監訳『外国

投資の待遇のための法的枠組み』(1995年) 75頁を参照。それだけからすると、ハル定式が国際慣習法となったとはまだいえないのではなかろうか。

第10章

仲裁判断の強制執行
――特に執行免除を中心に――

1 はじめに

　私人（私企業）が外国を相手に取引契約――例えば国家契約（経済開発協定）――を締結する際には，当該契約に関して将来生じうる紛争の解決方法として仲裁を選び，仲裁合意を締結するのが一般の傾向である。外国が仲裁合意に同意してくれるからこそ私人は安心して契約関係に入れる，ということもできよう。しかし，私人は当該契約をめぐる紛争につきせっかく自己に有利な仲裁判断を獲得しても，外国が仲裁判断の履行を拒むことがある。その場合に，私人が外国における同国の財産に対して仲裁判断の執行を試みるという方法があるが，その有効性は疑わしい。というのは遠く隔たった外国にまで赴いて執行手続に取り掛かることが私人にとって負担となるのみならず，外国の裁判所はときとして自国政府に不利な仲裁判断の執行に消極的となるからである。そこで，私人は外国が自国などにおいて有する財産に狙いをつけることになる。そして，外国は一般に同国以外の国においては外交使節団の銀行口座にあるもの以外にあまり多くの財産を有しないので，いきおい私人はそれに対して仲裁判断の執行を試みる誘惑に駆られることになる。しかし，その場合に，外国はこれまでしばしば執行免除を援用してきたので，私人は仲裁判断の執行につき大きな困難に遭遇することになっていた。確かに今日においては執行免除の領域においても制限免除主義が有力になってきているが，そのような状況のもとでも私人は仲裁判断の執行につき満足のいく結果を得ていないようである。本章は，最

近の諸国の裁判例の動向を手掛りに，右の点につき現状を明らかにすると同時に，残されている問題を分析し検討することを目的とする[1]。

2 最近の諸国の裁判例

以下には，執行免除の妥当範囲や執行免除の放棄に関する若干の諸国の裁判例が概観される。

1 執行免除の妥当範囲

執行免除の妥当範囲については最近の諸国の裁判例のなかに一定の傾向が見出される。それをみてみよう。

(1) ド イ ツ

この分野では，少し古いものではあるが1977年12月13日のドイツ連邦憲法裁判所決定[2]が重要である。フィリピンとの家屋の賃貸借契約に関わる紛争につき得た判決に基づき，賃貸人は，ドイツ銀行ボン支店にフィリピン大使館名義で開設された口座に対する差押えを試みた。これに対してフィリピン政府が異議を申し立てた。同決定は，まず，執行免除に関する一般国際法規が次のような形で存在するとみなす。つまり，法廷地国は，同国に位置し又は所在する外国の財産であって，執行措置の開始時点に当該外国の主権的目的に仕えるものに対しては，当該外国の同意なくして強制執行をすることが許されない，と。ついで，本件で問題になっている，外国大使館の一般的な当座銀行口座上の債権への強制執行について，およそ次のように論ずる。つまり，確固たる見解によると，国際法上，外国に対する保全又は強制執行の措置の場合には，外国の外交代表団の職務機能に奉仕する目的物には手を出してはならない。「*ne impediatur legatio* という国際法上の規範」は，外国に対するそのような措置を，外交的任務の履行の妨害の可能性がある限りにおいて，排除する。執行措置が外交代表団の機能性を危険にさらすようなものかどうかの判断の際における限

界づけが困難であるため，そして潜在的な濫用可能性のために，「一般国際法」は，外国に有利になるように保護領域を非常に広くし，且つ焦点を，接受国の措置により外交代表団の機能性が具体的に危険にさらされるということにではなく，類型的・抽象的に危険にさらされるということに合わせている。かくして，外交関係に関するウィーン条約の22条3項は，使節団の公館，公館内にある用具類その他の財産及び使節団の輸送手段を捜索，徴発，差押え又は強制執行から除外している。公館の不可侵性に関するこの規定は，そのほかの資産が派遣国の外交代表団の職務機能の国際法上の免除保護を享受できないという意味において，完結しているのではない。なるほどこの問題は，国連の国際法委員会では，不可侵性の視点のもとで詳しく論じられることはなかった。ウィーン会議でもそうであったのであるが，更なる免除保護を認めないという意味で決まっていたのでもない。ウィーン条約の前文においては，この条約により明示的に規制されていない問題については引き続き国際慣習法の諸規則が妥当するということが，確認されている。かくして，例えば，ドイツ連邦共和国とソビエト連邦との間の通商と海運の一般問題に関する1958年4月25日の協定の付属文書4条後段は，ソビエト通商代表団の公館及び公館内にある用具類のみならず，国際慣例上もっぱらドイツ連邦共和国内における政治的且つ外交的権利の行使に指定されている一般的資産をも強制執行から除外している。これに類するいくつかの協定の規定からは，派遣国がその外交的任務の遂行のために利用する目的物はウィーン条約22条の不可侵規定の事項的又は空間的な適用領域のもとに入らないときでも免除保護を享受する，という「国際法の一般規定」が確認される。派遣国がその外交代表団のために接受国において維持している一般当座銀行口座であって，大使館の経費の支払に指定されているものは「一般国際法上」外交代表団のための特別な保護にあずかるかどうかという問題は，外交代表団のための国際法上の保護という特殊な目的から答えられる。この領域における不可侵性及び免除の目的は，接受国における派遣国の外交代表団の円滑な外交的任務の遂行を保障することである。外交代表団の任務の遂行のためには資金の投入が不可欠である。この任務の枠のなかにおけるそのよ

うな資金の維持及び派遣国による外交代表団の経費の処理は，直接に外交代表団の任務・職務領域に属する。接受国の銀行において維持されている派遣国の一般当座銀行口座により大使館の経費を処理することは，直接的に，派遣国の外交的機能の維持に属する。そのような銀行口座上の派遣国の債権は，それ故に，強制執行の際に「一般国際法」により外交代表団のための免除保護を享受する，と。そのうえで，同決定は，外交使節団の銀行口座につき，それが外交的任務に使用されるべきものである旨の派遣国の権限ある機関による疎明だけで，十分に執行免除の対象となるとみなした[3]。

(2) オーストリア

1986年4月3日のオーストリア最高裁判所判決[4]は，上記のドイツ連邦憲法最高裁判所決定に従った。オーストリアの会社は，A共和国に対する債権につき，ウィーンの銀行におけるA共和国大使館名義の銀行口座に差押えを試みた。これに対して，A共和国は，ウィーンにおけるA共和国大使館の証明書により，問題の銀行口座が同大使館の主権的任務の遂行のための公式の口座であると主張した。オーストリア最高裁判所はかつて1958年8月6日の判決[5]において示した立場――それによると外国の外交使節団の銀行口座への強制執行は当該口座がもっぱら外国（その外交使節団）の主権的権利の行使に割り当てられているときには許されないが，私的目的のためにも使用されているときには許される――を支持しないとしたうえで，むしろ，一般国際法の準則が外国のための保護を広く認め，外交使節団の機能性に対する典型的な抽象的危険を認める，というドイツ連邦憲法裁判所決定の見解に賛成する旨を述べる。そして，同判決がいわく，オーストリアにおける外国の使節団の一般銀行口座において保有されている資産は，外交使節の経費をカバーするために（も）割り当てられているときには，同国の同意なくして執行に服することはない。そして，同判決は，判決債権者が問題の銀行口座が私的任務の遂行のためにのみ使用されていたということを証明していないとみなした。

(3) イギリス

　イギリスでは，1984年4月12日の貴族院判決[6]が注目される。コロンビア共和国に対して安全装置の設備を売り渡した私企業が，その未払い代金に関する勝訴判決に基づいて，ロンドンにおけるコロンビア共和国大使館の銀行口座につき，弁済禁止命令を獲得した。これに対して，コロンビア共和国は1978年国家免除法の規定のもとで執行免除を援用し，弁済禁止命令の取消を求めた。第一審裁判官は執行免除を認めたが，控訴院はそれを認めなかった。貴族院のDiplock卿は，控訴院判決を破棄し，弁済禁止命令の取消を回復させた。その際に彼は，まず，およそ次のように論ずる。つまり，国際法によると「国家がその主権的権限の行使においてなしたところのもの」と「国家が商業的活動のうちになしたところのもの」が区別され，前者のみが免除を享受する。国際法において認められている外交使節団の任務は1961年の外交関係に関するウィーン条約の3条で述べられている。国家が他国の領土においてその主権的権限の行使においてなす事柄の典型的なものは，そこに掲げられている。そして同条約の25条は，接受国は使節団の任務の遂行のため十分な便宜を与えなければならないと定めている。国際法が外交使節団の任務の遂行の際の費用を支払うために使用されている銀行口座の資金への差押えを禁じているかどうかという問題については，1977年12月13日のドイツ連邦憲法裁判所の「包括的な，そして緻密に論じられた決定」が参照された。同決定は，フィリピンの外交使節団の日々の管理運営費を支払う目的のために維持されている銀行口座への差押えを求める判決債権者の請求を，退けている。そのケースは本件と極めて類似している。同判決は，著名な裁判所が国際法に言及しつつ当該問題に決着をつけたものなので，特に役に立つ。国際法が外交使節団の管理運営費の支払のために使用されている外交使節団の当座預金口座に執行免除を与えることを要求している，というドイツ連邦憲法裁判所決定の推論は「まったく説得力のある」ものと考えられる，と。しかし，Diplock卿は，国際法（ウィーン条約をも含む）のもとではコロンビア共和国の外交使節団の銀行口座が差押えからの免除を受ける資格があったという事実だけでは本件の問題に答えるのには十分で

はないとみなし，更に 1978 年国家免除法のもとでの議論を展開する。そこで彼は，同法において執行対象となる「その時点で商業目的に使用され又は使用される予定であった財産」(13 条 4 項) について，その言葉が「外国の外交使節団の日々の管理運営費を支払うための」銀行口座上の資金を表すのかどうかという問題を同法の他の諸規定との脈絡において且つ「国際法を背景にして」解釈するとして，およそ次のように論ずる。つまり，そのような経費は，確かに，物品や役務の提供のための契約のもとで支払われるべき若干の金銭を含んでいる。しかし，本件の口座は，17 条 1 項や 3 条 3 項が規定する『商業目的』の拡張された定義にも入らない他の多くの項目の経費を支払うためにも，利用されるであろう。けれども，外国の外交使節団の銀行口座上の資金は，「一つであり分割できない」。判決債権者が「当該銀行口座が外国によってもっぱら(些細な例外を除いて) 商取引において負う債務を支払うためにのみ当てられていた」ということを示しうる場合を除いて，当該銀行口座は 13 条 4 項が規定する上記の決定的な文言には該当しない。外交使節団の銀行口座上の資金が 13 条 4 項の財産のなかに入ることの証明責任は，判決債権者にある。財産が商業目的のために国家により又は国家のために使用されていない又は使用される予定でない旨の使節団の長の証明書は，13 条 5 項により，反対の証明のない限り当該事実の十分な証明である，と。

(4) ア メ リ カ

アメリカでは，まず，1980 年 11 月 18 日のコロンビア特別区地方裁判所判決[7]が注目される。タンザニアとの海上穀物運送契約に関わる紛争につき得た仲裁判断に基づき，船主は，タンザニア大使館がワシントンの銀行に保有する小切手勘定に対する差押えを試みた。そこで，タンザニア政府は，外国主権免除法 1609 条のもとではこの口座は差押えから免除される，と主張した。コロンビア特別区地方裁判所は，仲裁合意がそれだけで黙示的に免除を放棄するのに十分である，と述べた。そして，当該口座がもっぱら大使館とその職員の維持と扶養の目的のためのものである旨のタンザニア大使館の宣誓供述書にもか

かわらず，同裁判所は，立法史からすると明らかに大使館の運営に必要な商品や役務の付随的な購入が外国主権免除法上の「商業的活動」の定義のなかに入る旨を指摘し，そして，商業的活動の決定にあたり裁判所が大幅な自由を有するとみなしつつ，債権者の救済という観点から本件の混合口座に免除を与えないという立場を示した。その意味で，同判決は近時の諸国の裁判例のなかで独自の存在意義を有していることになろう。もっとも，同判決はもっぱら米国主権免除法の枠内で議論を展開しているように思われる。それは国際法に言及していないのみならず，諸外国の動向に目を向けることもないからである。

　上記の判決の7年後に，それとは異なる態度を示す判決が現れた。1987年4月16日のコロンビア特別区地方裁判所判決[8]である。リベリア政府との森林コンセッション契約に関わる紛争につき得た仲裁判断に基づき，フランスの会社が，その仲裁判断を執行するために，リベリア大使館の銀行口座に対する差押えを試みた。コロンビア特別区地方裁判所は，まず，リベリア大使館の銀行口座はウィーン条約のもとでは差押えから免除されると結論した。その際に，同裁判所は，同条約がその25条において「接受国は，使節団に対し，その任務の遂行のため十分な便宜を与えなければならない」と定めていること，及びその前文において「国を代表する外交使節団の任務の能率的な遂行を確保する」旨の意図を表明していることを指摘する。そして，同裁判所は，外交使節団の目的のために使用されている又は使用されることを意図されている公式の銀行口座が差押えからの外交免除を享受する旨がウィーン条約のいかなる規定においても明確に述べられていないことを認めつつも，大使館の銀行口座に外交免除を与えないことは同条約25条において述べられている約束及び同条約の当事者の意図とも両立しない，とみなす。更に，同裁判所は，リベリア大使館の銀行口座が外交免除に関する結論とは無関係に差押えから免除されることを明らかにするために，外国主権免除法のもとでの議論を展開する。同裁判所は，まず，外国主権免除法の制定当時に米国がウィーン条約に加盟していたので，同法が既存の国際協定に従って制定されたと考えて，それを理由に，議会が外国主権免除法によりウィーン条約のもとでの外交免除に影響を与えるつも

りはなかった旨を指摘する。そのうえで，同裁判所は，執行免除の例外を定める外国主権免除法1610条a項1号の二段階のアプローチ——第一に外国による免除放棄，第二に商業的活動のための財産——に従いつつ，同法の商業的活動の意味に関する立法史を紹介したうえで，およそ次のように論ずる。つまり，主権免除は例外というよりもむしろ原則である，また，裁判所は「外国政府の問題に影響を及ぼす領域」を扱うときには慎重であるべきである，という理由からして，「商業的活動」という概念は狭く定義されるべきである。リベリア大使館の銀行口座の資金が使用される活動は本質的には疑いもなく公的又は政府的な性質を有する。しかし，銀行口座の資金のある部分は，私人からの物品や役務の購入のための取引のような，大使館の管理・運営との関連における商業的活動のためにも使用されている，と推定される。外国主権免除法の立法史の示すところによると，これらの資金は商業的活動のために使用されるものであって，差押えから免除されない。けれども裁判所は，銀行口座のある部分が商業的活動に使用されているときには口座の全体が免除を失う，と命令することを拒否する。反対に，『商業的活動』の狭い定義に従うならば，資金が『付随的』又は『補助的』である商業的活動のために使用されるときには，それは当該資金の用途の本質的な性格を示すものではないので，銀行口座の全体は主権免除の保護を奪われないことになる，と。そこでは，大使館の銀行口座の資金は，たとえその一部が補助的に商業的活動に使用されていても，全体的に免除の対象となる，という命題が示されている。

(5) ス イ ス

スイスの判例の立場は1986年4月30日の連邦裁判所判決[9]によって次のように定式化されている。つまり，「スイスの従来の恒常的な判例」によると，「判決手続においても執行手続においても，外国が係争の事件において主権的活動を行ったとき，それ故に *jure imperii* に行動したときには，免除が外国に与えられる。これに対して，外国が私法上の権利の担い手として登場したとき，それ故に *jure gestionis* に行動したときには，判断されるべき法律関係がスイス

との十分な関係を示す限り，外国に対する訴えや執行措置は許される」。国際法上，この「一般的免除」のほかに「特定の目的物に関する免除」も認められている。それ故に，『外国がスイスで所有し，その外交上の職務のためのもの又は公権力の担い手として負う他の任務のためのものと予定している財産価値』は，法律上の争いの性質とは無関係に執行手続から除外される，と。スイスの判例のそのような立場からすると，外国に執行免除を認めさせないためには，執行財産が主権的目的に奉仕するようなものでないことが必要であるのみならず，「判断されるべき法律関係がスイスとの十分な関係を示す」ことも必要となる。まず，執行財産が主権的目的のためのものかどうかという問題の立証責任の問題から入っていこう。

1985年4月24日の連邦裁判所判決[10]では，執行対象が外国やその中央銀行の現金や有価証券などである場合には，それが主権的目的に使用されるべきものである旨の具体的な証明が外国によってなされていない限り，私人の側に有利に推定する，という立場が示された。ところが，その後，私人にとって厳しい立場を示す裁判例が登場しつつある。

まず，1990年7月31日の連邦裁判所判決[11]である。X国の常駐使節団との邸宅の賃貸借契約に関わる紛争につき，賃貸人はスイス銀行におけるX国の口座に対する仮処分を試みたが，それが執行免除に反するかどうかが問われた。ジュネーブ・カントンの監督官庁は，外交関係に関するウィーン条約22条3項に準拠したうえで，連邦裁判所の恒常的な判例に依拠しつつ，仮処分財産が外国の外交的役務に割り当てられていなかったかどうかを検討した。そして，使節団の提出した外交文書に基づき，仮処分財産がもっぱら常駐使節団の需要に奉仕するものであると認定した。これに対して，賃貸人は，ウィーン条約22条3項は本件では適用されないこと，及び原審は立証責任を不当に逆転させていることを主張した。連邦裁判所はカントン監督官庁の決定を確認したのであるが，その際に，「連邦裁判所は理由においてカントン監督官庁の論証に賛成した」[12]。そして，次のように論じた。つまり，国際法上の免除は，判例によると，仮処分財産の性質を考慮して，当該財産が識別できる仕方で「国家

主権の行使に属する具体的目的」に割り当てられていた限りで，主張されうる。判例は外交関係に必要な役務を「公権力の行使に属する目的」と同一視する。居住地における常駐使節団の職員の居住費用の引き受けは上記の目的の構成要素をなす。それ故に，この費用をカバーすべき資金は執行免除によって保護される。本件では，カントン監督官庁は，銀行における仮処分財産がもっぱら常駐使節団の作用に割り当てられているということを確認した。その確認は特に「外交的覚書」——その主張の真実性は疑義をさしはさめないものと確認されている——に基づいている。証拠の評価に基づくこの事実はこの法廷を拘束する，と。そこでは，執行対象が常駐使節団の銀行口座の場合には，当該銀行口座がもっぱら常駐使節団の需要に奉仕する旨の外交的覚書だけに基づいて，当該銀行口座を公権力の行使の目的のものと推定する，という立場が示されているように思われる。おそらくこの判決を意識したものと思われるのが，1991 年 2 月 28 日の国際法局（Direction du droit international public）の覚書[13]である。それがいわく，「スイス実務は，大使館によって開設された口座はつねに公的目的のために割り当てられており，したがってあらゆる種類の介入に対して免除を享受する，という推定を認めている」。

　次に，1998 年 1 月 5 日のベルン・カントンの控訴院判決[14]である。C 国の使節団との労働契約に関わる紛争につき，解雇された X 婦人は，ベルンにおける C 国の銀行口座に仮処分を試みた。これに対して C 国は争った。同判決は，C 国がスイスと同様に外交関係に関するウィーン条約の当事者であるとみなして，次のように述べる。つまり，C 国はそのような資格で同条約 22 条 3 項も，スイスにおける外国財産の仮処分に関する 1986 年 7 月 8 日の司法警察連邦局（Département fédéral de justice et police）の直近の回状も利用できる。後者の文書によると，22 条 3 項は特に外交代表団の銀行口座に執行を免除する。しかしこの結論は当該規定の正文からは出てこない。それは「使節団の公館，公館内における用具類その他の財産及び使節団の輸送手段」に免除を認めるにとどまる。外交代表団の銀行口座を原則的にカバーする免除は，「ウィーン条約の 22 条 3 項の類推適用」からも，外交使節団の任務の遂行のための便宜の

供与に関する同条約の 25 条において示されている原則からも引き出されうるようである。このテーゼの妥当性の問題はここでは未解決のままにしておくことができる，と。条約との関連についてこのように述べた後に，同判決は，およそ次のように述べる。つまり，「国際法の平面では，一般原則としての免除のほかに，特定の財産をカバーしうる免除が存在する。この局部的免除は財産が割り当てられている目的から生ずる。もしこの目的が公権力の行使に属するならば，免除は与えられる。反対の場合には，いかなる免除も認められない」。銀行口座の行政的又は財政的資産への所属はほとんど重要でない。というのは，公権力の行使に割り当てられた財産という観念は行政的財産の観念よりも少し狭いからである。公権力の行使に割り当てられた財産が問題であるということを立証するのは，仮処分を受けた債務者の役目である。けれども実務においては，連邦裁判所は，仮処分を受けた債務者たる国家によって提出される証明書で——仮処分者がこの証明書を無効にしうる証明の要素を提示しない限り——満足している，と。更に，同判決は，大使館によって開設された口座が国家的任務の実行に割り当てられているという推定は——当該口座が大使館によって開設されたことが知られていなかったので——本件では適切ではない，と指摘する。そして，いわく，たとえ仮処分を受けた債務者たる国家によって提出された証明書が考慮に入れられても，人は，本件で問題になっているのは混合口座であるという考えから，出発すべきである。このような状況なのだから，口座の免除は原則として——個々の金額の個別的な割当が明らかにならない限り——認められるべきである。換言すれば，「当該口座の一部の国家的活動への割当は口座の全体を執行措置から保護する」。この論述においては，大使館の銀行口座が混合口座である場合には——私人の側で個別的な割当を証明しない限り——すべて国家的活動に割り当てている口座と同様に取り扱う，という立場が示されている。これは，そのような証明が実際には極めて困難であることを考えると，私人の立場よりも外国の立場を重視したものといえよう。そうとすると，同判決は，執行財産の主権的目的への割当につき国家の側の詳細な証明を要求する 1985 年連邦裁判所判決とは，姿勢をかなり異にしている

ことになる。そのような姿勢の相違は，本件では——1985年連邦裁判所判決の場合とは異なり——1990年連邦裁判所判決におけるのと同様に外交使節団の銀行口座への執行が問題となっている，という事情によるのではなかろうか。

かくして，制限免除主義の最近の実際の運用においては，特に常駐使節団の銀行口座への差押えとの関連で，当該銀行口座が外交的役務に奉仕することの証明を一応は常駐使節団に課すが，実質的には極めて容易にその証明を認める，という立場，又は大使館の銀行口座が混合口座である場合には，一応私人の側に個別的な割当の証明の機会を認めつつも，私人がその困難な作業に成功しない限り当該口座をすべて国家的活動に割り当てられている口座と同様に取り扱う，という立場が登場しつつあるといえよう。その結果，私人が有利な判決又は仲裁判断を得たときにあっても，その内容を実現することが極めて困難になっているといえる。

ところで，スイス連邦裁判所の判例は，権利実現を求める私人に対して執行免除との関連で更なる不利な条件を課している，ということに注意しなければならない。というのは，先にもみたように，同判例によると，執行免除が拒否されうるためには，対象財産が主権的活動目的のものでないことのほかに，更に問題の法律関係がスイスと十分な関連を有していることが要求されるからである。この内国関連性の要件が執行免除の際に私人に不利な形で機能したという点で，且つ初めてその要件の存在理由に言及したという点で注目されるのは，1980年6月19日の連邦裁判所判決[15]である。その事案においては，アメリカの石油会社はリビアとの石油コンセッション契約に関わる紛争につきジュネーブにおいて有利な仲裁判断を獲得し，チューリッヒの銀行におけるリビア及びその政府組織の財産に対して仮差押えを試みた。これに対して，リビアは執行免除を援用した。判決は執行免除の要件についておよそ次のように論じた。つまり，今日の大多数の国の実務によると，外国はその主権的活動に関して（*acta jura imperii* について）のみ免除を有するのであり，私法上の権利の担い手として私人と同じように登場する場合にはそうではない。この制限免除主義は

「国際慣習法」に属する。しかし，外国が主権の担い手としてではなく私法上の権利の担い手として現れるということだけで，連邦裁判所は外国に対する判決手続及び執行手続を許容するのではない。連邦裁判所は更に，問題の法律関係が「スイス国家領土との十分な内国的関係」を示すということを要求する。それ故に，——たとえ法的紛争が外国の非主権的行為に還元されうるときでも——「スイスの官庁の前で外国の責任を問うことが正当化されるほどに強く当該法律関係をスイスに結びつけるような事情」が存在しなければならない。というのは，「ある程度集中的な内国的関係」が欠けているときに外国に対する法的追及を許容することには理由がないし，事柄からしても有意義ではない。「スイスの利益」はそのような処置を要求しない。逆に，そのような処置では容易に「政治的困難やその他の困難」が生じうるであろう。外国に対する強制執行措置の際の十分な内国的関係は，これまで連邦裁判所によって要求されてきた。そのような内国的関係の要求は上記の国際法規に対応するのではなく，それ故に国際慣習法には属さない。国家は国際法上，非主権的な利害について外国に対する判決手続及び執行手続を許容するように義務づけられているのではない。むしろ国家はこの点について国内法の枠内においてある種の自己制限を自らに課すことができる。それ故に，「十分な内国的関係の要求はスイスの国内法の表明なのである」，と。

　この訴訟では石油会社は，リビアが仲裁条項に署名していたのだから国際法上の免除を放棄していたことになる旨を主張していた。そこで，連邦裁判所はその問題についてどのような態度を示すのかが注目されるケースであったのであるが，判決は次のように述べて当該問題の態度表明を回避した。つまり，本件では十分な内国的関係が欠けているということが明らかであるので，当該問題を未解決のままにしておくことができる。連邦裁判所は十分な内国的関係という要件を国内法から引き出すので，この点については国家が国際法上与えられる保証を放棄したかどうかは最初から重要ではない。たとえ抗告人〔リビア〕が被抗告人〔石油会社〕の陳述どおりにその国際法上の免除を放棄していたとしても，スイスと接触点を示さない又は些細な接触点しか示さない——外国が

絡む——法的紛争の解決のために，スイスの裁判組織を用立てる理由は存在しないであろう。内国的関係が欠けているときには，更に，当事者間の法的紛争がリビアの主権的又は非主権的な行為に還元されうるかどうかも，未解決のままにしておくことができる，と。

それでは，本件では十分な内国的関係の存否についてどのような判断がなされたのであろうか。同判決は，まず，十分な内国的関係の要件の内容について従来の判例の立場を述べる。つまり，「判例によると，限定された意味での十分な内国的関係は，問題の債務関係がスイスで基礎づけられた又は清算されるべきであるとき，或いは債務者たる外国がスイスで履行地を基礎づけるのに適した行為を行ったときに，存在する。債務者の財産的価値がスイスにあるという事実だけでは，そのような内国的関係を創設することができない」[16]，と。そして，本件については，判断されるべき法律関係のスイス領土との十分な内国的関係が存在しないと判断した。その理由はこうである。つまり，仲裁手続において問題となるのはリビアによって収用された，リビアで石油を採掘するアメリカの石油会社のコンセッション上の権利だから，単独仲裁人によって判断される紛争対象はその全体において外国にある利害に関係する[17]，と。

この判決はいくつかの興味深い立場を示しているように思われる。まず，同判決は，外国はその主権的活動に関してのみ免除を受けるのであり，私法上の権利の担い手として私人と同じように登場する場合にはそうではない，という制限免除主義について，それは「慣習国際法」に属すると明言した点である。次に，同判決は，外国が私法上の権利の担い手として現れる場合でも，外国に免除を認めないためには更に，問題の法律関係が「スイス国家領土との十分な内国的関係」を示すということを要求するという従来の判例の立場を維持するのであるが，その際に，そのような内国的関係の要件の法的位置づけを明確にする。つまり，内国的関係の要件を国際法上のものとしてではなく，「スイスの国内法の表明」——国内法の枠内における自己制限——として捉えるのである。更に，内国的関係の要件の機能について踏み込んだ見解を示している。つまり，たとえ外国が契約締結時に免除を放棄していても，内国的関係を示さな

い法的紛争についてはスイスは外国の財産に対する執行を許さない，という立場である。因みに，同判決は，外国による仲裁条項の署名が国際法上の免除の放棄を意味するのかどうかという問題については，態度表明を差し控えている。最後に，同判決は，上記のような性質と機能を有する内国的関係の要件について，連邦裁判所としては初めて理由に言及したという点である。つまり，外国の関係する法律関係が私法上のものであっても「スイス国家領土との十分な内国的関係」を欠いているときに，外国に対する法的追及を許容することは，「政治的困難やその他の困難」を生ぜしめ，「スイスの利益」に反する，と。

(6) ベルギー

ベルギーでは，2000年2月15日のブリュッセル控訴院判決[18]が注目される。1990年8月2日にイラクはクウェートを侵略した。そこで国連安全保障理事会は，国連憲章第7章に基づいて，経済的禁輸措置やイラク財産の凍結に関する一連の決議を行った。その後，国連安全保障理事会はクウェート解放のための武力の行使を許した。1997年にスイスの会社はイラク大使館の銀行口座への差押えを試みた。これに対してイラクは執行免除を主張した。ブリュッセル控訴院判決は，上記の決議が湾岸戦争とは無関係なイラクの債務のための執行免除に関する通常の規則を修正しなかったとみなす。そのうえで，同判決は，イラク大使館名義の銀行口座への差押えについて，およそ次のように述べて，外交関係に関するウィーン条約を適用する。つまり，外交関係に関する1961年4月18日の条約は，使節団の銀行口座は——同条約22条3項が使節団の公館，公館内にある用具類その他の財産及び使節団の輸送手段について述べているように——捜索，徴発，差押え又は強制執行の対象たりえない，と定めているのではない。けれども，同条約25条は，接受国は使節団に対しその任務の遂行のため十分な便宜を与えなければならない，と定めている。そのことは，使節団の任務の遂行に必要又は有用な銀行口座は執行措置の対象たりえない，ということを意味する。1961年のウィーン条約に関するこの解釈は，条約法に関する1963年5月23日のウィーン条約に含まれている条約の解釈の慣習的

ルールに適合する。実際に，同条約 31 条 1 項は，条約規定の意味はその趣旨及び目的に照らして探求されるべきである，と定めている。そして，外交関係に関する条約は，使節団の任務を容易にすることを目的とする。大使館の口座の外交免除は，「口座に預けられている金額が使節団の任務の遂行に必要又は有用である限りにおいてのみ」，認められる。そうでない場合には，外交関係に関するウィーン条約の 25 条に従って使節団の口座に免除を与える理由はないであろう，と。そこでは，ウィーン条約の 25 条から「使節団の任務の遂行に必要又は有用である」銀行口座は「外交免除」を享受すべきであり，執行措置の対象たりえない，という結論が引き出されている。「使節団の任務の遂行に必要又は有用である」銀行口座の金額についてのみ執行免除を認めるという表現からすると，ブリュッセル控訴院判決は，上記のドイツ連邦憲法裁判所決定などの見解と比べて少し私人の側にとって寛大であるようにみえる。しかし，同判決においては，当該金額が使節団の任務にとって有用であるかどうかは原則として「派遣国及び使節団それ自身の判断に依存する」――もっとも一応は私人に反証の可能性が認められてはいる――，とされていることに注意すべきであろう。因みに，本件においては，同判決は，イラクの外務省局長の宣言の信憑性を疑うことには理由がなく，スイスの会社も当該金額が使節団の任務の遂行に必要又は有用ではないということを証明しなかった，とみなした。

2　執行免除の放棄

最近，執行免除の放棄との関連でフランスの裁判所が注目すべき判決を下している[19]。それをみてみよう。

フランスではこれまで執行免除は「差押財産が裁判上の請求の原因たる私法上の経済的又は商業的活動に割り当てられていたときに」排除されうる（1984 年 3 月 14 日の破毀院判決）とされ，そして，執行免除の場合には，裁判権免除の場合[20]とは異なり，仲裁条項から免除の放棄を引き出すことに判例は消極的な態度を示していた[21]。このような状況にあって，2000 年 7 月 6 日の破毀院判決[22]は一定の仲裁条項から執行免除の放棄を引き出すという態度を示した。

この判決は「国家の執行免除の歴史において時代を画する判決」[23]とも評されている。カタール政府との建設契約に関わる紛争につき得た仲裁判断に基づき，アメリカの会社はフランスにおいて，カタール国営銀行とフランス銀行によってカタール名義で保持されている金額に対して差押え＝帰属を，フランス銀行の手元にある社員の権利と有価証券に対して保全差押えを行った。しかし，当該財産の保持者たるカタールの財政省，内務省，農業省はこの差押え＝帰属と保全差押えの取消を求め，それがパリ大審裁判所の判決及びパリ控訴院判決によって認められた。パリ控訴院判決は，カタールが仲裁条項を承諾したという事実から執行免除の放棄を推定しなかったのである。これに対して破毀院がいわく，「仲裁条項の署名者たる国家によって引き受けられた，ICC仲裁規則24条の表現において仲裁判断を履行する義務は，当該国家による執行免除の放棄を意味した」。

かくして破毀院は，仲裁条項の存在から執行免除の放棄の意思を引き出すことにより，私人の保護——国家と私人を平等に取り扱うこと——に向けて，大きく一歩踏み出したのである。その結果，主権免除の放棄について，執行免除を裁判権免除と同じように扱うに至ったのである。但し，判決文が執行免除の放棄の意思を見出す際に，単なる仲裁条項の存在のみに着目しているのではなく，わざわざ仲裁合意のなかに編入されているICC仲裁規則24条（1998年1月1日以降は28条6項）に言及している。そのことからわかるように，破毀院は，執行免除の放棄の意思が見出されるためには単なる仲裁条項だけでは十分ではなく，仲裁判断を履行する義務を定めるICC仲裁規定24条のようなものが当事者によって採用されていることが必要である，と考えていることになろう[24]。因みに，破毀院は，破毀申立てにおける原告が従来の破毀院判決[25]と同様に「外国の免除を支配する国際私法の諸原則」を援用していたにもかかわらず，本判決においては参照法令として「外国の免除を支配する国際法の諸原則」をあげている。

次に，2000年8月10日のパリ控訴院判決[26]である。ロシア政府との貸付契約上の紛争につき得た仲裁判断に基づき，スイスの会社は駐仏ロシア大使館，

ロシア商業代表団及びユネスコにおけるロシア常駐代表団の銀行口座や他の財産に対して，様々な差押えを試みた。これに対して，駐仏ロシア大使館などは差押えの取消と解除を求めた。パリ控訴院の前で，貸主たるスイスの会社は，「借主は本件契約との関係で下される仲裁判断の適用に関してあらゆる免除の権利を放棄する」，「借主は自分自身についても，自分の資産又は所得についても，この契約上の債務との関係において訴追，強制執行，差押え又はその他の司法手続のいかなる免除も利用できない」，という契約条項を援用しつつ，ロシアが裁判権免除やすべての執行免除を放棄したと主張した。これに対してロシアは，外交的活動に関する執行免除を放棄しなかったと主張した。パリ控訴院判決は，まず，援用されている免除放棄の射程距離の評価は法廷地裁判官の役目である，とみなした。そして同判決は1961年4月18日の外交関係に関するウィーン条約の趣旨や使節団の任務を説明した後に，およそ次のように論じた。つまり，ウィーン条約の前文によると，特権や免除の目的は「個人に利益を与えることにあるのではなく，国を代表する外交使節団の任務の能率的な遂行を確保することにある」。同条約の諸規定，特に22条乃至28条からは，条約上の保証は「人物や外交官の資産に限定されず，外交的任務の遂行に必要な範囲で派遣国にも利する」ということになる。外交的任務の遂行は，このように国際条約によって保護されており，「諸国の共同体によって伝統的に承認されてきた国家主権の本質的属性」である。外交使節団又は外交官の免除は国際関係の行動に固有なものであり，別のルートから国家に与えられる執行免除に適用される制度とは「別個の特別な制度」に服する。係争の契約において別に詳しく説明することなく「借主は本件契約との関係で下される仲裁判断の適用に関してあらゆる免除の権利を放棄する」と言及するだけでは，「執行の外交免除を利用することを契約の相手方たる私法上の法人のために放棄する旨，そしてこの商事会社がもしものときに外国における自己の大使館や代表団の働きや行動を阻害しうることを受け入れる旨の，借主たる国家の曖昧でない意思」を表明していることにはならない，と。かくして，パリ控訴院判決は，仲裁条項が一般的な形であらゆる免除特権の放棄の意思を表明しているにもかかわら

ず，外交財産についての免除の意思を引き出さなかったのである[27]。その際には，本件においては 1961 年 4 月 18 日の外交関係に関するウィーン条約が適用されるべきである，と考えられている。同判決はおよそ次のように述べる。つまり，確かに，大使館の銀行口座は同条約によって明示的には言及されていない。しかし，同条約は外交使節団の任務の能率的な遂行を確保することを狙いとする。この目的を実現するためには，この任務の遂行に割り当てられている資金の保護が保証されることが必要である。同条約の 22 条 3 項はこの精神において，使節団の公館，公館内にある用具類その他の財産及び使節団の輸送手段は捜索，徴発，差押え又は強制執行の対象となりえない，と定める。同条約の 25 条は接受国に「使節団の任務の遂行のため十分な便宜」を与える義務を課している。以上からは，「接受国の領土での公役務の活動のために大使館名義で開設されている銀行口座に記入されている資産の保護」は，「外交関係の法規」から生じ，そして「外交免除の特殊な制度」に属する，ということになる，と。したがって，本件で問題となっているのは国際慣習法における通常の国家免除の制度ではなくウィーン条約における「外交免除の特殊な制度」である，という判断がなされているのである。そして，当該判決は，外交使節団の任務の能率的遂行を保証することを目的とする同条約の趣旨から，特に 22 条 3 項及び 25 条から，使節団の任務の遂行に割り当てられた財産の保護を保証する「外交免除の特殊な制度」を引き出したうえで，外交的任務の遂行に必要なものとしての外交使節団の銀行口座を——同条約では直接に言及されていないにもかかわらず——「外交免除の特殊な制度」の妥当範囲のなかに入れたのである。そしてそのうえで，国家の免除特権放棄の意思の認定について極めて慎重な態度を示したことになろう。パリ控訴院判決のように外交免除の制度が外交使節団の銀行口座にも及ぶと解するとしても，当該銀行口座の差押えが可能かどうかの判断の際にその使途が重要とならないのかが問題となる。同判決は，「外交関係の法規」から「接受国の領土での公役務の活動のために大使館名義で開設されている銀行口座に記入されている資産の保護」を引き出していることからすると，大使館の銀行口座の資金が「公役務の活動」に関わるも

のであることを要求しているように思われる。そうとすると，問題の資金が公役務の活動に関わるものか否かの証明をどうするのか，という厄介な問題が登場するが，本件では，当該銀行口座が駐仏ロシア大使館などの職務遂行に割り当てられていることは争われていないと認定され，問題が簡単に処理された。

3　若干の考察

　これまで執行免除に関する若干の諸国の裁判例を概観してきた。そこからは次のことが引き出されうる。まず，執行免除は主権的活動のための財産に対して認められるが，商業的活動のための財産に対しては認められない，と考える傾向が見出されうる[28]。そのような考えを所与の財産に適用していくにあたり特に問題となるのが，外交使節団の銀行口座（混合口座）である。そのような口座の資金を主権的活動のためのものとそれ以外のものに仕分けることは，ときとして困難だからである。そのような場合に重要となるのが立証責任の問題である。この点については，国家が外交的任務のための資金であることを理由に執行免除を主張するときには，国家がその旨を証明すべきであるという点については異論がないようである。問題はその証明がどの程度のものであるべきなのかであろう。その点については，1977年ドイツ連邦憲法裁判所決定は外交使節団の銀行口座の使用目的などの詳細に立ち入ることをよしとせず，当該口座が外交的任務に使用されるべき旨の派遣国の権限ある機関の疎明で十分であるという方向を示した。また，イギリスの国家免除法13条5項は外交使節の長による証明書を――私人による反証がない限り――「十分な証拠」とみなす。そして1984年貴族院判決は，私人に反証の可能性を認めつつも，大使館の混合口座を不可分の一体として扱うという態度を示し，そのうえでコロンビア大使館の証明書を決定的なものとみなした。また，1986年オーストリア最高裁判所判決も，外交使節団の口座につきその一部が外交的任務にも割り当てられている限り，一括して免除の対象となる旨を判示した。1987年米国コロンビア特別区地方裁判所判決は，リベリア大使館の銀行口座への差押えにつ

き，ウィーン条約の適用のもとでは免除が認められると解し，そして同時に外国主権免除法のもとでも同じ結論になるとした。そのうえで，同判決は，リベリア大使館の銀行口座の資金はたとえその一部が補助的に商業的活動に使用されていても全体的に免除の対象となる，とみなした。1990年スイス連邦裁判所判決は外交使節団の銀行口座への差押えとの関連で，当該銀行口座がもっぱら常駐使節団の需要に奉仕する旨の外交的覚書だけに基づいて当該銀行口座を公権力行使の目的のものと推定する，という立場を示し，また，1998年ベルン・カントン控訴院判決は大使館の銀行口座が混合口座である場合には，一応私人の側に個別的な割当の証明の機会を認めつつも，私人がその困難な作業に成功しない限り当該口座をすべて国家的活動に割り当てられている口座と同様に取り扱う，という立場を示した。そのような傾向のなかにあって，「使節団の任務の遂行に必要又は有用である」銀行口座についてのみ執行免除を認めると述べる2000年ブリュッセル控訴院判決は，多少私人の側にとって有利であるようにみえる。しかし，同判決は，他方では，銀行口座の資金がそのようなものであるか否かを——私人による反証の可能性を認めつつも——原則に派遣国及び使節団それ自身の判断に委ねるという態度を示している。上記の諸判決からすると，外国使節団の銀行口座上の資金が執行免除を享受できるようなもの（主権的活動のためのもの）であるのか否かについては，実質的に立証責任を私人の側に負わせる傾向にあることがわかる。しかし，私人は大使館の管理運営に関する情報を有しないので，現実として大使館の証明書を反駁することができない。そのうえに，近時の諸国の裁判例は混合口座についてはそれを一括して免除の対象とする傾向にある。その結果，私人はせっかく苦労して自分に有利な仲裁判断（又は判決）を獲得しても，事実上それを実現させることができないことになっているといえよう。確かに，ウィーン条約が「国を代表する外交使節団の任務の能率的な遂行を確保する」（前文）ために外交上の特権や免除を認め，「接受国は，使節団に対し，その任務の遂行のため十分な便宜を与えなければならない」（25条）と定めているように，接受国は外交使節団の任務の遂行を阻害すべきではないという観点も，無視するわけにはいかない。

しかし、だからといって私人の立場は軽視されてもよいということにはならない。私人に対する上記のような取扱いは国際仲裁との関連では次のことを意味する。つまり、国家は私人と国際取引契約——例えば国家契約（経済開発協定）——を締結するにあたり、仲裁条項に署名することにより私人を安心させておきながら、他方では、いざ紛争が発生して自己に不利な仲裁判断がでたときには実質的にその履行を拒否できることになる、と。それは信義にもとるのではなかろうか。

(1) 私人の保護という観点からして注目されるのは、1980年米国コロンビア特別区地方裁判所判決である。それは、混合口座に執行免除を認めることは抜け道を作ることになる旨、及び派遣国は主権的活動目的の資金と商業的活動目的の資金を分離することにより使節団の維持を確保するように努めるべきである旨、を説いていた[29]。同判決はウィーン条約を考慮に入れていないのみならず、諸外国の動向に目を向けるということもなく、もっぱら外国主権免除法の枠内で議論を展開しているが、そこで示された視点は検討に値するように思われる。

まず、外交使節団の混合口座を一括して執行免除の対象とすると、外交使節団がその外交的任務とは無関係な目的の資金をその口座に入れることにより、当該資金につき執行を回避しうることになる、という点である。そのような混合口座の濫用という事態は、1977年ドイツ連邦憲法裁判所決定も視野に入れていなかったわけではない。同決定は、そのような事態に対処するという観点から二点を指摘していた。つまり、接受国はいわば免除の濫用といえる場合には国際法上許される手段によって対処すべきであるという点と、私人は予め派遣国から執行免除の放棄の約束を取りつけうるという点である[30]。第一点については、そこでいう国際法上許される手段としては、例えばウィーン条約9条1項の persona non grata 宣言により派遣国に問題の人物を召還させ、又は使節団におけるその者の任務を終了させることが考えられよう[31]。しかし、そのような手段はよほどのことがない限り利用されないというのが現実なので

はなかろうか。そうとするならば，そのような手段があるからといって私人の保護が十分にはかられることにはならないといえよう。ここで注意されるべきは，今日の諸国の裁判例の傾向を代表する1977年ドイツ連邦憲法裁判所決定そのものが，派遣国がその主権的活動の遂行に支障をきたすことがないにもかかわらず責任を逃れるために執行免除を援用することに対しては，否定的な評価を与えているという点である。第二点については，確かに予め国家に対して執行免除の放棄を確約させておくという方法は最善の策であろうが，当事者間の力関係の問題もあって，これまで現実にはそのような例があまりないということが指摘されよう。その意味で，一般的な形であらゆる免除特権の放棄の意思が表明されていた事件に関する2000年パリ控訴院判決は注目されたのであるが，同判決は，そのような放棄条項からは外交財産についての免除の明確な意思を引き出さなかったのである。その際には，本件においては1961年の外交関係に関するウィーン条約における「外交免除の特殊な制度」が適用されるという観点から，外交的任務の能率的な遂行を特に重視するという姿勢が示されている。これに対して，私人の保護に向けて大きく一歩踏み出したのが2000年破毀院判決──そこでは外交使節団の銀行口座上の資金が差押えの対象となっていない──である。国家がICC仲裁条項に署名した，それ故にICC仲裁規則24条の表現において仲裁判断を履行する義務を引き受けたという事実から，当該国家の執行免除の放棄の意思が引き出されたのである。もっともこのようなやり方はウィーン条約上の外交免除の場合には通用しないことに注意すべきであろう。というのは，同条約は，その32条において「放棄はつねに明示的に行わなければならない」としており，黙示的放棄を認めないからである。

　次に，派遣国が外交使節団の銀行口座の資金を主権的活動目的のものと商業的活動目的のものとに分離しておけばその本来の外交的任務の遂行に支障をきたすことがないのみならず，私人も商業的活動目的の資金の範囲内においてであるが債権の満足を得ることができるのではないのか，という1980年米国コロンビア特別区地方裁判所判決の示唆する提案である。この点については，

1987年米国コロンビア特別区地方裁判所判決は，資金が公的性質のものであるのか商業的性質のものであるかを決定することが困難である旨を強調していた[32]。確かに，何が商業的活動に該当し何が外交的任務に該当するかという点の判断が困難となる場合はありうる。しかし，二つの区別につき限界事例の存在を指摘するのみでは批判としては十分ではないように思われる。これまでも多くの人はそのような区別が可能であると考えているからこそ，制限免除主義について語ることができたのではなかろうか。

もっとも，外交使節団が銀行口座においてそのような資金の分離を明確に行っていないときはどうすべきであろうか。そのような場合に1979年にパリ大審裁判所は，大使館の資金について，とりあえず差押えの取消を認めつつも，当該資金が主権的活動に割り当てられたものか否かについて委員会に調査を命じたことがある[33]。しかし，そのような調査には一般に時間がかかるので，差押えの可能な資金であるという結果が判明した時点では当該資金がすでに当該口座から他へ移されてしまっているということがありうる[34]。他方，とりあえず差押えを認めたうえで，調査に入るという方法では，1987年米国コロンビア特別区地方裁判所判決が指摘するような事態が生ずる。つまり，もし民事判決債権者が，外交使節団の銀行口座における商業的活動目的の部分を正確に決定するための徹底的なディスカバリーが完了するまで，当該銀行口座を凍結することができるならば，外交使節団はその外交的任務の遂行にあたり非常な困難を経験するであろう[35]，と。換言すれば，資金のなかで執行免除を享受すべきものまでもが長期間凍結され，外交使節団の当面の任務の遂行に支障をきたすことになるのである[36]。

そこで，差押えからの免除を主張する外交使節団に対して，どの資金が外交的任務に使用されるべきものとされているのかを詳細に証明すべきである，と説く見解が登場してくる[37]。外交使節団であったならば，そのような証明に時間を要しないので，先のような問題が生じないであろう，というのである。問題の活動やそれに割り当てられている資金の主権的性格の立証責任のすべて又は一部を国家当事者に負わせるために，手続的規則の緩和を企てるべきであ

るとする見解[38]も，同じ趣旨であろう。

　もっとも，そのような見解とは異なる立場に立脚する1977年ドイツ連邦憲法裁判所決定は次のように述べていた。つまり，接受国の執行機関が銀行預金の存在や目的について調査し確認することは派遣国の外交使節団の内部的な職務領域に入り込むおそれがあるし，また，派遣国にそのような使用目的に関する詳細な説明を求めることも派遣国の専属的事項への「国際法違反の干渉」となる[39]，と。しかし，派遣国の外交使節団の銀行口座の資金についてその目的を調査することになるのは，又は派遣国にその目的について説明を求めることになるのは，派遣国が当初の約束通りに仲裁判断を履行せず，しかもそれを回避するために銀行口座の目的を援用するからである。派遣国は銀行口座の目的の調査や説明を回避したいのであれば，仲裁判断を履行すればよいというのが筋ではなかろうか。また，派遣国は知られては困る点があるならば，当初から銀行口座を主権的活動目的の資金のためのものと商業的活動目的の資金のためのものに分離しておけばよいのである。これらの点を十分に考慮に入れるならば，上記のような調査などにつき簡単に，派遣国の外交使節団の内部的な領域に入り込むおそれがあるとか，派遣国の専属的事項への違法な干渉となるとか，をいうことはできないように思われる[40]。

(2)　更に，派遣国と私人との間の上記のような事情――信義則の観点からして私人の側に大いに同情すべき点があるという利害状況――を重視すると，たとえ派遣国が当初から主権的活動目的の口座とそうでない口座の区別をしていても，主権的活動目的の口座への差押えを認めてもよい場合があるのではなかろうか，という疑問が浮かんでこよう。そのことが特に問題となるのは，私人が主権的活動目的ではない口座の資金では十分に満足を得ることができないときに，主権的活動目的の口座に執行債権額を差し引いても当面の外交的任務の遂行に支障をきたさないほどの十分な資金がある場合である。また，派遣国からの送金の可能性も考慮に入れられるべきかもしれない。その場合には，派遣国が十分な資力を有しており，いつでも外交使節団に送金できるのにもかかわ

らず，当該銀行口座の主権的活動目的のみを理由にして仲裁判断の履行を拒む，ということは是認されないことになろう。このような観点の一つの具体的現れが，Van Houtte の次のような論述であろう。つまり，資金が外交的役務に使用されるものであっても，その免除は不合理な仕方で拡張されるべきではない。派遣国が「接受国の法令を尊重する」（ウィーン条約 41 条 1 項）という基本的な義務によって拘束されていることが，つねに想起されるべきである。したがって，免除は債務や判決の執行を逃れさせるためにではなく，その外交的作用を遂行させるためにのみ与えられるべきである。免除が幾分近い将来——例えば 2 ヶ月間——における外交的役務のために使用されるべき資金にのみ与えられるときに，接受国の法令を尊重することと派遣国の外交的役務を尊重することが最も良く組み合わせられうる。実際に，差押え後のそのような期間内において，派遣国は更なる外交的活動の融資のための並行口座（parallel-account）即ち bis-account——それは実際に極めてしばしば差押え後に差し押さえられていない資金と新たな資金を集めるために開設される——に新たな資金を送ることができる[41]，と。これは，外交使節団の外交的任務の遂行に実際に支障をきたさない範囲で，できるだけ私人の利益を確保していこうとする考え[42]に基づくものであり，注目に値する。但し，彼の見解については，それを国内執行手続のなかでどのように実現するのかという問題は残る。また，外国の法制度如何によっては 2 ヶ月間内に送金することができない場合もありうるということも，考えておかなければならないであろう。因みに，今日の諸国の規範意識はまだ，派遣国は主権的活動の遂行に具体的な支障がないのにもかかわらず判決や仲裁判断の執行から逃れる目的で執行免除を援用することができる，という方向で固まっているわけではないように思われる。したがって，上記のような主張も今日の実定国際法のもとでは[43]可能と思われる。

　このような見解に対する反論としては，1977 年ドイツ連邦憲法裁判所決定の次のような論述をあげることができる。つまり，派遣国が大使館の当座預金上の債権の差押えにもかかわらず財政的援助又は他の仕方での給付によって大使館の運営を維持することができるかどうか，という派遣国の経済的事情は考

慮に入れるべきではない。その限りにおいて執行措置による「抽象的な危険」だけが問題なのである。派遣国のそのときどきの経済的支払能力という経済的事情により執行免除の取扱いを異にすることは，「国家の主権的平等という国際法上の原則」と矛盾する外交免除上の「差別待遇」に導くであろう[44]，と。しかし，具体的に外交使節団の外交的任務を阻害するおそれのある限りにおいてのみ執行免除を認めるということは，派遣国はその外交使節団の外交的任務の遂行に具体的に支障をきたさない限り約束どおりに仲裁判断を履行すべきである，という命題を認めることであり，はたしてそのような命題が国家の主権や平等権に反するといえるのであろうか。

(3) 最近において，外交使節団の銀行口座を差押えから保護する目的で，1961年のウィーン条約の外交免除が援用される傾向にある[45]。しかしその際には，同条約の22条3項が「捜索，徴発，差押え又は強制執行」からの免除の対象事項（「使節団の公館，公館内にある用具類その他の財産及び使節団の輸送手段」）のなかに使節団の銀行口座を入れていない，という点が問題となる。そのような文言の体裁のほかに，起草過程からしても，22条3項の免除は使節団の銀行口座には及ばないということになりそうである。つまり，同条約の起草過程の1961年4月13日において，ウクライナ共和国は「使節団の公館及び公館内にある用具類」という文言を「使節団の公館，公館内にある用具類その他の財産」という文言に取り替えるべき旨を提案した。そして，討論の過程においてこの修正の提案者は，「その他の財産」は使節団の公館内にある財産を指示すると説明した。そして，そのような理解に基づいて委員会は修正案を採用したようである[46]。このように，免除の対象を拡張するために「その他の財産」を追加したのであるが，当該財産も使節団の公館内にあるものを指すという了解であったというのであれば，起草者は使節団の公館外の財産たる銀行口座上の資金にまで免除を認めるつもりはなかったということになろう。ところが，最近の裁判例や学説は，同条約の前文が外交使節団の特権や免除の目的を「国を代表する外交使節団の任務の能率的な遂行を確保すること」に求めているこ

と，そして同条約の25条が接受国に「使節団の任務の遂行のため十分な便宜」を与える義務を課していることに注目して，そこから，使節団の任務の遂行に必要又は有用な銀行口座にも免除が及ぶ，と解する傾向にあった。同条約22条3項の文言の体裁や起草過程の議論にもかかわらず，そのような解釈が有力になっているのは，いうまでもなく，そのように解さないと使節団の外交的任務の遂行が阻害されるおそれがあるからである。そうとすると，ウィーン条約の枠内で妥当な結論を得るため解釈論的に努力をするということにならざるをえない。その意味で，同条約の前文や同条約25条を手掛りにして，同条約22条3項の文言にもかかわらず使節団の銀行口座にも執行免除を認めていこうとする最近の傾向は，理解できなくはない。もっともその際に問題となるのは，22条3項との関係でどのように説明するのかである。1980年コロンビア特別区地方裁判所判決，2000年ブリュッセル控訴院判決及び2000年パリ控訴院判決はいずれも，22条3項が使節団の銀行口座を強制執行から保護するものとして設けられていないことを認めつつ，同条約の趣旨・目的及び25条から使節団の銀行口座にも執行免除を認めるという結論を導き出していたのであり，22条3項との関連で十分な説明を行っているとは思われない[47]。この点，1998年ベルン・カントン控訴院判決が選択肢の一つとして「22条3項の類推適用」の可能性を示唆していたが[48]，これは興味深い。それを具体的に展開すると次のようになろう。つまり，1961年のウィーン条約はその22条3項において使節団の公館内にある財産について用途を問わずに執行免除を定めているが，使節団の公館外にある財産については規定を設けていないのであり，そのような財産については，同条約の趣旨・目的及び25条に照らして，使節団の任務の遂行に必要な限りにおいて22条3項が類推されるべきである，と。そして，その場合には，公館外の財産が使節団の任務の遂行に必要なものであるのか否かについて，先に述べたような立証責任の問題が登場してくることはいうまでもない。もっとも，外交使節団の銀行口座を差押えなどの執行措置から保護するという目的を達成することは，上記のようなウィーン条約の適用とは別の仕方でも可能である。というのは，同条約前文では「この条約の規定に

より明示的に規制されていない問題については，引き続き国際慣習法の諸規則によるべきこと」が確認されているので，それを理由に，国際慣習法の諸規則——その内容は必ずしも明確であるとはいえないが——を適用するということも考えられるからである。実際にも，例えば1977年ドイツ連邦憲法裁判所決定はそのような立場をとっていたように思われる[49]。しかし，その際に問題となるのは，外交使節団の公館外にある財産（例えば銀行口座）への執行の問題が「この条約の規定により明示的に規制されていない問題」といえるのかどうか，であろう。その点との関連では，Foxの次のような説明が興味深い。つまり，外交使節団は派遣国を代表するだけで，それと別の人格を有するのではない。イギリス法のもとでは外交使節団は法人格を有しない。それ故に，外交使節団の銀行口座に免除を与えることは，国家の銀行口座に免除を与えることになろう。ウィーン条約の草案を準備した国際法委員会は，きっと，この問題が国家免除のもとで処理されることをより適切と考えたのである[50]，と。しかし，彼はそのような推定を実証するような具体的な資料を示していない。

(4) スイス連邦裁判所によると，外国財産に対する執行が認められるためには，「特定の目的物に関する免除」の準則により当該財産が「主権的目的」に奉仕するものではないことが必要であるのみならず，「判決手続及び執行手続における一般的免除」の準則により「判断されるべき法律関係がスイスとの十分な関係を示す」ことも必要である。この内国的関係の要件は「スイスに固有なもの」と評されている[51]。そしてその要件の存在理由は，1980年スイス連邦裁判所判決によって「政治的困難やその他の困難」を回避するという「スイスの利益」に求められている。しかし，スイスでは内国的関係の要件に批判的な立場を示す学説が有力である[52]。確かに，スイス連邦裁判所の判例のもとでは，外国財産に対する執行は諸国と同様に「主権的目的」以外の財産についてのみ認められることになっているので，そのうえ更に内国的関係という諸国の知らない要件を付加することは，外国財産に対する執行について諸国よりも制限的な態度をとることになる。しかし，この内国的関係の要件がまったく検

討に値しないものかというと、そうではないように思われる。条件によっては考慮に値する場合もあるのではなかろうか。例えば、わが国において私人の利益保護の観点から、主権的活動目的の財産である旨、更には主権的活動の遂行に不可欠の財産である旨などの立証責任を外国に負わせることにより、外国財産への執行の要件を大幅に緩める場合である。そのような場合には、外国仲裁判断などに基づいてわが国所在の外国財産（特に外交使節団の銀行口座）に対して執行を求める私人が増大すること——少し誇張していえば日本にある外交使節団の銀行口座への執行行為の集中——は、十分に予測されうる。その際に、例えば外国財産が日本にあること以外に何ら日本と関連のない事案の場合にも、大幅に緩和された要件のもとに外国財産に対する執行を認めるべきであろうか。換言すれば、そのような事案にあっても、わが国は外国との関係で「政治的困難やその他の困難」——外国との関係の悪化——が生じる場合がありうるというリスク[53]を負わなければならないのであろうか。そのことを考えると、何らかの内国的関係を要求することにも理由がなくはないように思われる[54]。もっとも、その場合にもし内国的関係の要件が認められるとしても、それはスイス連邦裁判所の判例が理解する内国的関係の基準と同一である必要はないであろう[55]。その点の検討は今後に委ねられる。

4 おわりに

最後に、要約的検討を試みておこう。近時の諸国の裁判例においては執行免除の妥当範囲が主権的活動のための財産に限定される傾向にある。そして、最近においては、外交使節団の銀行口座への差押えの場合には1961年のウィーン条約を適用して、外交的任務の遂行に必要な資金についてのみ執行免除を認めていこうとする傾向が見出される。しかし、私人の利益の確保にはそのような制限免除主義だけではまだ十分ではない。制限免除主義を特に外交使節団の銀行口座（混合口座）に適用していくにあたり、立証責任の問題が重要となるが、最近の諸国の裁判例のもとではそれが私人に不利な形で処理されているか

らである。確かに，一方では，外交使節団の外交的任務の遂行を阻害すべきではないという要請はあるが，他方では，仲裁合意を信頼して取引関係に入った私人の立場も，信義則の観点からして保護されるに値する。そこで，この二つの要請は次のような形で妥協させられるべきである。つまり，問題の資金につき執行を免除されるためには外国はそれが当面の主権的活動（外交的任務）に不可欠である旨を具体的に証明すべきである，そしてその後の更なる主権的活動用の資金は外国が新たに送金することが困難である旨を具体的に証明しない限り執行対象たることを免れない，と。派遣国が，その主権的活動の遂行に具体的に支障をきたすことがないにもかかわらず，責任を逃れるために執行免除を援用することは，認められるべきではないのである。この立場は，実定国際法のもとでも可能と思われる。もっとも，わが国がそのような立場を現時点において無条件で採用すべきかどうかは，慎重な検討を要する。というのは，わが国だけが一方的にそのように執行免除の妥当範囲を実質的に大幅に縮小するという立場を示すと，わが国における外交使節団の銀行口座に狙いを定めてわが国に仲裁判断などの執行を求めるという行為が集中し，わが国が外交的政治的軋轢の発生のリスクを不必要に多く抱えることになるおそれがあるからである。そのことを考慮に入れると，わが国とあまり関係のない事案の仲裁判断などの執行については異なる取扱いをするということも考えられよう。そしてこの観点からすると，スイス判例が考案してきた免除特権に固有な内国的関係（内国関連性）という要件が興味深いということになろう。

1) 本章のテーマと関連する最近の文献としては，横溝大「国内に所在する外国国家財産に対する執行について」金沢法学43巻2号（2000年）133頁以下，同「外国政府等に対するわが国国家機関の公権力行使」国際私法年報5号（2003年）176頁以下，松井章浩「国際法上の国家財産に対する強制執行からの免除」立命館法学290号（2004年）76頁以下がある。それらの文献においては諸外国の学説・判例も紹介されている。
　なお，本章では，主として外交使節団の銀行口座への差押えに関わるケースに焦点が合わされる。そして更に，議論の際には主として仲裁判断の執行の場面が念頭におかれる。

2) BverGE 46, p. 342.
    この決定については，最近では横溝・前掲金沢法学 43 巻 2 号 153 頁以下が詳しく紹介している。
3) 但し，外国の他の銀行口座，例えば調達売買や公債発行との関連での特別な銀行口座あるいは特別な目的規定のない銀行口座における債権が主権的又は非主権的な資産と性質決定されるべきなのか，などという問題は留保されている。
4) 77 ILR, p. 488.
5) 65 ILR, p. 3.
6) 2 All ER, p. 6.
    この判決については，横溝・前掲金沢法学 43 巻 2 号 150 頁以下の紹介がある。
7) 507 F. Supp., p. 311.
    この判決については，横溝・前掲金沢法学 43 巻 2 号 140 頁以下の紹介がある。
8) 659 F. Supp., p. 606.
    この判決については，横溝・前掲金沢法学 43 巻 2 号 141 頁以下の紹介がある。
9) ATF 112 Ia, p. 148.
10) ATF 111 Ia, p. 62.
11) RSDIE, 1991, p. 546.
12) Kostkiewicz, Staatenimmunität im Erkenntnis- und Vollstreckungsverfahren nach schweizerischem Recht, 1998, p. 542.
13) RSDIE, 1992, p. 570.
14) RSDIE, 1998, p. 643.
15) ATF 106 Ia, p. 142.
16) そのような定式はつとに 1930 年 3 月 28 日の連邦裁判所判決 (BGE 56 I, p. 237) によって次のような形で示されていた。つまり，仮差押請求の原因たる債務関係が「スイス領土に属する」とみなすためには，それが債務者によってスイスで基礎づけられ，成立させられたものであり且つ実行されるべきであったものでなければならない，又は少なくともスイスで履行地を基礎づける債務者の行為が存在しなければならない，と。そして，1978 年 11 月 15 日の連邦裁判所判決 (BGE 104 Ia, p. 367) は上記判決の定式を次のように理解した。つまり，係争の債権が『スイス領土に属する』のは，当該債権が債務者によってスイスで基礎づけられ，成立させられたものであった，又は実行されるべきものであった場合，又は少なくともそこから履行地としてスイスが推論されうる行為が存在した場合である，と。そのうえで，貸付金額がスイス銀行においてスイスフランで返済されなければならないということから，内国的関係を認めている。換言すれば，貸付契約の履行地がスイスであることのみから内国的関係が肯定されているのである。
17) 本件では，単独仲裁人がジュネーブを仲裁地と決定したが，そのことはスイスと

の十分な内国的関係を構成しないとみなされた。それでは当事者が仲裁地をジュネーブと指定した場合にはどのようになるのかが問われうるが，その場合にも同判決は消極的であるように思われる。というのは，同判決においては，いずれにせよ仲裁裁判所がスイスと接触点を持たない法律関係から生ずる法的紛争についての判断を付託されているときには，スイスとの十分な内国的関係が存在しない，と述べられているからである。

18) J. T., 2001, p. 6.
19) 拙稿「執行免除に関する最近のフランス判例の動向」法学新報 111 巻 3・4 号 (2004 年) 359 頁以下も参照。
20) フランス判例における裁判権免除については拙著『国際仲裁と国際取引法』(1999 年) 484 頁以下を参照。
21) 同 464 頁以下を参照。
22) Rev. arb., 2001, p. 114.
23) Théry, Feu l'immunité d'exécution ?, Gaz. Pal., 2001, p. 950.
24) Leboulanger, Note, Rev. arb., 2001, p. 130.
25) 前掲拙著 475 頁を参照。
26) Rev. arb., 2001, p. 116.
27) Leboulanger, op. cit., p. 134 はパリ控訴院判決に好意的である。その際には，「外交的危機」及び外交代表団との面倒なことを回避する (Ibid., p. 134)，という視点が重視されたものと思われる。
28) 松井・前掲 92 頁以下も参照。
29) 507 F. Supp., p. 313.
30) BverGE 46, pp. 401-402.
31) Cf. Romero, L'immunité d'exécution des missions diplomatiques, J. T., 2001, p. 11.
32) 659 F. Supp., p. 610.
33) 前掲拙著 469-470 頁を参照。
34) Van Houtte, Towards an Attachment of Embassy Bank Accounts, Rev. belge dr. int., 1986, p. 78.
35) 659 F. Supp., p. 610.
36) Van Houtte, op. cit., p. 78.
37) Ibid., p. 78.
38) Pingel-Lenuzza, Note, JDI, 2001, pp. 126-127.
39) BverGE 46, pp. 399-400.
40) 山内惟介「外国中央銀行と執行免除」国際法外交雑誌 86 巻 2 号 (1987 年) 28 頁は，預金の使用目的の開示を求めること自体を禁止するルールが国際法上存在していることが「いまだ立証されていないのではなかろうか」と指摘する。

41) Van Houtte, op. cit., pp. 76, 78. なお, Schreuer, State Immunity : Some Recent Developments, 1988, p. 155 も同旨であるようである。

42) Cf. Schreuer, Zur Zulässigkeit von Vollstreckungsmaßnahmen in Bankkonten ausländisher Staaten, Festschrift für Neumayer, 1986, p. 534.

因みに, わが国では拙稿「国際商事仲裁と執行免除——フランスの判例を中心にして——」JCA ジャーナル 1986 年 9 月号 21 頁（前掲拙著 474 頁）及び山内・前掲 24 頁も同様な方向を示す。

わが国においては近時, 結果的に私人の保護という視点を更に推し進めたといえる見解が登場してきている。わが国政府の財産への執行に関するわが国の手続法制度をそのまま外国政府の財産への執行についても類推していこうとする立場である。その結果,「外国大使館の場合も含め外国の混合口座に対する日本での執行は常に可能という」結論が導き出されている（横溝・前掲金沢法学 43 巻 2 号 180 頁）。しかし,「対象財産が日本政府等のものである場合と外国政府等のものである場合」のいずれにあっても——「当事者の私法上の権利保護」の要請と「政府の公的活動の尊重」の要請（横溝・前掲国際私法年報 5 号 189 頁）との兼ね合いが問題となるという点では——事態は同じであると考えて, 前者の基準をそのまま後者にあてはめていくことには, 慎重な検討が必要である。というのは, 後者の場合は前者の場合にはない局面が生ずるからである。つまり, 後者の場合には, 日本における外国の主権的活動（例えば外交使節団の外交的任務の遂行）に支障をきたすおそれが生じ, 問題が外国の国家的利害に直接に関わるのである。執行免除の問題が多くの国において国際法との関わりでもって論じられる傾向にある——最近のフランス破毀院判決も参照法令について従来とは異なり「外国の免除を支配する国際法の諸原則」をあげるに至った——のも, 当該問題が国家間の関係に関わるという意識があるからであるように思われる。

43) 執行免除に関する今日の実定国際法の内容については横溝・前掲金沢法学 43 巻 2 号 174 頁及び松井・前掲 101 頁を参照。両者の見解には異なるところがあるが, いずれの見解によっても, 本文で紹介した内容の主張は可能であるように思われる。

44) BverGE 46, pp. 402-403.

45) 外交使節団の特権や免除の問題については, 慣習国際法に優先してウィーン条約が適用されるべきであろう。両者は一般法と特別法の関係にあると思われるからである。同条約の前文も「この条約の規定により明示的に規制されていない問題については, 引き続き国際慣習法の諸規則によるべきこと」を確認している。それは国際慣習法が一般法で, 同条約が特別法であることを示しているのではないだろうか。

46) Official records, vol. II, pp. 20, 57.

47) 条約法に関するウィーン条約 31 条 1 項によると，条約は文脈により「かつその趣旨及び目的に照らして」与えられる用語の通常の意味に従い，誠実に解釈されるべきことになる。そして同条約 32 条は，31 条による解釈が「明らかに常識に反した又は不合理な結果」に導くときには「解釈の補足的な手段」に依拠することを定めている。そこで，Romero, op. cit., pp. 9, 10 は，1961 年のウィーン条約の文理解釈が同条約の精神に反し且つ「明らかに常識に反した又は不合理な結果」に導くと述べつつ，「国際法における解釈規則」によると同条約が使節団の任務に奉仕する財産については——たとえそれが公館の外にあっても——免除を保証していることになるとみなす。しかし，「解釈の補足的な手段」というのは「特に条約の準備作業及び条約の締結の際の事情」である。そうとすると，先にみたような「条約の準備作業及び条約の締結の際の事情」からはそのような結論が出てくるかどうか，慎重な検討を要するように思われる。

48) なお，Kaplan et Cuniberti, Note, JCP, 2001, II 10512 は，ウィーン条約の前文及び 25 条などを引き合いに出して「拡張解釈」を説く。それは 22 条 3 項の拡張解釈を意味するものであろう。また，同文献によると，外交使節団の債務に関する 1997 年 6 月 12 日の欧州審議会の勧告は，「大使館の運転資金を保持する銀行口座」をウィーン条約の 22 条によって定められている使節団の差押不能財産のなかに含めるようである。

49) また，Pingel-Lenuzza, Note, JDI, 2001, p. 125 も次のように述べる。つまり，大使館の銀行口座はウィーン条約によって明示的には言及されていない。それ故に，ここでは「国際慣習法原則」——たとえこの原則が依然として萌芽状態であり，「外交法」の適用による推論の必要性が認められるとしても——が参照されるべきである。当該原則の実体は 1961 年のウィーン条約のなかでのみ探求されるべきではなく，先例たりうるあらゆる形態の要素のなかで探求されるべきであったであろう，と。

50) Fox, Enforcement Jurisdiction, Foreign State Property and Diplomatic Immunity, ICLQ, vol. 34, 1985, p. 127. また，松井・前掲 97 頁もいわく，外交使節団の公館外にある財産で外交任務のために使用されるものの執行免除については「外交免除ではなく主権免除の問題なのである」。

51) Knoepfler, L'immunité d'exécution contre les États, Rev. arb., 2003, p. 1063.

52) Kostkiewicz, op. cit., p. 464 ; Lalive et Bucher, Note, ADSI, 1981, p. 465 ; Knoepfler, op. cit., pp. 1064, 1065.

　Knoepner, op. cit., p. 1065 によると，外国判決や外国仲裁判断の場合における通常の債務者の財産へのスイスでの執行は内国的関係の要件に服しないのであり，それ以外の所定の要件が満たされればスイス所在の債務者の財産は執行措置の対象となる。そうとするならば，内国的関係の要件は外国に特権的な取扱いをするためのものということになろう。

なお，Kleiner, Schweizerisches Arrestrecht und internationaler Handel, SJZ, 1979, p. 218 は 1980 年スイス連邦裁判所判決を例にとり，仮差押えを認めることが自国の経済に重要な影響を与えることを示す。つまり，チューリッヒ銀行におけるリビア名義の口座の資金への仮差押は，同口座を通じてこれまで継続されてきたリビアとの支払取引，特にスイスの輸出産業のための信用状取引の停止をもたらし，納入契約の清算に困難をもたらす，と。この見地を一貫すると，スイスの銀行における外国の資金への差押えを一般的に認めるべきではないということになろう。

53) Salmon et Sucharitku1, Les missions diplomatiques entre deux chaises, AFDI, 1987, p. 188 がいわく，混合口座の差押えは極めて重大な行為であり，国交断絶をもたらし，派遣国と接受国との間の友好関係を損ないうる。その言葉を額面どおりに受け取ってよいかどうかは，検討の余地があるが，この分野においては大なり小なり，執行措置による国家間の関係への悪影響のリスクが意識される傾向にある。注 27) も参照。

54) 前掲拙稿 21 頁（前掲拙著 474 頁）及び山内・前掲 24 頁も参照。

55) スイス連邦裁判所判決の基準によると，外国が当事者の一方である私法上の関係につき，それがスイスで生じた，又はスイスで実行されるべきであるとき，或いは外国がスイスで履行地を創設するのに適した行為を行ったときに，内国的関係が認められる。そこでは，私人の国籍や住所が問題とされていない。この点は，検討を要するであろう。

なお，スイスとハンガリーとの間で商品の交換及び支払に関して 1950 年 6 月 27 日に締結された協定の 15 条は，次のように定めている。つまり，ハンガリーにおけるスイスの財産，及びスイスにおけるハンガリーの財産への仮処分は，「財産所在国と緊密な関係を有する私法上の債権」によってのみ命ぜられうる。この緊密な関係は，特に，債権が当該国家の法によって支配されるとき，債権の履行地が当該国家にあるとき，債権が当該国家において発生した又は展開すべき法律関係に結びついているとき，又は当該国が法廷地として定められていたときに，存在する，と。これと同じ規定は，スイスとルーマニアとの間で商品の交換及び支払に関して 1951 年 8 月 3 日に締結された協定にも現れている。ATF 82 I 87 を参照。それらも内国的関係の要件を採用しているが，その基準についてはスイス連邦裁判所の考えるものと少し異なる。というのは，それらは，問題の債権の準拠法がスイス法である場合や，スイスを法廷地とする合意がある場合にも，内国的関係の存在を認めているからである。

結　語

　以上，国家契約（経済開発協定）に関する法理論の主なものを分析し検討してみた。本書がそれらの法理論についての従来の理解や評価と多少異なる点をいくつか有していると思われるが，その詳細は上述したところに譲る。以下には，簡単な要約的考察のみが試みられる。

　国家契約に関する紛争が重要な問題として登場してくる以前の段階における国家と私人との間の国際契約に関する伝統的な法理論は，次の二つの前提に立脚していたように思われる。第一に，国際法は国際法主体たる国家と国家の関係のみを規律するものであり，国家と私人の国際契約を規律対象とするものではない，という前提である。第二に，国家と私人の国際契約は私人と私人の国際契約と同様に契約に関する国際私法規則によって特定の国家法に連結されるべきである，という前提である。しかし，資源ナショナリズムの高まりと共に産油国が自己の天然資源たる石油への支配を回復すべく努力するようになると，石油コンセッション契約などの国家契約に関する紛争がいくつも生ずるようになる。それと同時に，上記のような伝統的な法理論を当該紛争にそのまま適用することの問題性が明らかとなる。つまり，契約に関する伝統的な国際私法規則を国家契約に適用すると，当事者間に契約の準拠法を契約当事国以外の国家の法とする旨の合意——多くの場合にはそれは困難である——がない限り，契約の締結地や履行地が契約当事国であるので，準拠法は契約当事国の法となってしまう，と。そのことは，まず，途上国の法はまだ国家契約に適用可能なほどには近代化されていないのではないのか，という観点から問題視された。そのような途上国の法の不備という問題は途上国が法体系を整備していくにつれて重要性を失っていくのであるが，他方，それとは別の問題が切実なも

のとして意識されていくようになる。つまり，準拠法が途上国の法であるならば，途上国はそれを自分に有利な形に作り変えることができるので，契約の相手方たる外国人の法的地位が極めて不安定なものになってしまうのではないのか，という問題である。そのような問題意識のもとで，伝統的な法理論から離れるいくつもの見解が登場してくることになる。それらの新たな法理論は二つに大別される。

　一つ目は，一方では，依然として伝統的な法理論と同じように，国際法は国際法主体たる国家と国家の関係のみを規律するものであり，国家と私人の国際契約を規律対象とするものではない，という前提に立脚しつつも，他方では，国家と私人の国際契約は契約に関する国際私法規則によって特定の国家法に連結されるべきである，という前提を修正しようとする見解である。国際仲裁による紛争解決を念頭においたうえで，国際私法上の当事者自治の原則の適用を考えつつも，その際に契約の準拠法たる資格を法の一般原則や国際法にまで拡張する見解が代表的なものといえる。しかし，法の一般原則を契約の準拠法として適用するという場合には，実際には，特定の国家の法を適用する場合とは異なり，既存の法規の適用が問題となるのではない。むしろ，仲裁人に――比較法的考察をふまえつつ――当該取引分野の需要に合致したふさわしい準則を発見することを期待すること，即ちそのような意味において仲裁人に準立法者的な権能を認めることが，実質的には，問題となっているように思われる。また，国際法を契約の準拠法として適用するという場合にも，子細に検討してみると，論者が実際に念頭においているのは必ずしも既存の国際法そのもの――それは必ずしも論者の期待するような準則を有していない――ではなく，実質的には当該取引分野の需要に適合した準則の創造を仲裁人に期待することになっているように思われる。

　それらの理論は，契約当事国が公益の名のもとに契約の一方的な破棄という措置に出ることから私人を守る――私人の法的地位の安定をはかる――という意図から，考え出されたものである。しかし，そもそも，国家が公益を理由に（一定の社会的，経済的又は政治的な目的からして）契約の一方的な改廃を定める法

律を制定したときに，はたしそのような措置から私人を守るような手立てが国際私法上の当事者自治の原則の枠組みのなかに存在するのであろうか，という疑問が生じる。この疑問は，準拠法を契約締結時点の契約当事国の法という仕方で凍結することを認める理論にもあてはまる。これまで多くの国の国際私法においては，国際私法上の当事者自治の原則は公法的規制の対象となっている事項にまでは及ばない，と考えられてきたからである。したがって，上記のような措置の場合にも私人の法的地位の安定性を確保しようとするならば，国際私法上の当事者自治の原則を従来のものとは大幅に異なるものに作り変えなければならないということになろう。その意味においても，上記の理論においては仲裁人に準立法者的な権能を認めることにならざるをえないのである。また，多くの国の法は国家に私人との契約を公益の名のもとに——通常の契約違反の場合よりも少ない補償額の支払と引き換えに——一方的に改廃することを認めている，という指摘も存在するのである。そうだとすれば，特定の国家の法——契約当事国以外の国の法であっても——を準拠法として指定することはたとえ凍結という方法を用いた場合であっても必ずしも私人にとって満足のいく結果をもたらすとは限らない，ということになろう。

　他方，そのような国際私法的アプローチに拘泥しないで，国家契約について独自の新たな法秩序（いわば第三の法秩序ともいうべきの）の存在を認めるという見解もある。しかし，この見解も，子細に検討してみると，実際には法の一般原則の思考方法のもとに仲裁人に準立法者的な権能を認めることに帰着するように思われる。

　このようにいずれの理論も程度の差はあれ仲裁人に準立法者的な権限を認めざるをえないということになっているのは，既存の法秩序（国際法や国内法）のなかに国家契約の当事者の一方たる私人の法的地位を満足のいく仕方で守れるような制度が見出せないという判断に基づくものであろう。

　二つ目は，伝統的な法理論の予定する国際法理解とは異なり，国際法は国家契約をも規律対象とし，それを直接に保護する準則を有している，と考える見解である。この見解の背後には次のような考慮がある。つまり，伝統的な国際

法理解のもとでは契約当事国の契約違反それ自体は国際法違反を構成せず，契約当事国の裁判拒否という国際違法行為の場合にのみ私人の本国は外交的保護権を行使しうることになるが，そのような制度では私人は十分には保護されない[1]，と。この見解については，国家契約を直接に保護するような準則が国際慣習法の形で存在すると考えるのか，それとも国際法の欠缺補充のための法の一般原則の内容として存在すると考えるのか，という問題がある。前者の場合については，これまでそのような準則を示すような一般慣行の存在がまだ十分な仕方で立証されていないという問題がある。後者の場合については，国家契約について国際法の欠缺を語ることができる，それ故に法の一般原則による欠缺補充が可能であるということが，まだ十分には立証されていないという問題がある。

　上記の諸理論においては，国家が公益の名のもとに契約の一方的改廃を求めるという行動に出たときに私人の法的地位を保護することが，主として念頭におかれていた。しかし，その際にも私人をどの程度保護すべきかについて若干の相違が見出されうるように思われる。つまり，上記の諸理論は，どのような名称の法の名のもとでどのようなアプローチによって私人の保護を考えるべきなのかという点を別にすれば，最終的に適用される法準則の中心的なものとして pacta sunt servanda を考えているのであるが，問題は，それにどの程度の効力を認めるのかであろう。例えば，契約当事国が公益，無差別，適当な補償という条件のもとで契約の一方的改廃の措置に打って出たときに，それをも契約違反とみなすとというような厳格な形での pacta sunt servanda の準則を認めるのか，それともそのような特別の措置を禁ずるような特殊な契約条項（不可侵性条項や安定化条項など）のあったときにのみ，当該措置を契約違反とみなすというような緩和された形での pacta sunt servanda の準則を認めるのか。更には契約違反の場合に特定履行又は原状回復までも認めるのか，それとも積極的損害（damnum emergens）及び逸失利益（lucrum cessans）に対応する賠償あるいはもう少し低い賠償を認めるにとどめるのか。これらの問題について上記の諸理論は意見の一致をみない。

最近の現象として注目されるべきは，国家契約をも保護の対象とする二国間投資保護条約が多くの国によって締結されるようになりつつあるということである。それは，結局において，従来の理論状況のもとでは私人の法的地位の保護が十分な仕方では達成されない，あるいは私人が積極的に投資に踏み込めないという認識に基づくものであろう。また，そのような条約の多くがいくつかの類似の条項を含んでいることからして，そこに国際慣習法の成立の可能性が語られるようになっている，ということも注目される。

　ところで，国家契約をめぐる紛争の解決方法としてはこれまで圧倒的に訴訟ではなく仲裁が利用されてきた。上記の諸理論も仲裁による紛争解決を前提に考案され提示されてきたといっても過言ではない。仲裁による紛争解決の場合には，例えば契約違反を理由に契約当事国に損害賠償の支払を命ずる仲裁判断が出たとしても，同国が任意にそれに従わないときには，仲裁判断の執行が可能であるのか，という問題がある。このことが特に懸念されるのは，国際慣習法上の執行免除の制度があるためである。その運用の現状では私人の権利保護という観点からすれば必ずしも楽観は許されないように思われる。

1)　この問題については拙稿「国家と私人の国際契約——コンセッション契約を中心に——」民商法雑誌85巻3号（1981年）102頁以下を参照。

多喜　寛（たき　ひろし）

昭和50年3月　東北大学大学院法学研究科博士課程修了
昭和50年4月　東北大学法学部助教授
昭和63年4月　東北大学法学部教授
平成9年4月　中央大学法学部教授（現在に至る）

〈主要著書・論文〉
『国際仲裁と国際取引法』（中央大学出版部　1999年）
『国際私法の基本的課題』（中央大学出版部　1999年）
「政府承認廃止論に関するおぼえがき」『法学』第51巻第1号（1987年）
「国家承認論における『創設的効果説』」『法学』第59巻第4号（1995年）
「国際法と国内法の関係についての等位理論」『法学新報』第105巻第6・7号（1999年）
「わが国の国際法学における国家承認論(1)(2・完)」『法学新報』第108巻第1号，第2号（2001年）
「国際法における法の一般原則について―横田・田岡論争を中心に―」『法学新報』第109巻第5・6号（2003年）
「慣習法の成立要件としての法的確信」『法学新報』第110巻第7・8号（2003年）
「慣習国際法の要件としての法的確信」『法学新報』第110巻第11・12号（2004年）
「On Kelsen's View Concerning Recognition of States」『比較法雑誌』第36巻第4号（2003年）
「Die Entstehung des Gewohnheitsrechts und die opinio juris : von Puchtas Lehre zu Génys Lehre」, in : Festschrift für K. Yamauchi, 2006.

国家契約の法理論　　　　　　　日本比較法研究所研究叢書（72）

2007年3月30日　初版第1刷発行

著　者　多　喜　　寛
発行者　福　田　孝　志
発行所　中央大学出版部
〒192-0393
東京都八王子市東中野742番地1
電話 042-674-2351・FAX 042-674-2354
http://www2.chuo-u.ac.jp/up/

© 2007　多喜寛　　ISBN978-4-8057-0571-1　　㈱大森印刷

日本比較法研究所研究叢書

1	小島武司 著	法律扶助・弁護士保険の比較法的研究	Ａ５判 2940円
2	藤本哲也 著	CRIME AND DELINQUENCY AMONG THE JAPANESE-AMERICANS	菊判 1680円
3	塚本重頼 著	アメリカ刑事法研究	Ａ５判 2940円
4	小島武司・外間寛 編	オムブズマン制度の比較研究	Ａ５判 3675円
5	田村五郎 著	非嫡出子に対する親権の研究	Ａ５判 3360円
6	小島武司 編	各国法律扶助制度の比較研究	Ａ５判 4725円
7	小島武司 著	仲裁・苦情処理の比較法的研究	Ａ５判 3990円
8	塚本重頼 著	英米民事法の研究	Ａ５判 5040円
9	桑田三郎 著	国際私法の諸相	Ａ５判 5670円
10	山内惟介 編	Beiträge zum japanishen und ausländischen Bank- und Finanzrecht	菊判 3780円
11	木内宜彦・M・ルッター 編著	日独会社法の展開	Ａ５判 (品切)
12	山内惟介 著	海事国際私法の研究	Ａ５判 2940円
13	渥美東洋 編	米国刑事判例の動向Ｉ	Ａ５判 5145円
14	小島武司 編著	調停と法	Ａ５判 4384円
15	塚本重頼 著	裁判制度の国際比較	Ａ５判 (品切)
16	渥美東洋 編	米国刑事判例の動向Ⅱ	Ａ５判 5040円
17	日本比較法研究所 編	比較法の方法と今日的課題	Ａ５判 3150円
18	小島武司 編	Perspectives On Civil Justice and ADR : Japan and the U. S. A	菊判 5250円
19	小島・渥美・清水・外間 編	フランスの裁判法制	Ａ５判 (品切)
20	小杉末吉 著	ロシア革命と良心の自由	Ａ５判 5145円
21	小島・渥美・清水・外間 編	アメリカの大司法システム(上)	Ａ５判 3045円
22	小島・渥美・清水・外間 編	Système juridique français	菊判 4200円

日本比較法研究所研究叢書

23	小島・渥美・清水・外間 編	アメリカの大司法システム(下)	A5判 1890円
24	小島武司・韓相範 編	韓国法の現在(上)	A5判 4620円
25	小島・渥美・川添・清水・外間 編	ヨーロッパ裁判制度の源流	A5判 2730円
26	塚本重頼 著	労使関係法制の比較法的研究	A5判 2310円
27	小島武司・韓相範 編	韓国法の現在 下	A5判 5250円
28	渥美東洋 編	米国刑事判例の動向Ⅲ	A5判 3570円
29	藤本哲也 著	Crime Problems in Japan	菊判 (品切)
30	小島・渥美・清水・外間 編	The Grand Design of America's Justice System	菊判 4725円
31	川村泰啓 著	個人史としての民法学	A5判 5040円
32	白羽祐三 著	民法起草者穂積陳重論	A5判 3465円
33	日本比較法研究所 編	国際社会における法の普遍性と固有性	A5判 3360円
34	丸山秀平 編著	ドイツ企業法判例の展開	A5判 2940円
35	白羽祐三 著	プロパティと現代的契約自由	A5判 13650円
36	藤本哲也 著	諸外国の刑事政策	A5判 4200円
37	小島武司 他編	Europe's Judicial Systems	菊判 (品切)
38	伊従寛 著	独占禁止政策と独占禁止法	A5判 9450円
39	白羽祐三 著	「日本法理研究会」の分析	A5判 5985円
40	伊従・山内・ヘンリー 編	競争法の国際的調整と貿易問題	A5判 2940円
41	渥美・小島 編	日韓における立法の新展開	A5判 4515円
42	渥美東洋 編	組織・企業犯罪を考える	A5判 3990円
43	丸山秀平 編著	続ドイツ企業法判例の展開	A5判 2415円
44	住吉博 著	学生はいかにして法律家となるか	A5判 4410円

日本比較法研究所研究叢書

45	藤本哲也 著	刑事政策の諸問題	Ａ５判	4620円
46	小島武司 編著	訴訟法における法族の再検討	Ａ５判	7455円
47	桑田三郎 著	工業所有権法における国際的消耗論	Ａ５判	5985円
48	多喜 寛 著	国際私法の基本的課題	Ａ５判	5460円
49	多喜 寛 著	国際仲裁と国際取引法	Ａ５判	6720円
50	眞田・松村 編著	イスラーム身分関係法	Ａ５判	7875円
51	川添・小島 編	ドイツ法・ヨーロッパ法の展開と判例	Ａ５判	1995円
52	西海・山野目 編	今日の家族をめぐる日仏の法的諸問題	Ａ５判	2310円
53	加美和照 著	会社取締役法制度研究	Ａ５判	7350円
54	植野妙実子 編著	21世紀の女性政策	Ａ５判	(品切)
55	山内惟介 著	国際公序法の研究	Ａ５判	4305円
56	山内惟介 著	国際私法・国際経済法論集	Ａ５判	5670円
57	大内・西海 編	国連の紛争予防・解決機能	Ａ５判	7350円
58	白羽祐三 著	日清・日露戦争と法律学	Ａ５判	4200円
59	伊従 寛他編	APEC諸国における競争政策と経済発表	Ａ５判	4200円
60	工藤達朗 編	ドイツの憲法裁判	Ａ５判	(品切)
61	白羽祐三 著	刑法学者牧野英一の民法論	Ａ５判	2205円
62	小島武司 編	ＡＤＲの実際と理論Ⅰ	Ａ５判	4200円
63	大内・西海 編	United Nation's Contributions to the Prevention and Settlement of Conflicts	菊判	4725円
64	山内惟介 著	国際会社法研究第一巻	Ａ５判	5040円
65	小島武司 著	CIVIL PROCEDURE and ADR in JAPAN	菊判	(品切)
66	小堀憲助 著	「知的(発達)障害者」福祉思想とその潮流	Ａ５判	3045円

日本比較法研究所研究叢書

67	藤本哲也 編著	諸外国の修復的司法	A5判 6300円
68	小島武司 編	ＡＤＲの実際と理論Ⅱ	A5判 5460円
69	吉田豊 著	手付の研究	A5判 7875円
70	渥美東洋 編著	日韓比較刑事法シンポジウム	A5判 3780円
71	藤本哲也 著	犯罪学研究	A5判 4410円

＊価格は消費税5％を含みます。